脱セクシュアル・ハラスメント宣言

法制度と社会環境を変えるために

角田由紀子　伊藤和子〔編著〕

井上久美枝　北仲千里　山本和奈　小川たまか　浅倉むつ子　申惠丰　金子雅臣　神谷悠一〔著〕

かもがわ出版

はじめに

2017年、ハリウッドで＃MeToo運動が始まり、全世界に広がりました。多くの人が憧れる世界レベルのセレブリティである女優たちが重い沈黙を破って、1990年代以降の性暴力の被害を語り始めたのです。性暴力被害を受けた人たちは声を上げられず、沈黙するしかない現実、それが権利主張の強いとみられる米国で、セレブと言われる女性たちにも変わらない性被害の真実だということに私は驚きました。

性暴力やセクシュアル・ハラスメント（セクハラ）の本質は世界共通なのです。そこには性加害の温床となり、被害者を沈黙させるパワーダイナミクスがあります。真実を語れば業界から追放され、圧倒的に支配的立場にいる加害者に徹底的につぶされ、自分の夢や生活を奪われてしまう、そうした環境にある時、人は声を上げる権利を奪われるのです。

しかし、一人で言えなくても被害にあった人たちが横につながり、＃MeTooと声を上げることで、社会で覆い隠されてきた被害と加害の実態が白日の下にさらされ、それが社会問題として顕在化し、加害者の加害行為があぶりだされ、性暴力に寛容な社会環境やシステム、法律を変えることができる、それが＃MeToo運動が生み出した確信です。

＃MeTooはもちろん日本にもおき、その象徴的存在である伊藤詩織さんが沈黙を破ると、それは多くの女性たちを励ましました。

サイレンスブレーカー（沈黙を破る人）が生まれては、大きなバッシングにあい、それでも互いにつながりあって、2018年には財務省事務次官によるセクハラ事件が発覚、メディアで働く女性たちが声を上げました。私はこの過程で、なぜ日本のメディアに女性が少ないのか、それは激務過ぎたというだけでなく、専門職であるにも関わらず「ネタをとる」ためにセクハラの標的にされ、大きな心の傷を負い、志半ばに道を断念した人たちがたくさんいたことを知り、衝撃を受けました。これまで隠されてきた声が語られ始めたのです。

2019年3月の4件の性暴力無罪判決を受け、日本全土に「フラワーデモ」

が広がり、法務省は 2020 年、性犯罪に関する刑事法検討会を立ち上げるに至りました。世界各地の人たちと同様、私たちも声を上げ、変化を作り出しています。

しかし、こうした変化は社会の隅々までいきわたっていると言えるでしょうか?

「セクハラ罪はない」と財務大臣が開き直っても更迭されず、「女はいくらでもうそをつく」と政権与党の議員が述べても厳しい処分をされない国。ジェンダーギャップ指数が下がり続け、いまや 121 位におちこんでいる国。# MeToo の後、「もう我慢できない」と思い、声を上げ始めた女性たちを待っていたのは、厳しい制度の現実でした。# MeToo 後、私のもとにも性被害の法律相談は一気に増えましたが、現実は驚くべきものです。

社内の救済制度はあまりにもお粗末であり、「ホットライン」「コンプライアンス窓口」が機能していない実態。被害者からのセクハラの申告を虚偽呼ばわりし、申告する女性の個人的問題にすり替えて中傷し、職場から追い出してしまおうとする策略をめぐらす会社組織。

「暴行または脅迫」「心神喪失または抗拒不能」を訴追(被害者)側が立証しない限り、性犯罪の有罪が成立しないとする被害実態から乖離した古色蒼然たる刑法性犯罪規定を頂点として、刑事司法の時代遅れな慣行が最高裁から末端の警察に至るまで浸透し、積み重ねられる良識にもとる無罪判決、不合理な不起訴処分。被害者の訴えを相手にすらしない警察官の態度。刑事事件で傷つけられた被害者は民事事件でさらに戦う気力を奪われ、正義と被害回復の戦いを断念せざるを得ない、そうした現実を見てきました。

若く、これから社会に出ようとする被害者の方たちが、セクハラや性加害のターゲットにされたら、いったいどこに相談したらいいのか? 有効な仕組みも十分に出来上がっていないし、周知徹底されてもいないのです。

さらに、大問題となった雑誌『SPA!』の「ヤレる女子大生ランキング」に表れる通り、女性を性の対象としてみる風潮は「レイプカルチャー」というべき社会風潮を作り出しています。

　法律はどうでしょうか。国際的にはILO（国際労働機関）第108回総会で「仕事の世界における暴力及びハラスメントの撤廃に関する条約」が2019年6月21日に採択されましたが、日本はその水準に遠く及ばず、2019年の男女雇用機会均等法等の改正も著しく不十分なものにとどまりました。

　しかし、深刻な現実は私たちに絶望して断念する余裕を与えません。制度を改善し、未来を生きる世代が声を上げやすい、救済を得られやすい社会環境を整えない限り、傷つき、翼を折られる人は後を絶たないでしょう。

　本書は、＃MeTooや財務省セクハラ事件を受けて改めて浮かび上がった性暴力とセクハラについて、現在の課題を見据え、そして私たちが今何を変えるべきか、第一線で活躍する論者に寄稿いただき、議論を深めていきたい、そして国際水準に即して被害者が保護される法制度と、誰もが被害にあわないで済む社会環境を実現したいとの思いから、刊行の運びとなりました。

　人権は普遍的なものです。世界で対策が進むなか、私たちだけが、ハラスメントや性暴力を受けても国際水準の保護や救済を受けられないということは明らかに不合理であり、甘受することはできません。政府、そして使用者組織、産業界には本書を参照してその責任を果たすことを求めたいと思います。そして、ハラスメントや性暴力という現実に直面して悩む方、そうした現実を変えたいと願う方にとって本書が有益な道しるべとなり、未来を変える糧となることを願ってやみません。

　＊本書では「セクシュアル・ハラスメント」、「セクハラ」という語を用いていますが、これまで「セクハラ」と言われるなかには本来性犯罪に問われるべき深刻な性暴力が含まれてきました。同時に、女性を差別し、軽視し、侮辱し、性的対象とみる言動、現実の性暴力につながる「レイプカルチャー」を構成する言動も含まれています。本書では前者については性犯罪として明確なペナルティーが科されるとともに、後者も含めて民事、労働、行政、教育の各分野で実効的な対策と措置、救済が図られることを求めるものです。

編著者／弁護士　　伊藤　和子

脱セクシュアル・ハラスメント宣言
法制度と社会環境を変えるために

はじめに 　　　　　　　　　　　　　　　　　　　　　　伊藤和子 **3**

chapter1 現状　セクシュアル・ハラスメントを生む ジェンダー不平等 な社会構造 **9**

セクシュアル・ハラスメントの歴史と構造 　　　　　　角田由紀子 **10**

連合調査からみた職場におけるセクシュアル・
ハラスメントの現状 　　　　　　　　　　　　　　　　井上久美枝 **37**

大学でのセクシュアル・ハラスメント
　── その構造と対策 　　　　　　　　　　　　　　　北仲千里 **53**

私たちは悪くない ── 若い世代からの告発 　　　　　山本和奈 **64**

コラム 私たちの声を響かせること 　　　　　　　　　小川たまか **77**

chapter3 資料 **179**

雇用の分野における男女の均等な機会及び待遇の確保等に関する法律
　　（男女雇用機会均等法）（第 11 条） 　　　　　　　　　180
事業主が職場における性的な言動に起因する問題に関して
　　雇用管理上講ずべき措置等についての指針 　　　　　　181
人事院規則 10-10（セクシュアル・ハラスメントの防止等） 　　188
人事院規則 10-16（パワー・ハラスメントの防止等） 　　　190
女子差別撤廃委員会による一般勧告
　　一般勧告第 19 号 女性に対する暴力　特定の勧告 　　　192

目　次

| chapter2 対策 | セクシュアル・ハラスメントのない社会をつくるために | 81 |

セクシュアル・ハラスメントをめぐる法的問題
　　──刑事法の領域から　　　　　　　　　　　　　　伊藤和子　82

セクシュアル・ハラスメントをめぐる法的問題
　　──労働法の領域から　　　　　　　　　　　　　浅倉むつ子　99

セクシュアル・ハラスメントに対する法的対策
　　──国際人権法と諸外国の取り組みから　　　　　申惠丰　120

男たちの意識をどう変えるか　　　　　　　　　　　　金子雅臣　134

ハラスメント防止法制における性的指向・性自認の位置付けと課題
　　──法制上のセクシュアル・ハラスメント概念の射程を踏まえて
　　　　　　　　　　　　　　　　　　　　　　　　　神谷悠一　159

脱セクシュアル・ハラスメント社会への提言と私たちにできること
　　　　　　　　　　　　　　　　　　　　　　　　　伊藤和子　170

chapter3　資　料

ILO 仕事の世界における暴力及びハラスメントの撤廃に関する条約　194
ILO 仕事の世界における暴力とハラスメントの撤廃に関する勧告　200
女性の職業生活における活躍の推進に関する法律等の一部を改正する法律
　　　に対する附帯決議（衆議院）　203
地方自治体、労働組合によるセクシュアル・ハラスメント相談窓口　205
民間団体等によるセクシュアル・ハラスメント相談窓口　208

おわりに　　　　　　　　　　　　　　　　　　　　　角田由紀子　217

セクシュアル・ハラスメントを生む ジェンダー不平等 な社会構造

セクシュアル・ハラスメント
の歴史と構造

角田由紀子 ｜ 弁護士

1. 日本ではセクシュアル・ハラスメントは
どのように扱われてきたか —— 短い歴史を振り返る

（1） 1989 年　初めての裁判

　セクハラという言葉が日本社会で認知され流布されたのは、1989 年である。それ以前にもアメリカの女性労働問題などを紹介する法律家の論文等ではセクシュアル・ハラスメントという言葉は見られるが、普通の人の使う言葉として登場したのは、1989 年福岡地裁に提訴された不法行為に基づく損害賠償請求事件によってであった。小さな出版社の女性社員が上司から性的な言葉による貶めを受けたことで結局退職に追い込まれ、女性が上司と会社を訴えたという事件である。事実関係について訴状では初めは「性的嫌がらせ」と呼んだが、性的嫌がらせでは被害の深刻な内容が正確に伝わらないとの反省から、途中から裁判の準備書面では元の英語をカタカナ表記でセクシュアル・ハラスメントと使うようになった。なお、判決文にはこれは使われていない。この長いカタカナ語はたちまち男性週刊誌によってからかいを込めた言葉「セクハラ」に転換された。事件はそれまでの日本社会ではタブーであった性的被害を被害者が主張し損害賠償を求めたものであったからさまざまに注目された。

　それまでは、女性が自らの性被害を言い立てること自体があってはならないことであった。まして、「裁判で男性に対して慰謝料を請求するなんて」

という興味のもたれ方をし、反発を生んだ。「そんなとんでもない女はどんな奴か、見てやりたい」というのが一部男性マスメディアのノリであった。訴えの中身を女性の人権の観点から重大視するのではなく、物珍しさと非難の入りまじった感情で扱おうとするものであった。男性週刊誌の影響力は当時も大きく、この言葉は一世を風靡し、とうとうその年の流行語大賞に選ばれてしまった。それにより言葉は流行語になり、多くの人々が知るようになった。

　問題の中身の理解が言葉の普及に伴ったわけではなかったというのは残念なことであった。カタカナ語として認知が始まったことと、法的に定義されなかった（定義する法律が今もない）ことで意味はあいまいなまま30余年が過ぎた。カタカナ英語では意味が不明瞭になることは、2020年の新型コロナウイルス流行の世界的な爆発（パンデミック）で頻発された言葉で再び経験することになった。「セクハラ」は英語ではなく、いわゆる和製英語であったので分かったようで分からないというもやもや感が今に至るも付きまとうのだ。

　福岡地裁はこの事件に対して1992年4月に原告全面勝訴ともいうべき判決を下した。^{（注1）}そこでは、直接の加害者に加えて彼の雇用主の会社の責任も問われた。会社にも責任があるという初判断は、企業等の対策を促す結果になった。「なんだかエッチな話」扱いでこそこそ笑いあっているレベルではないことが明らかになった。当時の東京労働局は率先して対策に乗り出し、労働者だけでなく企業向けを含めた対応についての手引きを発行した。^{（注2）}

（2）初期の法的対応

　国による法的対応は遅れたが、1997年の改正男女雇用機会均等法に初めて事業主の雇用上の配慮義務（努力義務）として21条が設けられた。これはアメリカのセクシュアル・ハラスメント2類型（アメリカ・雇用平等委員会の定義）の理解にならったもののようだ。いわゆる対価型と環境型をあげているが、セクシュアル・ハラスメントの法的定義をしたわけではない。2006年の同法改正では11条でこれを事業主の雇用管理上の措置

義務に格上げした。しかし、これもセクシュアル・ハラスメントそのものを定義したわけではない。1997年法では違反に対する明確な制裁もなかった。これに対する女性労働者たちの批判も受けて同法は2006年改正（2007年施行）で努力義務を措置義務に格上げしたが、違反への制裁もいかにも日本らしい企業名公表としたのみであった。違反企業として名前を公表されることの不名誉から自発的に法に従うという期待からの方策であった。それが効を奏したのかは不明であるが、2019年の法改正議論の時点までは名前を公表された企業は一社しかなかったという。それでも1997年以来、労働省（のちの厚生労働省）はセクシュアル・ハラスメント指針を制定し、現場を指導してきた。

　文部省（当時）は1999年に国立大学等を対象にセクシュアル・ハラスメント対応の訓令4号を出した。同じころ、大学では独自にセクシュアル・ハラスメント対策のガイドラインや対応の手続き規定などが作られ、学生と共にセクシュアル・ハラスメントをなくす努力が続けられてきた。人事院は1998年に国家公務員対象のセクシュアル・ハラスメント規則（10-10）を制定し、これはその後LGBT当事者も対象とするなど改正が行われた。もっとも、2018年に発覚した以下に述べる財務省でのセクシュアル・ハラスメント事件では、同省（他の省もか？）の上級職員には規則についての研修すら行われていなかったことも明らかになり、「初の」研修風景がテレビ報道され、中央官庁のセクシュアル・ハラスメント根絶とはおよそ縁遠い実態が明らかになった。一方、社会ではセクシュアル・ハラスメントはもう珍しくはなく、普通に知っている話になり、関心が薄れていた。そこへ財務省事件である。財務省の福田淳一事務次官が取材に来た女性テレビ記者に言葉のセクシュアル・ハラスメントを働き、それが告発されても謝罪することもなく、麻生太郎財務相は堂々と「セクハラ罪はない」と開き直った。この事件でのセクシュアル・ハラスメントとトップ官庁でのトップ官僚との組み合わせは人々の関心を呼び起こさずにはいなかった。セクシュアル・ハラスメント問題は過去の問題ではなく、見直しを必要とする現在の問題であることを社会に知らしめた。この事件がきっかけになり、再びセクシュアル・ハラスメントにきちんと対応すべきという機運が

生まれたといえる。マスメディアで働く女性たちも自分たちの経験を語り始め、2018年にはWiMN（Women in Media Network Japan、メディアで働く女性たちのネットワーク）という組織が生まれた。^(注3)

　2017年、アメリカで始まった♯MeToo運動もこれらの動きを後押しした。本書の誕生もその機運とは無関係ではなかろう。♯MeToo運動というのは、ハリウッドの女優が有名な映画プロデューサーをセクシュアル・ハラスメントで告発したことで始まり、世界中に知られることになった運動である。「私も被害者です」と性暴力の被害者が名乗りをあげるというインパクトの強い運動である。日本では諸外国ほどの盛りあがりは見られなかったが、女性たちは励まされ、後に続いた。

　1989年の福岡地裁での裁判以来、働く女性たちはセクハラについて発言し行動してよいことを確信し、各地で大小さまざまな動きが始まった。この動きも社会のセクハラは許されない、加害者は責任を取らねばならないという世論を作っていった。少なくとも2018年段階ではセクハラは大した問題ではないと公言することは普通の人にははばかられ、当時の財務相の「セクハラ罪はない」という不見識な発言は批判の対象になった。1989年以来、セクシュアル・ハラスメントは不法行為として訴訟等の手続きで解決を求めることができると知られ、活用されもしてきたが、被害回復手段としては極めて不十分であることもまたこの30年近くで明らかになったといえよう。^(注4)

（3）2019年の男女雇用機会均等法改正

　2018年の財務省事件等を契機として法的対応が再度議論され、2019年には男女雇用機会均等法11条2項や11条の2を加えるなどして改正した。加えられたのは、「①セクハラ（防止）に関する国、事業主・労働者の責務の明確化②事業主に相談した労働者への不利益扱いの禁止③自社の労働者が他社の労働者にセクハラを行った場合の協力④紛争調停への職場の同僚の出頭・聴取対象者の拡大」である（浅倉論文101〜104頁参照）。これは労働者の期待から大きく外れる改正であった。最も望まれたセクシュアル・ハラスメント防止の前提となる明確な定義を持った禁止法は日の目を

見ることがなかった。定義規定がないので定義はあいまいなままとなった。この国は、定義規定なしに法的対応ができると確信している稀な国かも知れない。定義が法律制定に決定的に重要であることは、常識であるが、例えば憲法学者蟻川恒正が「われわれは、言葉を交わし合うことによって約束をし、無数の約束事の上に現在の世界を作ってきた。この世界において、定義はあらゆる制度の土台をなすものである。法もまた、言葉を媒介とする社会運営の制度である以上、定義は法の土台でもある」(2020年1月16日、朝日新聞「憲法季評」)と述べるところからも明らかである。

　ついでに言えば、日本は1985年に国連の女性差別撤廃条約を批准したが、今に至るも女性差別の定義規定を作っていない。作るようにとの女性差別撤廃委員会の勧告は、今も続いている。いわんや、セクシュアル・ハラスメントの定義規定においてをやであろう。

　2019年6月21日、賛成439、反対7、棄権30でILO条約190号(「仕事の世界における暴力及びハラスメントの撤廃に関する条約」)が採択された。採択では、各国政府に2票、労働組合と経営者団体に各1票が与えられた。日本政府と労働組合は賛成票を投じたが、経団連(日本経済団体連合会)は棄権した。この条約はセクシュアル・ハラスメントだけではなく、その他のハラスメントの根絶をも求めるものである。さらに対象とするのは名前のとおり「職場」だけではなく、広く「仕事の場」である。2019年におけるOECD(経済協力開発機構)加盟国中、日本、チリ及びハンガリーの3国のみが、セクシュアル・ハラスメントの禁止規定を持っていない。

　現在の国際的基準はもちろんILO条約190号にある。日本がこの条約を批准するには、ハラスメントを禁止する条項を持った法律を作ることが必須である(条約4条及び7条)。この条約は被害者救済についても現代の最高水準を定めている。中でも注目すべきは、第10条の「強制及び救済」規定である。

2. 日本でセクシュアル・ハラスメントをなくす動きが 進まないのはなぜ？

（1）セクシュアル・ハラスメントとジェンダー不平等
①セクシュアル・ハラスメントを生み出す社会構造

　まず、セクシュアル・ハラスメントを生み出し許容している社会的構造を見ておきたい。問題解決の最初に行うべきことは、その問題がどのように、なぜ発生したかを探り出すことである。言うまでもなく、セクシュアル・ハラスメントは実行者個人の問題にとどまらず、彼／彼女がその実行者となるには社会がどう"寄与"してきたかを抉り出すことが再発防止に重要である。そうすることで初めて対決すべき相手・対象が明確になる。

　セクシュアル・ハラスメントが、性差別のあらわれであると考えれば、性差別を生み出すものがそれを生み出していることが分かる。女性（被害者は女性に限定されないが、多くは女性である実態に従って、本稿では女性と表現する）たちがそのターゲットにされるには理由がある。セクシュアル・ハラスメントは、女性に対する暴力の一部であることは既に理解されていると考えるので、暴力を生み出す社会構造が検討の対象になる。もう一つ大事な点は、暴力は支配の問題であることだ。私たちは、暴力を生み出す社会構造を知り、それをどう崩していくかを考えることになる。なぜ、女性は男性の支配を受けるのかがここで検討する問題だ。まず、社会にはびこっている暴力への許容性を検証し、次に具体的に男性が女性を支配し得る条件を見る。それらを根絶することが暴力をなくし、セクシュアル・ハラスメントをなくす道につながる。

②暴力を許容する社会

　DV が社会的に認知され始めたとき、私たちは配偶者からだけでなく、この社会は、女・子どもの目でみれば暴力に満ち満ちていることを思い知らされた。それらの状況が個人レベルの暴力を許容し、場合によっては維持する力になっていることを知った。暴力は、理由によっては（理由は関係ないと考える人ももちろんいたが）許されるとする考えははびこっていた。

例えば、「妻が言うことを聞かないから、聞くように教育するため」、「妻をしつけるために」などとまじめに弁明された。しつけや教育が暴力の正当化理由とされるおなじみのケースには、学校での体罰があった。もっとたどれば、戦前・戦中の軍隊での「教育」と称された暴力がある。階級が上の者の命令は天皇陛下の命令として絶対であり、それに従わない者には問答無用で鉄拳制裁が加えられる。相手が命を落とすことがあってもそれは織り込み済みであった。軍隊は本来、敵を殺すことを目的とする組織であるから、構成員をその目的に向かって統制・組織しなければならない。有無をいわせず人をコントロールするには剥き出しの暴力が有効である。これは世界中の軍隊とよばれる男性の組織で経験的に肯定され、その効用が疑われずに受け継がれてきている。軍隊にとってこの暴力による統制を効果的にするのに、支配的な組織そのものも必須であった。厳格な上下関係であり、家父長制の根源にあるものだ。年長者が力と権威を絶対的に持つ。軍隊と暴力と家父長制は結びついている。

　特に戦前の日本の戦争と暴力の関係を特徴づけるのに、戦争に反対する者を文字通り容赦なく叩きつぶした特高（特別高等警察）がある。治安維持法を盾にして、いささかでも天皇制に疑念をさしはさむ者は戦争への道を妨げるとして徹底的に取り締まり、心身共への残虐な拷問を加えた。その特高の構成員の多くは戦後警察官として復活し、警察官僚の上位にいた者の少なくない者は、国会議員にもなった。^(注5)このことは、日本社会が暴力を容認することを促進したか、少なくとも否定するには至らなかったのではないか。

　日本では確かに1945年の敗戦経験によりさまざまに反省がされ、民主主義に向かって歩み出したことになっている。しかし、軍隊を性格づけていた暴力は問われたのだろうか。後に、それが、自覚的に反省され、暴力否定の思想が根付いたということはなかったのではないか。徴兵制の軍隊では兵士は一般国民であった。ということは、普通の多数の男性たちが暴力を経験してきたということだ。いわゆる軍隊帰りの男たちの粗暴なふるまいは日本中に満ち溢れていた。家庭でも学校でも職場でも。軍隊で「学んで」きた鉄拳制裁が珍しくはなかった時代があった。1960年代、私の

高校（県立共学高校）では教師が平気で生徒を殴っていた。時には鋭い鞭も振るわれた。私を含む女子学生は震えながらその場面を日常的に目撃させられた。

　1980年代、中学校の人権無視の校則がようやく社会問題化されようとしていた。当時、私は弁護士会の中でそのような校則を批判し、廃止を求める活動をしていたが、校則の人権侵害性は、たまたま知っていた刑務所の厳しい規則に劣らぬものであった。力で人の心身を押さえつけ、統率する社会は、刑務所から中学校、さらには一部の職場まで日本中を覆っていたという記憶だ。今に至るいじめ問題の源流だ。男性中心の、男性のみが発言権を持っていた労働組合で少数者であった私の女性の知人は、身の毛もよだつような暴力を連日のように加えられた。男性による暴力（もちろん、肉体的及び精神的な）には極めて寛容な社会に私たちは生きてきたし、今もなおそれは続いている。職場におけるパワー・ハラスメントやセクシュアル・ハラスメントはその延長線上にある。DVが黙認されていた時代も長かったが、それも家父長制社会における男性の暴力容認・許容が生み出したものだ。2020年、コロナ禍の中でDVが激増したことも報じられている。外出自粛などで閉じた空間は、根絶やしにされてはいなかった家父長制とそれに伴う暴力をあっという間に復活させた感がある。

②社会の軍事化が暴力化を促進する

　上述のように、日本社会は戦前・戦中の軍隊文化における男性の暴力容認を克服していない。戦後一貫して、この国は平和憲法のもと、一方では平和な社会を目ざしながら、一方では暴力容認の基盤を根絶できないままである。平和や民主主義を目ざす人々は、これに反対する人々からの暴力による攻撃を受けてきている。労働組合運動の歴史にそれを見ることができる。職場は、労働者の人権を暴力で抑圧する場でもあった。そのような"伝統"ある労働現場で女性への暴力＝男性の女性支配は、見とがめられないままであった。その表れの一つが、セクシュアル・ハラスメントである。セクシュアル・ハラスメントが性差別とも暴力による支配とも認識されることが少ない日本では、「セクハラ」はその言葉の軽さによってさらに暴力である本質が見過ごされている。

日本は戦後戦争をしてこなかったが、1950年6月の朝鮮戦争勃発をきっかけに、マッカーサーが警察予備隊（7万5000人）の創設、および海上保安庁の拡充（8000人）を指令し、実質的な日本の再軍備が始まった。警察予備隊は1952年10月に改組されて保安隊に、54年7月には自衛隊へと再軍備の方向に改編されていった。初期の自衛隊には元軍人が多く属しており、暴力肯定文化も引き継がれていったといえる。ここにも旧軍隊の暴力体質への真摯な反省がされなかったことが見て取れる。

　このような経過を経て、自衛隊という軍隊（装備、予算等からみて国際的には軍隊であることには異論がない）は以後成長の一途をたどってきた。政府は、2015年安保関連法を強行採決して、集団的自衛権行使を容認した。2012年、第2次安倍政権が発足して以来、防衛予算は膨張するばかりだ。因みに2020年度防衛予算は5兆3000億円とされ、2020年12月には第3次補正予算として軍事費が3867億円計上されている。これは、2015年以来の日本社会における戦争肯定＝暴力肯定風潮に合致し、それを煽るものだといえる。一方で女性への暴力対応の予算はわずかしか改善されていない。軍事予算は詰まるところ、人の命に敵対するものであるが、女性への暴力対応予算は、命を生かす予算である。軍事予算の膨張は一方で必然的に社会保障費の削減をもたらし、社会は暴力肯定に追い立てられている。

　2018年3月、東京都目黒区で妻にDVを働いていた父親に5歳の幼女が虐待死させられる事件がおきた。2019年1月には千葉県野田市で父親に4年生の女児が虐待死させられた。この事件も父親が母親に暴力を振るっていた。母親と女児が共に暴力の支配に晒されていた。DVについても「配偶者暴力相談支援センター」への相談件数が2017年度には10万件を超えている。同年、警察へのDVに関する相談件数は過去最高の7万件を超えている。安保関連法によって国が戦争への歯止めをなくしてから社会的にも暴力への抵抗が少なくなり、それが家庭内での暴力増加につながっているとみることができる。人を暴力で支配してよいという日本社会の暴力化現象が家庭の中にまで影響を与えている。戦時暴力への歯止めのなさが「平時暴力」として家庭内で女・子どもに加えられるDVや児童虐待の増加を生み出している。

　このように、じわじわと暴力が増殖しそれに対する抵抗感が失われることは、暴力としてのセクシュアル・ハラスメントの温床を作り、それを日常風景にすることの手助けをすることになる。

③性別役割分業の思想とその実態的仕組み

　国連の女性差別撤廃条約は、女性差別根絶のために性別役割分業の撤廃を求めている。そのためには、法律の改正が必要であることに加えて、日常にある慣習や慣行の変更が大切であるとしている。それらは法律以上に深いレベルで無意識のうちに繰り返し私たちの言動や思想を支配している。

　性別役割分業は、家制度の下では女性を男性の下に位置づけ、支配を容易にする仕組みであった。教育においても男女別学が貫かれたのはそのためであった。男女別は、男女のレベルを差別的に、女性を男性よりも低く設定することを容易にする。参政権が男性だけのものとされたのは、政治は男だけで行うという考えのためであった。女性には自分の身を立てる経済活動が許されず、結婚すれば法律上無能力者とされ、夫の支配下に置かれた。女性は政治的にはもちろん経済的にも力を奪われ、社会のあらゆる場面は男性が独占し、女性は男性の支配を受ける存在でしかなかった。その影響は今日に及んでいる。後にみる国際的なジェンダーギャップ指数（GGGI）における日本の劣位は性別役割分業と深く結びついている。

　私たちは生まれ落ちたときから、性別役割分業の世界で生きてきている。そのことを知らしめるために、あるいは人々が性別役割分業をあたかも昔から続いている自然の法則ででもあるかのように受け入れさせるために、赤ん坊時代から男女の衣服の色やおもちゃまでが分けられてきた。男と女は違うのだから生き方も何もかも違うのだという非科学的な「法則」を社会は押し付けてきた。「女は結婚（法律婚）して子どもを産むもの」、「家事育児は女性の役目、外で働くのは男性の役目」という素朴な例に留まらない。社会のあらゆる分野がこれによってコントロールされている実態がある。家庭を越えて仕事の分野もこの分業の原則に貫かれている。最近では変化してきているが、教育でも女性向き、男性向きと区別されてきた。今でも大学での専攻分野には男女で大きな違いがある。男性向きの学部に

入り就職する場合と女性向けのそれに進んだ場合は、社会人となってから進む分野が異なり、女性は多くの場合、男性よりは不利な経済生活を送らされる。これが男女の賃金差別に繋がる。

　性別役割分業の必然的結果、社会的に力を持った存在（意思決定権者）は男性に独占されている。統計を示すまでもないだろう。責任ある地位についているのは、圧倒的に男性だ。日本弁護士連合会では戦後一度も女性会長が選ばれたことはない。副会長は 2018 年から必ず女性 2 名（15 名中）が就くように規則を変えたが、それ以前は副会長に女性ゼロという年もあった。なぜ、そうなるのか。弁護士の男女比がそれに反映されている。弁護士の 81 ％は男性であり女性は 19.1 ％でしかない（2020 年 11 月 1 日現在）。人口の男女比との乖離が大きいがこれは弁護士会に限らない。この会員の男女比のため、弁護士会での意思決定機関に女性はなかなか入れない。医師会その他、専門職団体の意思決定機関にいるのはほとんど男性である。コロナ問題で毎日のようにテレビで会見する医師会（全国及び地方とも）の会長はすべて男性であり、多くの人は不思議にも思わないようだ。日本の女性医師の割合は 20.1 ％（2016 年）でしかなく（OECD 平均は 44.8 ％）、性別役割分業が貫徹されている業界であり、それを維持したいということが 2018 年に明るみに出た医学部における女性受験生差別の理由の一つだった。私たちは意思決定機関にいるのは男性という景色にあまりにもなれているのではないだろうか。

④男性による女性支配の根本にある条件は何か

ア）経済的条件

　男女格差は、賃金格差に端的に現れている。2019 年一般労働者の所定内給与（月額）は男性 33 万 8000 円に対して女性は 25 万 1000 円であった。^(注6)女性の給与は男性の 74.3 ％でしかない。女性には非正規労働者が多いこと（56 ％）がその理由の一つであるが、統計学の専門家の山口一男教授によれば、それに加えて正規労働者における賃金格差も見逃せなく、非正規比率で説明できる賃金格差は全体の 33 ％に過ぎないとのことだ。^(注7)山口教授は、日本の女性の低賃金の理由について以下のように説明している。男女で職業が分かれる分離度が日本は韓国よりも高く、女性が比較的高賃

金の専門職や経営・管理職に占める割合が英米はもとより韓国に比べても低い、看護師や介護職員、幼稚園の教員、保育士など比較的低い賃金の専門職（タイプⅡ型専門職）でも女性は男性よりも賃金が低く、タイプⅡ型の女性は、男性事務職の賃金を大きく下回るだけでなく、「販売」や「作業員」、「サービス労働」といった他のグループの男性の賃金にもみたない。

　最近（コロナ前）失業者が減少しているが、増加しているのは正規雇用者ではなく、非正規雇用者であり、女性の状況は改善されない。因みに、コロナ禍は女性の失業者を多く生み出しており、野村総研による推計によれば、2020年12月時点では、女性のパート・アルバイトで仕事が半分に減り、休業手当も支払われない「実質的失業者」が90万人以上に上ることが明らかになった。男女の経済力格差はさらに拡大している。

　女性の経済力が低く、雇用が不安定であることは、職場での権利主張をし難くし、セクシュアル・ハラスメント等の性暴力の原因を作る。家庭の外での権利主張が困難であることは、女性がDVから逃れることを難しくする原因でもある。こうして、家庭外においても家庭内においても、経済力のある者（男性）が経済力のない者（女性）を容易に支配する関係を生んでいる。

イ）社会的・政治的地位の低さ

　各分野で女性の占めている地位は非常に低い。性別役割分業との関係でも述べたが、あらゆる重要な意思決定が女性抜きにされていることは、政治でも女性のニーズが取り上げられず、女性の不在が生み出す問題が放置されていることを示す。これも男性が女性を支配することを容易にする。

　因みに、121位というその低さでさすがに話題になった2019年の国際的ジェンダーギャップ指数（GGGI）は以下のとおりであった。

　調査指標は次の4つの分野に分かれ、さらに細分化されている。

　ⅰ経済参画（115位）

　労働力率の男女比（79位）、同種業務での給与格差（67位）、推定勤労所得の男女比（108位）、管理的職業従事者の男女比、専門・技術職の男女比（110位）

　ⅱ教育（91位）

識字率の格差（1位）、基礎教育在学率の格差（1位）、中等教育在学率の格差（138位）、高等教育在学率の格差（108位）

ⅲ健康（41位）

出生時の男女比（1位）、健康寿命男女比（59位）

ⅳ政治（144位）

国会議員の男女比（136位）、閣僚の男女比（139位）、過去50年間の国家代表の在任年数の男女比（73位）

驚くことではないが、日本はG7（先進7か国）で最下位であった。上記の政治分野の144位はワーストテンに入っている。日本では高等教育は進んでいると信じられているようだが、ジェンダー視点で点検した結果は上記のとおりである。高等教育での格差は、その後の経済及び政治格差につながる。これらの数字を見れば、経済と政治での低さが男性による女性差別の条件を作っていることがよく分かる。

コロナ禍で、国民の方向を向いて対応がうまくいっている国のリーダーには女性が多いことが国際的に理解されている。これは女性の資質の問題もあるだろうが、女性をリーダーにすることができるその社会の民主主義のレベルの高さを示している。

2018年に「政治分野における男女共同参画推進法」が制定されたが、政党の女性を増やす義務は努力義務にとどまっており、性別役割分業に支配されている政治の世界の改革は遠い。とりわけ地方政治にそれが顕著であり、女性議員ゼロの地方議会は少なくない。

ウ）女性への性的支配を助長する「文化」の存在

日本の女性を男性たちが支配することを容易にしているものとして、ポルノと売買春（買売春）の蔓延を挙げねばならない。これまで述べてきた社会構造としての女性支配を仕上げる役割を果たしているのが、この2つである。ポルノは、女性に対する性的虐待を男性の性的娯楽として提供するものであり、業者は巨額の収入を得ているといわれている。実態調査がされていないので、正確な数字は分からないが、その氾濫ぶりからは巨額であることは疑いがない。国際人権NPO法人ヒューマンライツ・ナウが2016年3月に公表した調査報告書によれば、業者は年間4000億円から

5000億円の売り上げがあり、年間2万タイトルの「作品」が新たにつくられているという。

　近年、アダルトビデオ（AV）への出演強要被害を訴える女性が増えており、民間の支援組織は手が回らない状況と聞く。「女優」を騙して出演させ、性虐待の実写であるのではないかという「作品」を娯楽として送り出す行為が許されて良いはずはない。それらの「作品」は、女性を性的快楽の対象物ないしは性的なモノとして扱うことで、女性を支配することを男性に煽っている。

　売買春は売春防止法（売防法）で禁じられていることは人々の念頭にはないのではないか。もっとも、風俗営業等の規制及び業務の適正化等に関する法律（風営法）は一定の性交類似行為を売防法の適用外として一定の条件のもとに合法化している。その結果、「風俗」と呼ばれる業態が街に溢れている。ここでも女性は男性にとって性的対象物として消費される。女性が人間の尊厳を持った存在であることは考えられていない。もともと、売防法は、売春は売る側の女性に原因があるとして、客を勧誘した女性は同じ行為をした男性よりも重く罰する構造である。^(注8)

　買春者やAV消費者となった男性は、女性は性的対象物であると刷り込まれ、女性に対する見方や態度はその影響を受けざるを得まい。所詮、女はこんなものとの「理解」は、女性差別を助長し、職場の同僚女性に対する態度にも影響を与えるだろう。セクシュアル・ハラスメントの土壌がここでも耕されている。セクシュアル・ハラスメントを指摘されたある男性は、買春行為1回分の料金相当額を示談金として提案した。

(2)「おじさん」支配の国

　セクハラ問題の解決というと発言する人の多くは女性である。なぜなら、被害を受ける圧倒的多数が女性であるからだ。セクハラ問題に関する講演会でも講師も参加者も多くは女性である。女性にとって切実な問題ではあるが、しかし、どうするのかを考えるのは女性の責任ではないし、女性だけの仕事ではない。あるときから私は、誰の問題か、誰の責任かについて疑問を持つようになった。セクシュアル・ハラスメントは、被害者側が解

決策を探るのではなく、多くは男性である加害者側が自分たちのやってきたことを振り返り、どうしたら加害者にならずにすむのかを考えるべきであると思うようになった。

最近、「そう、そのとおり！」と思わず叫んでしまった小説に出会った。もう、お読みになった方も多いかも知れないが、松田青子さんの『持続可能な魂の利用』（2020 年 5 月、中央公論社、因みに同年 6 月には重版になっているから多くの人の目に留まったらしい。以下、引用の際は『持続可能』と略称する）だ。タイトルは変わっているが、内容は女性の気持ちを 200％ 代弁している。

主人公は、30 代の非正規で働く女性。会社で「おじさん」からセクハラにあい、会社に訴えたが、相手にされず退職を経験している。加害者の「おじさん」にはセクハラ行為は「ただのお遊び」であり、彼は訴える女性の方が「自意識過剰」だと呆れて見せる。多くのセクシュアル・ハラスメント現場の実態でもある。主人公は、カナダ在住の妹や元同僚の女性などを通じて、セクシュアル・ハラスメントの起きる仕組みを含めてこの社会の姿が良く見えるようになっていく。同時並行で進むもう一つの物語は、「おじさん」からは見えなくなり、「おじさん」のいない世界で「自由」を知り、伸び伸びと生きる少女たちの話だ。彼女たちは、後に今の日本社会の女性をめぐる状況をアーカイブ資料を活用して調査し、研究発表をする。

小説だが、日本社会の日常が性差別に満ち満ちていることが的確な言葉で描かれる。今の社会で女性を抑圧し、害を加えているのは「おじさん」だから、「おじさん」のいない社会でこそ、女性たちが伸び伸びと生きることができるというわけだ。この本の中で「おじさん」とは中高年男性に限らず、女性でも同様の思想を持った人たちのことをいう。

この社会が「おじさん」支配の社会であることは国際的にも知られている。先に触れた 2019 年のジェンダーギャップ指数が世界 153 か国中 121 位であった事実だ。この事実は、2021 年 2 月の森喜朗東京オリンピック・パラリンピック組織委員会前会長の女性差別発言に対する海外からの批判でも改めて指摘されている。

2020 年 9 月、安倍首相の突然の辞職を受けて菅義偉氏が 99 代目の首相

となった。閣僚の平均年齢は 61 歳だ。女性閣僚は 21 人中 2 人だけで閣僚の中の女性比率は 10% 弱だ。この国には一度も女性首相が誕生したことはない。過去最も女性閣僚が多かったときでさえ、5 人に過ぎなかった。恐るべき「伝統」だ。ほぼ時を同じくして野党が合同し新「立憲民主党」が誕生した。この党も、代表、幹事長、政調会長、国対委員長、選対委員長はすべて男性である。2020 年 10 月段階では、衆議院議員（全党派）の 465 人中女性は 46 人（9.9%）でしかない。列国議会同盟（IPU）と UN WOMEN の 2020 年 1 月 1 日時点のまとめによれば、女性閣僚の割合が 50% 以上の国は 14 か国という。世界全体では閣僚ポストに就く女性の割合は 21.3% だから日本はその半分以下だ。UN WOMEN の 2020 年 3 月 10 日の発表によれば、女性が国のリーダーについている国は 20 か国である。

　セクシュアル・ハラスメントは年長の男性が支配力を持っていること（これが家父長制の特徴である）が発生の温床であることは既に述べた。会社で役職についているのは年長の男性であることが多い。もともと、日本社会には年功序列制度が強固に確立していた。最近、崩れてきているとはいえ、まだこの仕組みは壊れきってはいない。家父長制は社会の至るところにしっかりと根を張っている。2012 年に自民党が策定した憲法改定案は、24 条で現行法とは真逆の家父長制の下での伝統的家族に戻す規定を置いた。現行憲法 24 条は、結婚は当事者の自由な合意のみによることを絶対的条件とし、かつてのように親や当事者以外の者の介入を禁止している。「おじさん社会度」は低下するどころか政治によって維持され続けている。

　小泉内閣は 2003 年に 2020 年までに社会の指導的地位における女性の割合を 30% にするという政策を発表し、当時は「202030」と呼ばれ、安倍政権も引き継いだ。いつの間にかこのスローガンは消えて、2020 といえば東京オリンピック・パラリンピックのことになった。あれから 17 年経った 2020 年、政府は実態が目標とあまりにもかけ離れているため、この目標を「2020 年代の可能な限り早期に」と先送りした。達成期限は漠然としたものとなり、この表現からは数年以内という決意は読み取れない。

　さて、『持続可能』にはカナダで生まれ育った若い女性の日本社会観察結果が出てくる。彼女は、日本で働いた経験があり、主人公の妹と同居し

ている。「わかんないけど、日本って特に、悪い意味で、女性のことしか見ない国だよね。家父長制が徹底してるっていうかさ。女性にそうさせている男性の存在は無視して、女性だけを問題にして、非難することが当たり前になってる。そのシステム自体は絶対に問題視しない。これじゃ男性はまるで透明人間」

　こういう社会のシステムがセクシュアル・ハラスメントという男性による女性支配を生み出し、支え、維持している。そのうえ、その出来事の主犯者を隠す。セクシュアル・ハラスメントをなくすことを望むのであれば、このシステムそのものを破壊して別の社会に作り変えることが必須だ。セクシュアル・ハラスメントは家父長制の上に成り立っており、家父長制こそがその基盤だ。家父長制の象徴であるかの菅内閣の成立とそれを概ね歓迎していた日本社会でセクシュアル・ハラスメントをなくすことをどう実現できるのだろうか。

(3) 女性を所有したい「おじさん」たち

　セクシュアル・ハラスメント問題の解決には、それを引き起こしている男性（もちろん、すべての男性ではない）が先頭に立つべきである。しかし、彼らは女性たちがセクシュアル・ハラスメントに取り巻かれていても一向に痛痒を感じない。むしろ、楽しんでいる輩だっている。女性を性的に虐待し、それを見て楽しむということのできる人たちだ。このことは22、23頁で売買春とポルノについて書いた。

　さらに、男性が女性をあたかも所有しているかのように身体そのものを拘束することを、あろうことか法律が許している。刑法堕胎罪と母体保護法のコンビである。堕胎罪は、人工妊娠中絶を禁止するもので、自分で行った人も妊娠している女性から頼まれて行った人も処罰される。医者や助産師が女性本人から頼まれて行っても犯罪とする。その過程で傷害や死亡となれば罪は重くなる。今では実際に発動されることはほとんどないとはいえ、不同意堕胎罪を除いて刑法の堕胎罪（212条〜214条）は廃止すべきである。母体保護法14条は、人工妊娠中絶の要件として基本的に胎児の父（夫とは限らない、生物学的に父である人）の同意書を求めている。妊娠

中絶は女性の意思だけでは許されない。

　つまり、女性の身体に関する最終決定権を男性が握っている。しかも実態は男の名前の「同意書」があればよいことになっているようだが、そのような形式に堕してもこの制度を手放そうとしない。たとえ形式的なものであっても「同意書」を男性から入手できない限り、女性は妊娠中絶ができない。しかも欧米では普通になっている安全で苦痛の少ない中絶手法（薬品等を使う方法）が日本では認められていない。中絶薬はフランスで開発され1988年に認可されている。日本では女性が苦痛を伴う処罰的・暴力的掻把が戦後一貫した手法である。母体保護法14条も廃止すべきだが、女性たちの廃止を求める声は無視されたままである。「おじさん」支配も極まれりだ。自分の身体のことを男性に決められるなどとは、女性からすればこの上なく屈辱的な制度だ。女性の意思の徹底的な無視。経口避妊薬（ピル）の入手も簡単ではなく、時間と労力が必要だ。コロナ禍の中で問題になった緊急避妊薬（アフターピル）についても日本は女性の需要の声に応えておらず、薬局での入手は検討されている段階だ。WHO（世界保健機関）は、緊急避妊薬を「必須医薬品」に指定し、入手しやすくするよう勧告しており、海外の約90か国では医師の処方箋なしに薬局で買える。

　先に示したジェンダーギャップ指数にはっきりと現れているように日本社会は、ジェンダー不平等に満ち満ちている。その集約点の一つにセクシュアル・ハラスメントがある。この不平等は実は男性にとっても生きにくい社会を作り出しているはずだが、男性ゆえの特権もまた行き渡っているので、男性は気づきにくいようだ。セクシュアル・ハラスメントのない社会は、ジェンダー平等の社会である。そこにどう到達できるのかが、私たちの課題だ。

　『持続可能』の作者の松田さんは新聞のインタビューで以下のように語っている。「SNSのおかげで女性の言葉がようやく可視化され、『変だよね』という違和感の正体が性差別と分かるようになった人も多いはず」。松田さんに寄せられた感想などで自分たちがあった痴漢やセクハラの被害が吐露されていたという。[注9]

（4）男の特権にさよならを

　この小説に現れているように、多くの女性たちが感じている違和感が女性差別であると認識されてきたことは大きな進展である。しかし、セクシュアル・ハラスメントが女性差別ということもそれほどすんなり理解されてきたわけではない。そのため、セクシュアル・ハラスメント防止策の議論（How to 的な）はされても根本問題である女性差別解消には何が必要かという議論には届きにくい。まして、問題は男性にある、家父長制にしがみつく男性にあるという簡単なことさえ、多くの人に共有されているわけではない。男性が被害を受ける問題も、家父長制が男性に要求する生き方が生み出すものである。男性被害者は、家父長制の基準で「男らしくない」と無視され、切り捨てられているからだ。

　セクシュアル・ハラスメント問題に率先して取り組んだのが女性たちであったのは、それが「女性の問題」であることを意味しない。女性は生き延びるためにそうせざるを得なかっただけだ。この社会で男性が家父長制をよきものとして、強い男の存在を理想的な生き方とし続けてきたことは日々の男性たちの「努力」の結果であろう。あるテレビ番組（「はじめてのおつかい」）で、不安で泣きじゃくりしがみつく３歳の息子に父親が「男なんだから。男は泣いてはダメ」と鼓舞・激励してお使いに行かせる場面を見た。男の子は泣きじゃくりつつ父の願いに応えるべく健気に歩き出した。こういうふうにして男であることを誇るべき特別なことと教育し、男の特権の素地が作られていくのだと、私は男たちの努力の手の内を見たようで深く納得した。

　さらに衝撃的であったのは、2021 年、箱根駅伝での優勝校監督の選手への「男だろ！」の檄だ。優勝を眼前にした選手に最後のスイッチを入れたのはこの言葉だという。男の特権は、女性や子どもへの力の行使を許す根拠となる。男の特権を捨てて、男性が本気になって人間の平等を追求することがセクシュアル・ハラスメントをなくす唯一の道である。女性が何とか出来る問題ではない。（角田注：セクシュアル・ハラスメントは男性の問題であるという視点については本書金子論文を参照）

（5）ジェンダーに目覚めた若い男たち

　ここに一つ朗報がある。最近、若い男性でジェンダー問題をきちんと自覚している人たちが生まれていることだ。性暴力の問題についても理解を示し、現行刑法の強制性交等罪の暴行・脅迫要件を批判的に検討し、廃止に賛成する人たちが出始めていることだ。あるいは、積極的に家事・育児などの生活に関わる生き方を選択する人たちが現われ始めた。それらの面倒なことは女性にみんな押し付ける従来の男性の生き方や、女性を単に性的対象物とすることを男性自身で見直そうとしている。彼らは「おじさん」国家を打ち倒す頼もしい同志だ。

　これらの男性たちをさらに仲間にするためには、例えば、男性が子育てを容易に分担出来るようにする仕組みづくりが必須である。育児休暇の充実がその一つである。しかし、菅政権の目玉政策も、不妊治療への経済的支援の強化ということを出ない。国は、「少子化対策」を聞き飽きるほど唱えてきたが、生まれてからのことには関心があまりなさそうである。

　以下は 2019 年に日本労働組合総連合（連合）が行ったインターネットリサーチによる実態調査結果である。父親が育児のために取得した休業・休暇は「年次有給休暇」が最多で育児休業取得率は 7.2% に過ぎなかった。30.2% の人が本当は取得したかったが、69.8% の人は取得するつもりはなかった。取得しなかった理由の 1 位は「代替要員がいない」、2 位は「収入が減る」、3 位は「男性が取得できる雰囲気がない」であった。男性の育児休業取得率を上げるために必要だと思うことの 1 位は「男性の育休取得義務化」であった。これから分かることは職場はそもそも男性が育児休業を取ることを前提にしていないということだ。「代替要員がいない」「取得できる雰囲気がなかった」はそれを示している。育児休暇取得を義務付ければ、育児がいまより楽になるだろう。一番確実で有効な少子化対策は、実は性別役割分業を廃して、子育てにおけるジェンダー平等を本気で実現することであり、その促進のための具体的政策を行うことだ。ジェンダー平等を自分事として重要だと理解し始めた若い男性たちを国が後押ししないという手はあるまい。それは、家父長体制を真っ向から否定するものだが、セクシュアル・ハラスメントをなくすためにも極めて有効であり、少

子化も解消し、国の未来を明るくしてくれる。セクシュアル・ハラスメント禁止法制定も急がねばならないが、根本にある政策の改革も必要である。

3．真の被害が知られていない
—— 性暴力被害への無知、無理解問題

（1）セクシュアル・ハラスメントは性差別であり、性暴力である
　性行為の強要以外のセクシュアル・ハラスメントは、性暴力という認識が低いし、被害は深刻であることの理解が足りない。「セクハラ程度」という言い方がこれを示している。法的定義がないこととあいまいなカタカナ語の罪でもある。

　その結果、①なぜ、セクシュアル・ハラスメントは禁止しなければいけないのか、②なぜ、被害者は救済されねばならないのか、が社会的に理解されてきていない。このことが、不十分な法的対応をも許しているし、禁止の必要性を理解しないことと、被害救済の必要性が理解されないことが相互に支え合う結果になっている。

（2）見えない多くの被害者 —— フラワーデモが教えること
　フラワーデモという言葉を聞いたことがあるかも知れない。これは[注11]2019 年の驚くべき内容の性暴力事件無罪判決（被害者が性行為に不同意であったことを認めながらも無罪にするなど[注12]）に怒った女性たちが始めた新しい運動である。一か所で静かに集まり、被害者へ寄り添う気持ちを表す花を一輪持つか、花柄のものを身に着ける。2019 年 4 月 11 日から始まった。以後、毎月 11 日に全国各地で時間と場所を決めて行われている。コロナ禍で途中からオンライン形式になったところもあるがまだ続いている（2021 年 2 月現在）。デモという言葉から想像される大きな集まりではないが、SNS 等で情報が伝えられ、女性を中心にこの運動に心寄せる人たちが集まる。被害経験者本人によって自然に被害経験が語られるようになり、被害から何十年もたってその日初めて人前でそのことを話したという人もいる。

　私も 2019 年 7 月の東京、11 月の長崎で参加した。一番ショックだった
のは、デモに参加して語る人々の後ろに多くの人が司法にも医療にもアク
セスできないまま長い年月を無念さと悲しみとを抱えて生きてきている事
実を知ったことであった。

　私は被害者が行動することが困難であると気づいてはいたが、これほど
に困難であることは知らなかった。被害の深刻さが、行動を困難にしてい
る。真実は、見えない被害者の方が多いということだ。司法が中心的な解
決方法であり、行政も不十分な働きしかしていないこの国は、被害者救済
には手を差し伸べていないのも同然ではないか。2019 年の通常国会で当
時の根本厚生労働大臣は、セクハラ被害の救済手段として裁判があるので
それで十分と、新しい法的救済は不要と聞こえるような答弁をした。彼は
司法救済の実態を恐らくは知らないであろう。この社会は、彼女たちが声
を上げることを許さなかったのだ。そのことで性暴力を含むセクシュアル・
ハラスメント事件をもないことにしてきた。ないものに対して法的対応を
することはないし、対応の政策を立てる必要もないとしてきた。この事実
をしっかりと確認しなければならない。

（3）被害の実際を知る

　『性暴力被害の実際』という本が出た。齋藤梓＋大竹裕子編著である。[注13]
この本は、一般社団法人 Spring（性暴力被害者と支援者が運営する団体）か
らの齋藤さんたち宛ての調査依頼のメールから始まった。齋藤さんたちは、
心理学、看護学、医学分野の研究者によるチームを組み、プロジェクトを
立ち上げ、必要な研修を行った。この本はこのプロジェクトが 2017 年 12
月から 2020 年 3 月までに行ってきた「性暴力被害経験に関する質的調査」
の結果をまとめたもの。調査は協力を申し出た女性にインタビューする方
式で行われた。本の中には女性たちの語りがそのまま掲載されている。私
が弁護士として依頼人から話を聞くときには、この質問者が行っていたほ
どの気配りをしなかった。私のしてきたことは、法律要件に照らしての「事
実」の確認に過ぎなかったのだ。もちろん、関連して心身の状態も聞いたが、
私がつかみきれなかった事実こそが大事であった。それこそを司法の場に

提供すべきであった。いわば、核心部分が落ちた事実しか提供していなかったわけであり、そこから的確な判断と結論が導き出されるわけはない。裁判官も同様にこの問題への対処の仕方の研修を受けていなかった。法律家の多くは実態をよく知らない素人集団であったということだ。

この本の第1章には「当事者の声に耳を傾け、その体験を共有することは、社会を動かす大きな力を秘めています。性暴力被害にあうとはどういう体験なのか、一番良く知っているのは当事者です。その声に耳を傾けることで私たちは、性暴力とは何かを知ることができます」とある。被害者の体験を聞かず、声を聞かないということが当たり前であったのが、これまでの日本の司法の基本的態度であった。その態度は、セクシュアル・ハラスメントを含むあらゆる性暴力を免罪し、被害者の苦しみも悲しみも切り捨ててきた非情なものであった。性暴力被害について世の中に満ち溢れていたのは、ときに「経験則」という普遍性のあるかのような名の下での加害者側の経験と妄想に立った物語であった。その非人間的態度がどれだけ多くの被害者を沈黙させて、時に死に追いやってきたことだろうか。

セクシュアル・ハラスメントとの関係でいえば、「第3章　罠にかける加害者——エントラップメント」と「第4章　地位・関係性を利用した性暴力——社会的抗拒不能」との分析が重要である。第3章の分析は、犯罪として扱われにくい性暴力の存在、同意のない性交に至るプロセスの「型」として、「奇襲型」「飲酒・薬物使用を伴う型」「性虐待型」「エントラップメント型（罠にかける）」が示されている。第3章のまとめには以下の指摘がある。「もともと、上下関係がある場合に明確に拒否の意思を伝えることがより難しくなる背景には、継続する人間関係では波風を立てるべきではないという社会的規範や、今回の協力者の方々は女性でしたので女性は従順さを良しとするというジェンダー規範が影響していることも想定されます。このようにエントラップメントは社会的な力関係を利用され追い込まれる形で起きていました」。セクシュアル・ハラスメントの多くはまさにこれである。

第4章では、性暴力の全経過を5つのフェイズに分けて実際の聞き取りから分析している。フェイズⅠは性暴力被害が発生する前の加害者と被害

者の関係である。フェイズⅡは性暴力が発生する前段における加害者の動きである。フェイズⅢは性暴力被害の発生であるが、地位・関係性を利用した性暴力では、被害者は明確な抵抗を行うことが難しいことが明らかにされた。フェイズⅣは性暴力被害が発生した後における加害者の動きである。加害者は恋愛感情の吐露など自分の行為の正当化を行う。フェイズⅤは被害者による性暴力被害の自覚と告発である。明らかになったのは加害者は企業や大学において周囲から高い評価を受けていることが多く、それが告発をさせにくくしている事実だ。地位関係性を利用した性暴力は、単に立場の優位性を利用しただけではなく、構造的暴力である。

　この調査結果はセクシュアル・ハラスメント理解に大きく役立つ。今までにはなかった被害の内側からの研究を踏まえて、セクシュアル・ハラスメント根絶策が練られる必要がある。

(4) 被害回復には恐ろしく時間がかかる

　セクシュアル・ハラスメント被害の深刻さは、人によっては一生引きずる被害となることにもある。裁判等で勝ったとしても、そこで命じられる賠償金（大抵は被害実態に比べて恐ろしく低い）では被害回復の長い時間に要する経済的必要を到底賄いきれない。被害はそこで終わらない。前記の齋藤さんたちによる調査結果でも、被害者は人生の長期にわたって悪影響を与えられてきたことがさまざまに語られている。特にPTSD（心的外傷後ストレス障害）など精神面の被害が大きい場合は、回復には長い道のりが待っている。実際に被害から十数年経っても完治できない被害者を何人も知っている。完治までの治療費等を請求したとしても、もともと計算できない損害の救済は難しい。

　私は、ある研究者が被害を受けた事案の弁護を担当したことがあった。彼女は長引くPTSDで研究を続けられなくなった。出版社との論文執筆の約束も何年も果たせていなかった。結果的に彼女はそれまでの専門を続けることを諦めて、全く新しい分野を開拓することになった。この間の精神的負担はどう償ってもらえるのか。彼女が心機一転新分野に移ったのは、裁判終了後何年も経ってからだった。彼女は今年で被害から21年になる。

辛い心身を抱えて闘ったことは良かったと今は振り返るが、被害から自由になれたのは実に数年前である。彼女の被害は性行為の強要ではなく、罪名としては強制わいせつであった。多くの人はそれでも回復に20年近くかかったことを信じられないというかもしれない。しかし、セクシュアル・ハラスメントが奪うのは、長い人生にわたっての被害者の心身の自由と尊厳である。「たかがセクハラ」ではない。

4.「性的同意」を理解する── 刑法における「不同意」問題との連動

　2020年6月から法務省では、「性犯罪に関する刑事法検討会」が開始された。2017年施行の改正に続くものとして被害当事者など多くの人の期待を集めている。その中でも重要なテーマは刑法177条（強制性交等罪）の「暴行・脅迫」要件及び刑法178条（準強制性交等罪）の「抗拒不能」要件の廃止である。「抗拒不能」というのは、身体的あるいは心理的に反抗ができないということだ。これと共に議論されるのが「不同意性交罪」の創設である。[注14]これらの犯罪処罰は、心身の統一体としての人間の尊厳を守るためにあると欧米では考えられている。日本はまだそこまで到達していないが、目指す方向としてそれを求める人は増えてきている。セクシュアル・ハラスメントのうち、性行為の強要は、刑法的には177条あるいは178条の問題になる。セクシュアル・ハラスメントと告発された加害者の弁明は、行為があったのであれば「同意」あるいは「合意」があったかどうかに集中する。同意あるいは合意があれば犯罪にならないからである。
　セクシュアル・ハラスメントのうち、強制わいせつ型でも問題の言動が相手の意思に反していれば相手の尊厳を奪うわけだから、加害者からモノ扱いされた屈辱等は同じである。
　『性暴力被害の実際』の調査でのインタビューで最も重要な性暴力の影響として語られた主題は「尊厳／主体性の侵害」であった。「自分の意思が無視される」「自分がモノのようにあつかわれる」ことであり、「一人の人間ではなく、性の対象としてしか見られない」出来事であったという。
　そこで、現在の日本でこの「同意」が軽んじられる理由を考えたい。セ

クシュアル・ハラスメントの多くを占める地位関係性によるものでは、加害者にとって被害者は、もともと対等ではないので同意を得る相手ではない。自分の欲望を押し付ける相手にすぎない。欲望の押し付けや罠にかけたりするやり方では同意が出る幕はない。もっと根本的な問題は、性的なことはもちろん、多くの場面で他人の意思を尊重しなければならないということが共有されていないことだ。さらに深刻なことは、どういう場合に性行為の同意が得られたと考えるかへの理解がないことだ。性行為の同意は、一緒に車に乗ることや一緒にホテルに行くことや、一緒に飲酒することとは別のテーマである。それにもかかわらず、日本では相当多くの人がこれらを混同し、一緒に車に乗ったから性行為にも同意したと勘違いをし、あるいは強弁する。性的行為は、保護法益からも明らかなように、憲法13条が保障する個人の尊厳にかかわることである。ここで「保護法益」とは、刑法がある言動を犯罪として処罰することによって、守ろうとする法的利益のことである。一緒に酒を飲んだり、車に乗ったりする行為とはレベルの違うことだということがきちんと理解されねばならない。

　性的行為での同意を無視する発想は家父長制社会のものである。刑法177条や178条ができたのは1907（明治40）年であり、日本は厳格な家父長制社会であり、女性の権利はほとんどなかった。自分の意思で結婚相手すら選べない時代に性的なことで自分の意思を表明すること（特に拒否の意思）は許されなかった。セクシュアル・ハラスメントをなくすには、家父長制と手を切ることが必須というのはこのことからも言える。さらに言えば、日常生活のさまざまな場面で同意・不同意を表示することができなければ、性的場面で突然意思表示ができるなどとは期待できまい。長いものにも巻かれず、自分の意見を持ち、表明できるような訓練が私たちには必要だ。How to 的なセクシュアル・ハラスメント対応が無意味とは言わないが、それでは根本問題は解決しない。長い時間かけてこの社会はセクシュアル・ハラスメントを生み出し、許容し、維持してきたのだから、それと闘うには、地道な闘いが必要である。

注

1 福岡地裁　1992（平成4）年4月16日判決『判例時報』1426号49頁。

2 『セクシュアル・ハラスメント防止のために』東京都労働経済局、1994年11月。

3 『マスコミ・セクハラ白書』WiMN編著、文藝春秋、2020年2月。

4 「セクシュアル・ハラスメント被害者の司法的救済の限界」角田由紀子『季刊労働法』2020年春号38頁。

5 『戦争と弾圧』纐纈厚、新日本出版社、2020年10月。

6 総務省『賃金構造基本統計調査』。

7 「男女の賃金格差、日本は給与4か月分　先進国におくれ」出世ナビ デンシバ Spotlight　2020年4月26日。
https://style.nikkei.com/article/DGXMZO58350480S0A420C2EAC000/

8 売春防止法5条及び17条。

9 「日曜訪問」東京新聞2020年9月13日付、出田阿生記者による松田青子さんへのインタビュー。

10　例えば『さよなら、俺たち』（清田隆之著、スタンド・ブックス、2020年7月）、『これからの男の子たちへ』（太田啓子著、大月書店、2020年8月）。朝日新聞デジタルの「＆M」に掲載されている作家白岩玄の連載エッセイ「パパ友がいない」など。

11　運動の成果をまとめたものとして『フラワーデモを記録する』（フラワーデモ編、エトセトラブックス、2020年4月）がある。

12 2019年3月12日福岡地裁久留米支部、同19日静岡地裁浜松支部、26日名古屋地裁岡崎支部、28日静岡地裁によるもの。浜松支部判決を除いてすべて高裁では有罪となった。

13 『性暴力被害の実際』金剛出版、2020年6月。

14　日本学術会議による「提言」、「『同意の有無』を中核に置く刑法改正に向けて――性暴力に対する国際的人権基準の反映」がこの問題についての最新の知見を提供している。同会議のウェブサイトで閲覧できる。

連合調査からみた職場における セクシュアル・ハラスメントの現状

井上久美枝 ｜ 日本労働組合総連合会 総合政策推進局長

1．はじめに

　2019年5月に「女性の職業生活における活躍の推進に関する法律等の一部を改正する法律」が成立した。これにより、事業主には、セクシュアル・ハラスメント、マタニティ・ハラスメント、ケア・ハラスメントに加えて、新たにパワー・ハラスメントに関する雇用管理上の措置を講ずることが義務付けられた。

　しかし、厚生労働省平成30年度雇用均等調査（確報）によると、すでに義務化されているセクシュアル・ハラスメントについて、10人以上の企業全体で「取り組んでいる」のは64.3％にとどまり、「取り組んでいる」と回答した企業でも「方針の明確化と周知・啓発」は66.9％、「相談窓口の設置」は49.4％となっており、雇用管理上の防止措置10項目のうち、事前の対応も徹底できていない状況である。

　そのような中、国内外でハラスメントの問題が頻発し、#MeToo運動などの“ハラスメントを許さない”運動が広がりを見せているが、職場においては依然としてセクシュアル・ハラスメントをはじめとしたあらゆるハラスメントが横行している。

　その実態を把握すべく、連合として2017年から3年にわたり調査を実施してきているので、その調査から職場の現状を伝えることとする。

2．職場におけるセクシュアル・ハラスメントの現状

（1）組合員の実態調査より

2017年に実施した「雇用における男女平等に関する調査」では、民間組合の男女組合員（正社員及び無期雇用の非正規労働者）を対象に実施。配布数8000枚で有効回収数は5223件（女性2223件、男性2986件、性別無回答14件）有効回収率は65.3%だった。

①過去3年間のセクシュアル・ハラスメントの経験

過去3年間にセクシュアル・ハラスメントを「受けたことがある」割合は女性15.6%、男性2.9%であった。これに「受けたことはないが見聞きした」（女性37.9%、男性43.3%）を合わせると、約半数の組合員が職場においてセクシュアル・ハラスメントがあったと認識している。（**図1**）

年齢別に見ると、女性は「受けたことがある」は若い層ほど比率が高くなる傾向が見られ、29歳以下では17.9%と2割近くを占める。一方、「受けたことも見聞きしたこともない」割合は、いずれの年齢層においても40%台と、あまり違いは見られない。男性については、いずれも「受けたことがある」はごくわずかにとどまる。29歳以下の若い層で「受けたことも見聞きしたこともない」が3分の2近くと30代以上に比べて多い。

職種別にみると、女性はいずれの職種も「受けたことがある」は10%台だが、〈受けた＋見聞きした〉は運輸職で63.8%、事務職でも55.7%と多い。男性については、〈受けた＋見聞きした〉は事務職と営業・販売・サービス職で50%前後に及んでいる。（**図2**）

②セクシュアル・ハラスメントの相談窓口
——7割が「社内に相談窓口がある」、一方「わからない」も1割

セクシュアル・ハラスメントの相談窓口の有無について聞いたところ（複数選択）、「社内に相談窓口がある」（女性67.9%、男性71.8%）が多数を占め、以下、「社内に相談専用電話がある」（女性33.3%、男性37.4%）、「社内に相談の担当者がいる」（女性32.8%、男性34.2%）、「社内に相談専用のアドレスがある」（女性29.8%、男性30.7%）などが3割前後で続いている。なお、

図1 セクシュアル・ハラスメントを受けた、職場で見聞きしたことの有無（過去3年間）

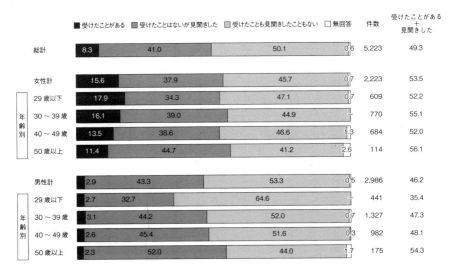

図2 セクシュアル・ハラスメントを受けた、職場で見聞きしたことの有無（過去3年間）

		受けたことがある	受けたことはないが見聞きした	受けたことも見聞きしたこともない	無回答	件数	受けたことがある＋見聞きした
総計		8.3	41.0	50.1	0.6	5223	49.3
女性計		15.6	37.9	45.7	0.7	2223	53.5
職種別	生産職	12.0	31.1	55.1	1.8	167	43.1
	事務職	16.1	39.6	43.5	0.7	1245	55.7
	専門・技術職	16.4	32.6	51.0	…	298	49.0
	運輸職	15.5	48.3	36.2	…	58	63.8
	営業・販売・サービス職	15.5	37.3	46.3	1.0	400	52.8
男性計		2.9	43.3	53.3	0.5	2986	46.2
職種別	生産職	3.3	35.0	61.7	…	303	38.3
	事務職	2.4	45.0	52.0	0.7	1050	47.3
	専門・技術職	2.1	35.1	62.8	…	584	37.2
	運輸職	2.7	40.9	54.4	2.0	149	43.6
	営業・販売・サービス職	3.8	48.8	46.9	0.6	720	52.5

※下線数字は「総計」より5ポイント以上少ないことを示す
※薄い網かけ数字は「総計」より5ポイント以上多いことを示す

「相談窓口はない」（男女ともに 3.8％）はわずかだが、「わからない」（女性10.3％、男性 9.3％）が 1 割を占めた。（**図3**）

　企業規模別にみた場合、「社内に相談窓口がある」割合は、301 人以上では 70.1％だったが、300 人以下では 53.1％と半数程度にとどまった。また、「社内に相談専用のアドレスがある」（301 人以上 32.3％、300 人以下 18.8％）、「社内に相談専用窓口がある」（301 人以上 36.9％、300 人以下 18.3％）、「カウンセラーなどに相談できる」（301 人以上 26.3％、300 人以下 18.7％）が 301 人以上に比べて少なく、「相談窓口はない」や「わからない」という回答が 30％近くを占めた。

　③**セクシュアル・ハラスメント防止のための取り組み**

　セクシュアル・ハラスメントを防止するために必要な取り組み（8 項目中重要だと思うものを 2 つ以内で選択）について回答を求めたところ、男女ともに「管理職の研修」、「安心して仕事ができる職場環境作り」、「従業員研修の実施」、「問題発生時の迅速・公正な対応」が 30 〜 40％、「相談窓口の設置・周知」と「企業トップの意識改革」が 20％前後となった。女性は「安心して仕事ができる職場作り」や「問題発生時の迅速・公正な対応」が男性に比べて多いのに対し、「管理職研修の実施」や「従業員研修の実施」は男性が女性を上回った。（**図4**）

　前述したように、女性は 20％近くが過去 3 年の間にセクシュアル・ハラスメントを受けたことがあると回答していることとも関係するが、女性は男性に比べてハラスメントが起きないようにするため、また、ハラスメントを受けた場合を想定したより具体的な取り組みが上位にあげられているといえる。

　年齢別にみると、女性の回答で多かった「安心して仕事ができる職場環境作り」や「問題発生時の迅速・公正な対応」は、セクシュアル・ハラスメントを受けた割合が一番多かった 29 歳以下の女性層でそれぞれ 40％前後と比率が高く、「安心して仕事ができる職場環境作り」では、男性の 29歳以下でも 39.9％の回答があった。

　職種別でみても、上位項目は概ね共通しているが、女性の場合、「安心して仕事ができる職場環境作り」は生産職（加工・組立・検査・機械操作な

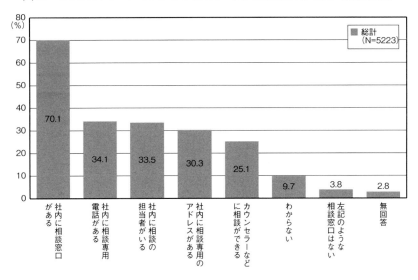

図3　セクシュアル・ハラスメントについての相談窓口の有無（複数選択）

凡例：総計（N=5223）

- 社内に相談窓口がある：70.1
- 社内に相談専用電話がある：34.1
- 社内に相談の担当者がいる：33.5
- 社内に相談専用のアドレスがある：30.3
- カウンセラーなどに相談ができる：25.1
- わからない：9.7
- 左記のような相談窓口はない：3.8
- 無回答：2.8

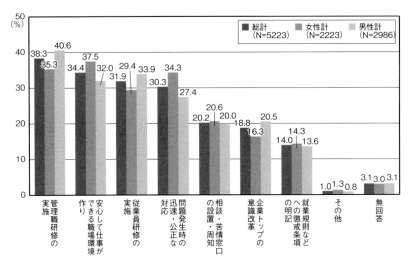

図4　セクシュアル・ハラスメントを防止するために必要な取り組み（2つ以内選択）

凡例：総計（N=5223）、女性計（N=2223）、男性計（N=2986）

- 管理職研修の実施：38.3 / 35.3 / 40.6
- 安心して仕事ができる職場環境作り：34.4 / 37.5 / 32.0
- 従業員研修の実施：31.9 / 29.4 / 33.9
- 問題発生時の迅速・公正な対応：30.3 / 34.3 / 27.4
- 相談・苦情窓口の設置・周知：20.2 / 20.6 / 20.0
- 企業トップの意識改革：18.8 / 16.3 / 20.5
- 就業規則などへの懲戒条項の明記：14.0 / 14.3 / 13.6
- その他：1.0 / 1.3 / 0.8
- 無回答：3.1 / 3.0 / 3.1

ど工場等での労働、48.5％）と運輸職（48.3％）、「問題発生時の迅速・公正な対応」は生産職（39.5％）と営業・販売・サービス職（37.5％）で比率が高かった。男性では、事務職で「管理職研修の実施」（43.9％）と「従業員研修の実施」（38.7％）の比率が高い。また、男性の生産職の26.1％が、女性同様「相談窓口の設置・周知」をあげた。

　規模別にみると、300人以下では「安心して仕事ができる職場環境作り」（39.2％）、301人以上では「管理職研修の実施」（39.1％）が第1位となった。

（2）単組調査　会社や組合に相談のあったハラスメント

　2018年に実施した「環境整備および男女平等に関する実態調査」では、連合傘下の主要組合1080単組を配布対象としてWeb調査を実施（公務には労働基準法適用職場を含む）698単組からの回答を得た。

①会社や組合に相談のあったハラスメント

　過去3年間に会社・組合に相談や報告があったハラスメントについてあてはまるものすべてを選んでもらった。その結果を見ると、「相談や報告はない」が民間20.0％、公務33.8％を占めるが、「組合では把握していない」も民間13.7％、公務15.6％を占める。「相談や報告はない」や「組合では把握していない」などを除いた〈相談や報告があった〉割合は、民間64.3％、公務48.1％である。

　相談や報告のあったハラスメントを見ると、「パワー・ハラスメント」が民間60.1％、公務46.8％と最も多いが、ついで「セクシュアル・ハラスメント」（民間38.3％、公務23.4％）が多くあげられている。（図5）

　民間について業種別にみると、〈相談や報告があった〉割合は非製造業（61.9％）に比べて製造業（68.6％）で高くなっている。

　従業員別に見ると、当然のことながら規模が大きいほど、ハラスメントが発生する件数は多くなるが、5001人以上の規模では、〈相談や報告があった〉割合は88.2％と9割近くにおよぶ。また、5001人以上では、「パワー・ハラスメント」（85.4％）や「セクシュアル・ハラスメント」（70.8％）が7～8割台と多数を占めている。（図6）

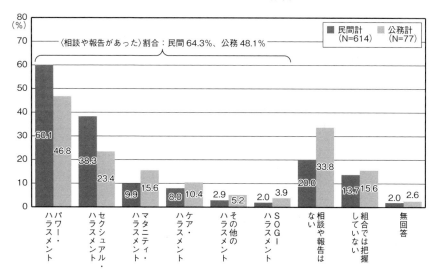

図5　過去3年における会社・組合に相談や報告のあったハラスメント

図6　過去3年における会社・組合に相談や報告のあったハラスメント（複数選択）

		相談や報告があった計	セクシュアル・ハラスメント	パワー・ハラスメント	マタニティ・ハラスメント	ケア・ハラスメント	SOGIハラスメント	その他のハラスメント	相談や報告はない	組合では把握していない	無回答	件数
	総計	62.5	36.8	58.6	10.6	8.3	2.3	3.3	21.5	14.0	2.0	698
	民間計	64.3	38.3	60.1	9.9	8.0	2.0	2.9	20.0	13.7	2.0	614
業種別	製造業	68.6	41.4	66.8	11.8	6.8	1.8	3.2	16.4	11.8	3.2	220
業種別	非製造業	61.9	36.5	56.3	8.9	8.6	2.0	2.8	22.1	14.7	1.3	394
従業員規模別	300人以下	36.1	10.9	33.6	3.4	4.2	…	4.2	42.0	19.3	2.5	119
従業員規模別	301～1000人	52.7	20.7	45.3	4.0	4.0	0.7	0.7	28.7	17.3	1.3	150
従業員規模別	1001～5000人	74.0	45.4	69.9	10.2	7.7	3.6	3.1	12.2	11.2	2.6	196
従業員規模別	5001人以上	88.2	70.8	85.4	21.5	16.0	2.8	4.2	2.8	7.6	1.4	144
	公務計	48.1	23.4	46.8	15.6	10.4	3.9	5.2	33.8	15.6	2.6	77

※下線数字は「総計」より5ポイント以上少ないことを示す
※薄い網かけ数字は「総計」より5ポイント以上多いことを示す
※濃い網かけ数字は「総計」より15ポイント以上多いことを示す

②セクシュアル・ハラスメントに関する相談窓口の有無

セクシュアル・ハラスメントに関する相談窓口の有無（複数回答）を見ると、民間では「会社の相談窓口がある」が87.6％と多数を占め、「組合の相談窓口がある」（51.5％）が半数、「社外の相談窓口がある」（36.8％）も4割弱を占める。

これらを合わせた〈相談窓口がある〉割合は92.7％と多数におよぶ。一方、「相談窓口はない」は6.7％を占め、特に従業員規模300人以下（25.2％）で比率が高い。

公務についても「会社（当局）の相談窓口がある」は66.2％と3分の2を占め、〈相談窓口がある〉（79.2％）がほぼ8割におよぶが、一方で「相談窓口はない」（19.5％）は2割を占める。（図7）

③セクシュアル・ハラスメントの相談・報告が生じている背景

セクシュアル・ハラスメントの相談や報告があったと回答した組合に対して、会社・組合にセクシュアル・ハラスメントの相談や報告が生じている背景を尋ねた結果を見ると、民間では「管理職層のハラスメントに対する認識の不足」（46.8％）や、「職場におけるコミュニケーションの不足」（45.1％）、「社会におけるハラスメントに対する関心の高まり」（44.7％）、「男性中心の職場風土」（42.6％）が、いずれも4割台と上位を占める。以下、「ハラスメントを軽視する職場の雰囲気」（23.81％）、「社内規定の整備によるハラスメントに対する認識の高まり」（22.6％）が2割強、「女性の職域の拡大」（14.0％）、「経営層のハラスメントに対する認識不足」（13.6％）が1割強で続いている。（図8）

業種別にみると、製造業で「職場のコミュニケーション不足」が53.8％と過半数を占め、非製造業の39.6％を約14ポイント上回った。従業員規模別では、上位にあげられる項目は概ね共通しているが、「ハラスメントを軽視する職場の雰囲気」や「経営層の認識の不足」、「ハラスメントに関する社内規定の整備の遅れ」などについては、規模が小さいほど比率が高くなる傾向がみられた。

④研修の実施　一般社員研修

過去3年間に会社・組合で実施した一般社員研修（複数選択）について

図7　セクシュアル・ハラスメントに関する相談窓口の有無（複数選択）

		相談窓口がある計	会社の相談窓口がある	組合の相談窓口がある	社外の相談窓口がある	相談窓口はない	無回答	件数
	総計	91.1	85.1	50.1	34.2	8.2	0.7	698
	民間計	92.7	87.6	51.5	36.8	6.7	0.7	614
業種別	製造業	95.0	90.9	56.8	41.4	5.0	…	220
	非製造業	91.4	85.8	48.5	34.3	7.6	1.0	394
従業員規模別	300人以下	73.1	61.3	28.6	26.9	25.2	1.7	119
	301～1000人	92.7	88.7	44.0	26.7	6.0	1.3	150
	1001～5000人	99.0	94.9	54.1	42.9	1.0	…	196
	5001人以上	100.0	97.9	75.0	47.9	…	…	144
	公務計	79.2	66.2	40.3	14.3	19.5	1.3	77

※下線数字は「総計」より5ポイント以上少ないことを示す
※薄い網かけ数字は「総計」より5ポイント以上多いことを示す
※濃い網かけ数字は「総計」より15ポイント以上多いことを示す

図8　会社・組合にセクシュアル・ハラスメントの相談や報告が生じている背景
　　　（セクシュアル・ハラスメントの相談や報告があった組合　複数選択）

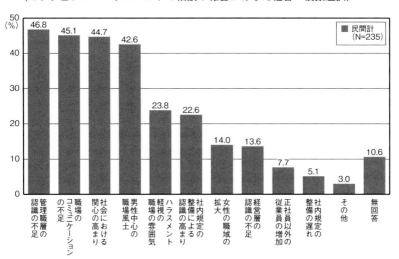

聞いたところ、「研修は実施していない」が民間で3割弱、公務では4割を占めた。研修の内容をみると、民間、公務ともに「ハラスメント全般」が最も多く、民間で53.6%、公務で31.2%だった。以下、「パワー・ハラスメント」（民間22.5%、公務16.9%）と「セクシュアル・ハラスメント」（民間21.8%、公務18.2%）が約2割を占めた。また、民間については、「マタニティ・ハラスメント」も10.1%と1割を占めた。

　民間では、業種別での目立った違いはみられなかったが、従業員規模別では、規模が小さいほど「研修は実施していない」が多くなり、300人以下では48.7%と5割弱を占めた。また、研修の内容ではいずれも規模が大きくなるほど比率が高くなる傾向がみられ、1001人以上の規模では「ハラスメント全般」が60%台、5001人以上では、「セクシュアル・ハラスメント」と「パワー・ハラスメント」が29.91%、マタニティ・ハラスメントが16.7%だった。（**図9**）

⑤研修以外に実施している予防・解決の取り組み

　会社または組合で、研修以外で実施しているハラスメント予防・解決の取り組み（複数選択）を聞いたところ、民間では「社内または社外に相談窓口を設置した」（58.5%）と、「就業規則などの社内規定に盛り込んだ」（55.4%）がともに6割近くと上位を占めた。以下、「ポスター・リーフレット等啓発資料を配布または掲示した」（30.6%）、「アンケート等で社内の実態把握を行った」（30.3%）、「労使でハラスメントに関する議論の場を設けている」（29.3%）が3割、「社内報などで話題として取り上げた」（20.4%）、「トップの宣言・会社の方針を定めた」（17.8%）が2割前後で続いている。一方、「現在は実施していないが、実施を検討中」が4.1%、「特に考えていない」が6.7%となった。

　民間の業種別では、上位の項目は概ね一致しているが、製造業では「社内または社外に相談窓口を設置した」、「就業規則など社内規定に盛り込んだ」が60%台を占め、非製造業を上回った。従業員規模別では、いずれの項目についても規模が大きいほど比率が高くなる傾向がみられ、5001人以上では「社内または社外に相談窓口を設置した」（74.3%）、「ポスター等啓発資料を配布掲示した」、「就業規則など社内規定に盛り込んだ」

図9 一般社員研修（複数選択）

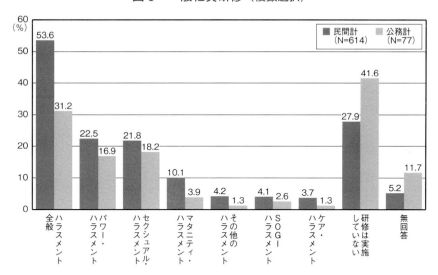

（68.8％）となった一方、300人以下では「現在は実施していないが検討中」が10.9％あるものの、「特に考えていない」が20.2％と2割を占め、301人以上を大きく上回った。

（3）インターネット調査　職場におけるハラスメント

2019年に実施した「仕事の世界におけるハラスメントに関する実態調査2019」では、インターネットリサーチにより全国の20歳～59歳の有職男女各500名、計1000名の有効サンプルを集計した。

①職場におけるハラスメントの実態

「職場でハラスメントを受けたことがあるか」と聞いたところ、受けたことがある割合が37.5％だった。

では、職場でハラスメントを受けたことがある人（375名）が、どのような行為を受けたのかを見ると、「脅迫・名誉棄損・侮辱・ひどい暴言などの精神的な攻撃」が41.1％、「業務上明らかに不要なことや遂行不可能なことの強制、仕事の妨害などの過大な要求」が25.9％、「私的なことに過度に立ち入ることなどの個の侵害」が22.7％、「セクシュアル・ハラス

メント」は 26.7% だった。

男女別にみると、「暴行・傷害などの身体的な攻撃」（女性 5.0%、男性 17.0%）や、「業務上明らかに不要なことや遂行不可能なことの強制、仕事の妨害などの過大な要求」（女性 21.6%、男性 30.7%）といった行為では男性の方が高くなり、「私的なことに過度に立ち入ることなどの個の侵害」（女性 26.6%、男性 18.2%）は女性の方が高くなった。また「セクシュアル・ハラスメント」（女性 37.7%、男性 14.2%）も女性の方が高く、20 代〜 40 代の各年代で全体比 10 ポイント以上の数字となった。（図 10）

②就職活動におけるハラスメント

就職活動を行った人（835 名）に、就職活動中にセクシュアル・ハラスメントを受けたことがあるか聞いたところ、「受けたことがある」は 10.5%、「受けたことはない」は 89.5% だった。

男女・世代別にみると、セクシュアル・ハラスメントを受けたことがある人の割合は 20 代男性（21.1%）が最も高く、5 人に 1 人の割合となった。（図 11）

次に、就職活動中にセクシュアル・ハラスメントを受けたことがある人（88 名）に、その内容を聞いたところ、「性的な冗談やからかい」（39.8%）が最も高く、次いで、「性的な事実関係（性体験など）の質問」（23.9%）、「食事やデートの執拗な誘い」（20.5%）となった。採用面接や OB 訪問などにおいて、性的なことを話題にされたというケースが少なくないようである。

男女別にみると、女性では「性的な冗談やからかい」（36.6%）が最も高く、次いで、「食事やデートへの執拗な誘い」（29.3%）、「必要ない身体への接触」（22.0%）となった。個人的な関係を持とうと繰り返し誘ってくる行為や、立場を利用して身体に触れてくる行為によって、就活中の女性が悩まされているという実態が明らかになった。（図 12）

では、就活中のセクシュアル・ハラスメントは誰から受けたのか。受けた行為それぞれについて、誰から受けたのか行為者を聞いたところ、「性的な冗談やからかい」といったハラスメントについては「人事担当者」（35 人中 12 人が回答）から受けたとの回答が目立った。また、「食事やデートへの執拗な誘い」や「性的な関係の強要」といったハラスメントについて

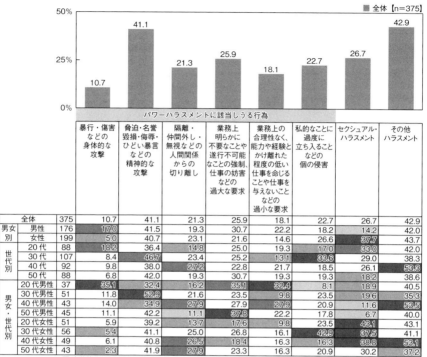

図10 職場で受けたことのあるハラスメントの内容（複数回答）

		暴行・傷害などの身体的な攻撃	脅迫・名誉毀損・侮辱・ひどい暴言などの精神的な攻撃	隔離・仲間外し・無視などの人間関係からの切り離し	業務上明らかに不要なことや遂行不可能なことの強制、仕事の妨害などの過大な要求	業務上の合理性なく、能力や経験とかけ離れた程度の低い仕事を命じることや仕事を与えないことなどの過小な要求	私的なことに過度に立ち入ることなどの個の侵害	セクシュアル・ハラスメント	その他ハラスメント
全体	375	10.7	41.1	21.3	25.9	18.1	22.7	26.7	42.9
男女別 男性	176	17.0	41.5	19.3	30.7	22.2	18.2	14.2	42.0
女性	199	5.0	40.7	23.1	21.6	14.6	26.6	37.7	43.7
世代別 20代	88	18.2	36.4	14.8	25.0	19.3	17.0	33.0	42.0
30代	107	8.4	46.7	23.4	25.2	13.1	33.6	29.0	38.3
40代	92	9.8	38.0	27.2	22.8	21.7	18.5	26.1	53.3
50代	88	6.8	42.0	19.3	30.7	19.3	19.3	18.2	38.6
男女・世代別 20代男性	37	35.1	32.4	16.2	35.1	32.4	8.1	18.9	40.5
30代男性	51	11.8	52.9	21.6	23.5	9.8	23.5	19.6	35.3
40代男性	43	14.0	34.9	27.9	27.9	27.9	20.9	11.6	53.5
50代男性	45	11.1	42.2	11.1	37.8	22.2	17.8	6.7	40.0
20代女性	51	5.9	39.2	13.7	17.6	9.8	23.5	43.1	43.1
30代女性	56	5.4	41.1	25.0	26.8	16.1	42.9	37.5	41.1
40代女性	49	6.1	40.8	26.5	18.4	16.3	16.3	38.8	53.1
50代女性	43	2.3	41.9	27.9	23.3	16.3	20.9	30.2	37.2

■全体比＋10pt以上／全体比＋5pt以上／全体比−5pt以下／全体比−10pt以下　　(％)

図11 就職活動中にセクシュアル・ハラスメントを受けたことがあるか

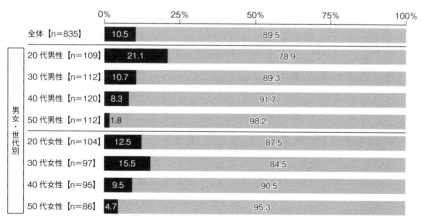

■受けたことがある　　■受けたことはない

図12　就職活動中に受けたことのあるハラスメント

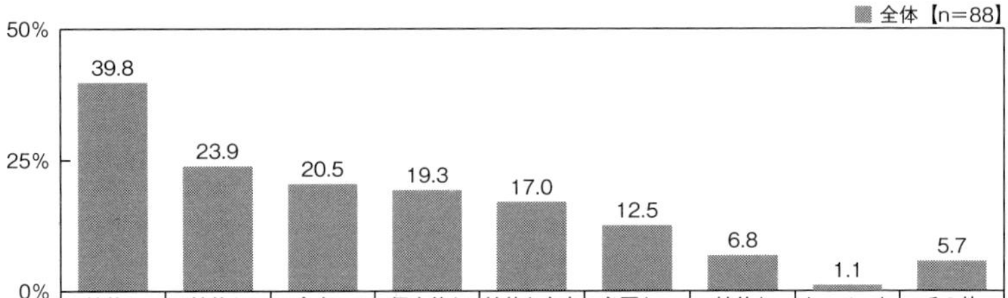

■ 全体【n=88】

	n	性的な冗談やからかい	性的な事実関係（性体験など）の質問	食事やデートへの執拗な誘い	個人的な性的体験談を聞かせる	性的な内容の情報（噂）の流布	必要ない身体への接触	性的な関係の強要	わいせつな写真や絵などの配布・掲示	その他
全体	88	39.8	23.9	20.5	19.3	17.0	12.5	6.8	1.1	5.7
男女別 男性	47	42.6	29.8	12.8	21.3	27.7	4.3	4.3	2.1	4.3
女性	41	36.6	17.1	29.3	17.1	4.9	22.0	9.8	−	7.3
世代別 20代	36	33.3	36.1	22.2	22.2	22.2	11.1	5.6	−	5.6
30代	27	51.9	11.1	22.2	14.8	14.8	14.8	7.4	−	3.7
40代	19	36.8	21.1	10.5	21.1	15.8	5.3	5.3	5.3	10.5
50代	6	33.3	16.7	33.3	16.7	−	33.3	16.7	−	−
男女・世代別 20代男性	23	30.4	43.5	17.4	30.4	30.4	4.3	4.3	−	−
30代男性	12	66.7	8.3	8.3	−	25.0	−	8.3	−	8.3
40代男性	10	40.0	30.0	10.0	20.0	30.0	10.0	−	10.0	10.0
50代男性	2	50.0	−	−	50.0	−	−	−	−	−
20代女性	13	38.5	23.1	30.8	7.7	7.7	23.1	7.7	−	15.4
30代女性	15	40.0	13.3	33.3	26.7	6.7	26.7	6.7	−	−
40代女性	9	33.3	11.1	11.1	22.2	−	−	11.1	−	11.1
50代女性	4	25.0	25.0	50.0	−	−	50.0	25.0	−	−

■ 全体比＋10pt以上／■ 全体比＋5pt以上／■ 全体比−5pt以下／■ 全体比−10pt以下　　（%）

※n数が30未満の属性は参考値

は「OB・OG」（食事やデートへの執拗な誘いでは18人中7人が回答、性的な関係の強要では6人中4人が回答）から受けたとの回答が目立った。

　また、セクシュアル・ハラスメントを受けたことで、どのような生活上の変化があったか聞いたところ、「就職活動のやる気がなくなった」（37.5％）が最も高く、「就職活動を短期間休んだ」、「就職活動を長期間休んだ」、「人と会うのが怖くなった」（いずれも13.6％）が続いた。セクシュアル・ハラスメントが就職活動でのモチベーションや就職活動自体の継続意欲に影響を及ぼしていることがわかった。（図13）

　これから社会に出ようとしている若者が、セクシュアル・ハラスメントを受けたことで人生を棒に振ってしまうことについて、社会の先輩である大人たちの身勝手な行動は厳に慎んでもらいたいと思う。

図13　就職活動中にセクシュアル・ハラスメントを受けたことでどのような生活上の変化があったか

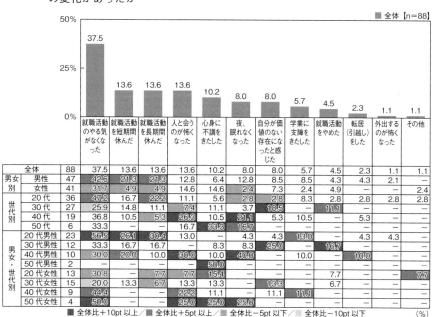

	n	就職活動のやる気がなくなった	就職活動を短期間休んだ	就職活動を長期間休んだ	人と会うのが怖くなった	心身に不調をきたした	夜、眠れなくなった	自分が価値のない存在になったと感じた	学業に支障をきたした	就職活動をやめた	転居(引越し)をした	外出するのが怖くなった	その他
全体	88	37.5	13.6	13.6	13.6	10.2	8.0	8.0	5.7	4.5	2.3	1.1	1.1
男女別 男性	47	42.6	21.3	21.3	12.8	6.4	12.8	8.5	8.5	4.3	4.3	2.1	−
男女別 女性	41	31.7	4.9	4.9	14.6	14.6	2.4	7.3	2.4	4.9	−	−	2.4
世代別 20代	36	47.2	16.7	22.2	11.1	5.6	2.8	2.8	8.3	2.8	2.8	2.8	2.8
世代別 30代	27	25.9	14.8	11.1	7.4	11.1	3.7	18.5	−	11.1	−	−	−
世代別 40代	19	36.8	10.5	5.3	26.3	10.5	21.1	5.3	10.5	−	5.3	−	−
世代別 50代	6	33.3	−	−	16.7	33.3	16.7	−	−	−	−	−	−
男女・世代別 20代男性	23	56.5	26.1	30.4	13.0	−	4.3	4.3	13.0	−	4.3	4.3	−
男女・世代別 30代男性	12	33.3	16.7	16.7	−	8.3	8.3	25.0	−	16.7	−	−	−
男女・世代別 40代男性	10	30.0	20.0	10.0	30.0	10.0	40.0	−	10.0	−	10.0	−	−
男女・世代別 50代男性	2	−	−	−	−	50.0	−	−	−	−	−	−	−
男女・世代別 20代女性	13	30.8	−	7.7	7.7	15.4	−	−	−	7.7	−	−	7.7
男女・世代別 30代女性	15	20.0	13.3	6.7	13.3	13.3	−	13.3	−	6.7	−	−	−
男女・世代別 40代女性	9	44.4	−	−	22.2	11.1	−	11.1	11.1	−	−	−	−
男女・世代別 50代女性	4	50.0	−	−	25.0	25.0	25.0	−	−	−	−	−	−

全体比＋10pt以上／全体比＋5pt以上／全体比−5pt以下／全体比−10pt以下　　(%)

※n数が30未満の属性は参考値

3．世界の状況から見た日本の問題点

　2019年6月21日、国際労働機関（ILO）第108回総会（スイス・ジュネーブ）において、ハラスメントに特化した初の国際労働基準となる「仕事の世界における暴力とハラスメントの根絶」（本書他所では「仕事の世界における暴力及びハラスメントの撤廃に関する条約」と表記）に関する条約と勧告が採択された。

　条約の適用範囲として「契約上の地位にかかわらず働く人々」も対象とし、第三者も含めた具体的な対策を講じることを求めていることに加えて、各加盟国に対して、「暴力とハラスメントを法的に禁止する」ことを求めているが、日本の場合、ハラスメント対策関連法は禁止規定ではないこと、また被害者・行為者の範囲が限定的であり、現在の状況では条約を批准す

ることができない。

　なお、ウルグアイとフィジーが批准したことで、2021年6月25日に条約が発効することになった。一方、日本の動向はというと、第201通常国会開会中の2020年6月12日、条約・勧告の仮訳および政府見解を記載した報告書の国会提出を閣議決定した上で、内閣総理大臣より両院議長への報告が行われた。

　しかし、その内容は「国内法との整合性の観点からなお検討が必要であり、我が国の法制や実情を考慮し、引き続き検討を加えることとしたい」と、条約を批准させようという意識が全く感じられない報告となっている。

4．今後に向けて

　連合はこの間、日本政府に条約の支持および批准と国内法の整備を求めて、労働政策審議会や国会等での意見反映に努めてきた。また、連携団体と協力してメディアへの情報発信や街宣行動などを通じて世論喚起も行ってきた。

　その結果、パワー・ハラスメントの防止措置を含むハラスメント対策関連法が成立したが、条約が定めるハラスメントそのものを禁止する規定が国内法には明記されていないことや、行為者・被害者の範囲が狭いこと、独立した人権救済機関が設置されていないこと等、条約の水準を満たすには課題が残されている。

　職場におけるハラスメントを放置することは、働く者の働きがいを損ない、心身の健康を脅かしかねない。セクシュアル・ハラスメントをはじめとしたあらゆるハラスメントを根絶し、誰もが生き生きと働き続けられる就業環境を職場全体でつくりあげていくためにも、連合は、第190号条約の早期批准という次のステージに向けて、さらなる法整備を求め、引き続き取り組みを展開していく。

大学でのセクシュアル・ハラスメント
その構造と対策

北仲千里 ｜ 広島大学ハラスメント相談室准教授

　男女雇用機会均等法にセクシュアル・ハラスメント規定が入って、何らかの相談窓口や規則ができてから約20年が過ぎた。この間、大学から、毎年、毎月、大学教員らによるセクシュアル・ハラスメントの懲戒処分が発表され、世間から厳しい批判を浴びている。きちんと処分が出るようになったという面もあるのだが、日本社会全体では、この20年間、けっきょく、まともにセクハラ被害を相談し、解決できるしくみが作られていないままだ、と感じる。あまりにも多くの人が、職場や学校関係者からの加害を職場の中で解決させる方法があるということすら知らないし（加害者に責任を取らせ、被害者の安全な就業・学習環境を守る）、実際、どこへ行ったらよいかわかりにくい。そんな状況の中で、大学は、相談窓口や対策等、それなりに進んでいる面もある。しかし、大学には大学特有の、一般のセクハラ対策だけでは論じきれないセクハラ加害・被害の構造がある。

1. 大学で起きるハラスメントとは

　大学で起きるハラスメント「キャンパス・ハラスメント」の問題化・対策の導入は1990年代に、主にセクシュアル・ハラスメント事件から始まった。現在はセクシュアル・ハラスメントに加え、アカデミック・ハラスメントや研究不正、ダイバーシティ・ポリシーなどいくつかの新しい課題が出てきている。キャンパス・ハラスメントでは、実は学生間の加害−被害も深刻である。他にもいろいろな関係者の間で、事件は起きている。しか

しここでは、特に典型的な大学教員と指導学生のケースの持つ問題を見ていくことにする。

　大学の教員が学生にハラスメント行為をするという話は「非常にひどいこと」として受け止められやすい。なぜなら、大学の教員は一般に社会的威信が高いので、そういう「立派な人物」がハラスメントをするなんて、と世間のショックや失望が大きく、そのイメージの落差から大きなニュースとして取り上げられる。しかし長年、大学にいる私は、少し違う目で、状況をみている。たしかに、学問研究や教育の場である大学は、比較的、お行儀がいい（＝暴力的であったり、粗野であったり、下品だったりはしない）人たちが集まり、暴力よりは論理や知的な営みに価値を置いて互いを評価しあう業界である。そんな大学教員でもハラスメントをしてしまうというのは、どういうことなのか。私の答えは、この社会の誰もみんな、大学教員までもが男尊女卑のレイプカルチャーの空気を吸って生きている、ということだ。一部のジェンダーや人権問題が専門の研究者でない限り、多くの大学教員は、ジェンダー平等や、性の権利について深く考えたことなどない。そして大学以外の加害者と同じように、性の対象として差別的な目で女性をみたり、相手の行動を自分勝手な解釈で「誘っている」「セクハラしても大丈夫」と受け取ってしまったりする。それどころか、いくつかの事件を経て、私たちは、「人権問題の専門家」ですら、加害者の心性を持っているということに気づいてしまった。それほど、セクシュアル・ハラスメント、性暴力を生み出す社会の空気は根深いということだ。

　そして、パワー・ハラスメントやアカデミック・ハラスメントについていえば、大学や研究者の社会は、そもそもハラスメントが起こりやすい、権力関係の網の目がはりめぐらされた業界だといえる。私の答えは、「大学教員の中にもセクハラするようなダメな人がいる」×（かける）「しかもそれをしやすくしてしまう、大学社会の幾重もの構造がある」というものだ。ハラスメントはそもそも、対等でない関係において成立する。したがって、キャンパス・セクシュアル・ハラスメントの話をするためには、どうしても、セクシュアル・ハラスメント以外のアカデミック・ハラスメントや大学や研究組織など、キャンパスの権力構造の話をする必要がある。

2．ハラスメントが起こる構造

(1)「尊敬」という権力関係

　セクシュアル・ハラスメントは、影響力や権力を利用した性暴力である。教育、学術、スポーツ、芸術、宗教などの世界は、指導者個人の影響力や権力が非常に強い領域である。しかもそこで作用しているのは、「人事部長だからあなたを解雇できる」というような一般的な職務上の権限だけではなく、精神的に作用する「尊敬」や「教え」という影響力なのだ。極端な場合はそれを「精神的支配」「マインドコントロール」「精神的囲い込み」などと呼ぶこともできる。学校や学問、芸術などの領域では、この、「尊敬心」というタイプの権力をもてあそぶ加害者が登場する。

　一般的に、学生は、大学教員が授業で語ることや書籍の内容が正しいかどうかを判断する力はない。大学の教育や研究は「専門的」な仕事であるため、その領域の専門家同士でない限り、その研究や言論の価値を判断することはできない。出来が悪い学生であればあるほど、正解が何かを理解できず、自分の答案が、なぜ、どれほどだめなのかを理解することはできない。ある意味、学生は「わからないけれど、学ぶ価値があるものらしい」と仮定して学びを始めるしかなく、教員は、「自分が面白いと思っている学問を、ほんの少しでも学生が理解してくれたり、面白いと感じてくれたらいいなあ」とあきらめ半分、まあ何とか工夫しながら授業をしている。したがって、本当に大学教員の教えを「正しい」「価値がある」と考えて心から尊敬したりする学生は、ごく稀である。教員の方も、研究仲間、学会関係者から評価されることには一喜一憂するが、学生に、自分の研究についての真の理解や心からの尊敬を求めることはあまりしないのが普通である。ところが、時々、自分の言うことを妄信し、自分の意のままになる信者のような学生をもちたがる困った教員がいる。そのもっとも醜悪な形が、教え子とのセクシュアル・ハラスメントだと私は思うのだが、本人（教員）は、セクシュアル＝恋や愛＝美しいできごと、というふうにとらえているので、そのことがいかに学生に対し残酷で、ずるい行動なのかという

ことを自覚しはしない。

　このような弟子と愛人を同一化したがる加害者は、文系（広い意味での思想やアートも含めた）に多いのではないかという印象を持っている^{（注1）}。そして、この、人格的尊敬にまで入り込んだ関係性の中で、相手の性的な要求や、（他の人が聞いたら非常に奇妙な、不当な）行動の指示を学生の側が「おかしい」と感じること、拒絶して精神的に距離をとることは、学生にとっては非常に難しい。そういう意味で、教育者や指導者によるセクシュアル・ハラスメントは、家庭内の子どもへの性虐待と類似した要素を持っている。被害学生による加害者への感情は時には非常に複雑な、アンビバレントなものとなる。同意していない性的言動への嫌悪とともにその人のおかげで学び獲得したものへの感謝を抱いていたり、ともに過ごした時間が自分のアイデンティティ形成ともつながっていたりするからだ。

　それに、圧倒的な専門知の差（あるいは相手は専門的な知識や権力を持っているだろうというイメージ）によって、被害者の反論を加害者は容易に封じることができる。被害者が「先生、それはおかしいです、セクハラです」と抵抗したとしても、教員の方は「それは違う、××だ」などと専門用語を弄したへ理屈によって、いとも簡単にその反論を抑え込み、むしろ学生に疑うのは悪いことだと感じさせてしまうことができる。悪質な場合は、その詭弁は、「この行為は治療だ」「学生の方が抱えている問題のせい」などというものになる。

　大学生はほぼ成人なので、「合意の上での教員と学生の恋愛である」と本人たちは考えることもある。しかし、それはもともと対等な関係での恋愛でない可能性があり、関係が破綻した場合には、圧倒的に学生の側が犠牲を払うことになる。それは周囲の学生たちにも「先生は特定の学生だけを個人的な感情から可愛がっている」と感じさせ、不信感を抱かせる。よって、たとえ合意に基づく交際の場合であっても、手放しに容認できるものではない。その影響や責任の重大さを教員は自覚すべきである。

（2）現実的な不利益

（1）に見たような精神的な支配関係はない場合でも、もちろん、セクシュ

アル・ハラスメントによって被害者（学生や、弟子、若い研究者など）は多くの困難やそれによる不利益を被る。例えば学部学生の場合、特定の職業（例えば教職など）に就くために必要な授業の単位取得や資格認定が困難になったり、通学や卒業が難しくなったりする。研究の世界で生きていくことを目指す大学院生や若手研究者がセクシュアル・ハラスメント被害を受けた時はいっそう深刻である。大学院生は、研究の評価、学会入会への推薦、研究発表の機会や非常勤の勤め先を得ることなど、様々な面で、指導教員等からの後押しを得ながら、研究人生の道を拓いていく。ただ、これは文系学生の場合であって、理系の実験系の場合であれば、研究する環境自体（実験室、実験設備や薬品などを運営する資金、研究サンプルへのアクセスなど）が指導教員に依存するため、その影響力はもっと強い。例えばチームによる共同研究で、研究成果の公表も共著によるチームでの論文などによってなされ、一人で研究することがほぼできないためである。

　上で私が「ハラスメントが起こりやすい、権力関係の網の目」と書いたのは、このようなことを指している。大学院生は指導教員や大学の同じ領域の研究者たちに認められることが、業界に入る関門であり、その権力差は歴然としている。その権力が正しく行使されれば、まともな教育研究だが、もしそこに恣意的な、不公平な行動があれば、それはアカデミック・ハラスメントとなってしまう。セクシュアル・ハラスメントの被害者は、指導教員のセクシュアル・ハラスメントを告発すると、報復としてアカデミック・ハラスメントをされ、自分の将来が潰されるのではないかと恐れる。したがって、大学でのセクシュアル・ハラスメントは、アカデミック・ハラスメント被害と切り離して考えることはできない。推薦状のようなあからさまな嫌がらせだけではない。大学院生が恐らく最も多く経験するアカデミック・ハラスメントは「十分に教育・指導してくれない」といういわゆる「ネグレクト」である。このネグレクトは、文系・理系のかかわりなく広く起きている。

　教員が多忙であったり（近頃の大学教員はほとんどみな、多忙）、積極的に指導スケジュールが組まれていなかったりする場合、「ちゃんと本腰をいれた指導をしない」ことは、いくらでも起こる。指導教員からセクシュ

アル・ハラスメントを受けた被害学生は、一人でその教員の研究室を訪ねることが非常に難しくなり、訪ねて来なければ教員も指導しないままになる。この「ネグレクト」は、厳しい叱責・罵倒などに比べて周りからは見えにくいし、教員もその悪質さを自覚しにくいが、院生の人生には大きなダメージをもたらす。そうして、多くの被害学生は、途中で退学したり、メンタル不調で長期休学となったり、進路をあきらめたりしていく。

3. 解決・介入面での大学特有の事情

ハラスメント被害を申し立てて問題にしようとしたり、ハラスメントをなくそうとした時には、また大学独特の構造が、立ちはだかる。大学の組織や意思決定構造は上意下達の一般の企業組織とは異なる、自治組織の集合体なのだ。

（1）口出しができない自治の構造

個々の大学教員個人は、指導や研究の評価、単位認定、推薦など学生・院生に対して影響力や権力を持っている。しかし逆に、大学では、企業などのような、社長や部長の「大きな権力」というのは、あまりないのだ。被害者は「大きな大学組織」にもみ消され、圧力をかけられるのではないかと不安を抱いたりするが、実際はむしろ逆で、大学は各教員、研究室、講座、学科、部局（学部、研究科、研究所など）それぞれの自治による多層的な自治によって構成されている。いわば、独立自営業者が集まった商店街連合会のようなものなので、上から下に強権的に命じたり、全員に一律の行動をとらせたりすることが難しい。お互いに専門家であり、自分以外の専門のことはわかるはずがないので、相互に尊重し、干渉し合わないようにしようという原則で運営されているからだ。

教員は、他の教員の授業の内容には口は出さない。学部長と言えども、普通は口を出したりしない。大学の講義に学習指導要領のような決まったものはないので、口を出せる基準や資格がないのである。したがって、「ハラスメント」は、授業や研究室の自治に、大学が干渉し修正を求める、例

外的な事態として扱われる。その位置づけがある程度できている大学や部局では、介入が可能だが、ハラスメント事案は特別、例外的に対応しなければならないものなのだという共通認識やルールができていない大学では、口出しできず、放置されることになるのだ。

（2）事実調査が難しい

　ハラスメントの申し立てがなされた場合、大学は事実調査を行う。ところが、アカデミック・ハラスメントの調査や判断は、その専門分野ではない者には実際、難しい。近年は、研究不正も大きな問題となっており、研究不正を強いられた、不正を隠蔽するように指示されたというようなアカデミック・ハラスメントも発生するが、近接領域の研究者でないと、何が重大な研究不正にあたるのかがわからない。セクシュアル・ハラスメント行為の調査の場合は、同じ学部などの身内で調査しない、女性の委員が入るべきとされているが、セクシュアル・ハラスメントを拒絶できなかったり、その結果の嫌がらせがいかに当事者には困ることになるのか、という背景事情については、学問分野が違うとさっぱりわからないことがある。

　研究内容そのものの専門性に加えて、研究分野によっていわゆる研究文化（どのような研究活動をするのが普通なのか、例えば毎日研究室に来て実験をするものなのか／自宅で本を読むものなのか／フィールド研究なのか、どのような研究成果発表をするものなのか、例えば研究業績のタイプ（雑誌論文なのか（英語・日本語）、書籍、機械や特許なのか等）や共著単著や著者順などの著者形式（オーサーシップ、論文の形式など））が異なるからだ。例えば、日本古典文学の研究における嫌がらせや不正を、金属工学の教員が調査することは無理だし、逆に英語学の教員がバイオメディカル分野の実験データの捏造やそれにまつわる嫌がらせを調査することも、理解することもできない。わからない人が調査すると、的外れに「それぐらい、大したことないじゃないか」と被害者の思いを切り捨ててしまう恐れがあるのだ。大学や学問の自治は、守られなければならない。しかし、ハラスメントもまた、許されないし、きちんと加害者が責任を取らされ、被害者が救済される対応がされるべきで、その両方をどのように実現していくかということが考

えられねばならない。

（3）「教授」が偉すぎる領域

　また、大学教員とくに教授が、過剰に影響力を持っている学問領域がある。地域社会の専門職の人事までの影響力を持つことがあり、典型的なものは、医学部などの医療系の分野である。そこでは、研究・教育・臨床などの複数の面で大学教員、とくに教授という職位にある者が大きな権力、影響力を持っている。このような領域では、問答無用の支配が成立してしまう。本来、研究者の世界では科学的真実の前では学生も教授も対等であり、真摯にディスカッションをすることが理想とされるのだが、教授の強い支配がある場では、「黒を白」と言わされるようなことや、教授の身代わりに部下が危険を冒すよう命じられるようなことが起こる。しかも、理系の世界、特に医療系では、人権概念どころか法・制度・契約などの概念や手続きなどについても十分知識がある人が少ないため、「おかしい」「これはまずいのでは」と感じても、被害者の側も何がまずいのかはっきりわからず、ただ我慢したり、研究やキャリアすべてを犠牲にして逃げることしかできなかったりする。その結果、他の研究領域や世間の常識とはまったくかけ離れたやり方が横行するということは、2018年に起こった医学部入試の女性差別の事件に象徴的に表れている。したがって、医療系学部においてセクシュアル・ハラスメントを告発するということは、他学部とは比べ物にならないほど困難なことである。近年、アカデミック・ハラスメントや研究不正がはっきりと禁止されたり、調査、処分がなされるような時代になってきたが、これは医学部にしてみれば文化戦争、外からの異文化の侵攻なのである。

4．対策

　大学は自主的に対策を展開し、その方法について模索してきた。例えば、法や指針のコピーではなく、自分たちで考え、議論したハラスメントの定義や具体例、解決システムを規程やガイドラインに盛り込んできた。パワ

ハラ法施行より前から、パワー・ハラスメントやアカデミック・ハラスメントも禁止しているところが多い。また、体制についても、積極的な大学では、概ね、一般企業よりは進んでいるのではないかと思われる。例えば、2000年前後にセクシュアル・ハラスメント対策が始まった時、当初は、各学部でハラスメントの調査をする案が出始めた。そうした動きに対し、キャンパス・セクシュアル・ハラスメント全国ネットワークは独自の推奨基準を提案した。そこでは、1.部局の自治を超えた全学での相談窓口や委員会とすること、2.「相談対応者」と「事実調査の担当者」を分離する方式を採用すること（厚労省のモデルとは異なる）^(注3)などである。現在ではこの方式を採用している大学が大多数であり、また専門相談員の配置、全教職員研修の実施、ウェブサイトで窓口やポリシーなどを明示しているところもかなりの数になってきている。

（1）被害者救済や柔軟な対応を

2000年以降、実際に各大学で窓口をオープンした後に我々大学の関係者が得た苦い教訓は、〈訴えて、調査して、処分で終わり、ではない〉ということだった。よく、申し立てに対して「それは事実調査をしてみないと、事実かどうかわからない。それでは何の対応もするわけにはいかない」と考える人に出会う。しかし、多くの被害者は、正式な申し立てをすることは躊躇する。大学教員を学生が告発するというのは非常に大それたことだと感じるからだ。「おおごとにしてほしくない」とは思うが、今のままではつらい、耐えられないと思う人が本当に多くいる。そして、処罰するほど悪質な行為でなくても、「被害」は実際に存在する。

初期の頃は、申し立てを受けて調査して処分を発表したら大学としての任務は終了したかのように捉える関係者が多かった。申し立てができない人のことや、処分後、被害者が元気よく大学に来ているのかどうかを見守り、被害の救済を図るとか、回復をサポートするという視点がなかった（その担当者や手順も決めていなかった）。しかし、本来、組織のハラスメント対策の目的は、誰もがハラスメントのない環境で学び、働くことを保障することであるはずだ。

そこで最近では、「申し立て→調査→処分」以外の柔軟な対応の選択肢も設ける大学が増えた。私の所属する大学では、これを「調整」と呼んでいる。調整とは、ハラスメントかどうかの事実調査はしないが、更なる被害拡大を防止するために、とりうる現実的な対応を管理職が行なうこと[注4]だ。典型的には、学生の指導教員変更、研究室の移動、職員の配置換え、作業や勤務する空間を分けること、そして、「イエローカード」的に加害者に警告したり、全体に対する研修を行ったりすることなどである。

また、相談員や大学職員、他の教員らによる具体的な支援も重要である。例えば、指導教員からのハラスメントに悩んでいる場合、学生は指導教員変更や休学願などの書類に指導教員のサインをもらいに行くことができなくなる。卒業はできても、卒論発表会で皆の前でプレゼンするのが困難な人もいるし、卒業証書を受け取りに教員のところに行くことが難しいこともある。その時、相談員や他の教職員が受け取って郵送したり、発表会での配慮を調整したりするというようなことだ。

（2）今後求められること

大学は、SOGI（性的指向／性自認）の視点も含め、より包括的なハラスメント・ポリシーを持ち、加害者には厳しい処分等を積極的に行うべきである。それに加え、被害者のケアやきめ細かな就業／学習環境の保障をすべきでもある。そのためには 1. いわゆる「調整」の選択肢をガイドライン・規程等の中にきちんと位置付けるべきであり、2. 専門的なスタッフを置くべきである。この専門スタッフは、単なる受付でも、心理カウンセリングのみを行う者でもなく、ケースの実際の解決に向けて提案をし、学内を組織するような動きをする役割を果たす者のことである。

しかし、大学の自主的な取り組みに期待するのでは限界がある。文部科学省は、各大学の対策を促すよう、次のようなことは行うべきではないだろうか。1. ハラスメントで退学・退職等を余儀なくされた被害の状況の把握、2. ハラスメント対策を大学の評価項目に含める、3. ハラスメント対策の人件費等の予算をつけ各大学に配分する。また、研究不正やアカデミック・ハラスメントの調査については、学外の研究者が調査を行う方が

現実的である。研究不正を監督する第三者機関の設置が望まれる。そして
そこで、アカデミック・ハラスメントの事実調査もできるようにしたらど
うだろうか。現場での具体的な解決は組織内でしか対応できない。しかし
学内での対策とともに、学外の第三者機関もあった方が、相談者にとって
は安心である。さらに、国として法規制の強化、とくに「立場を利用した
性暴力」の犯罪化を行い、これが強く批判される行為として扱われるよう
にすることも必要である。

　最後に、日本社会全体に性暴力やDV、ハラスメント等の相談支援がで
きるソーシャルワーカー育成の仕組みがなく、十分な待遇で雇用されてい
ないのが現状である。人材育成と雇用条件の改善を本腰をいれて行うべき
である。現在、すべての都道府県に性暴力ワンストップセンターが設置さ
れている。このセンターが、セクシュアル・ハラスメントについての相談
支援をも十分に担えるようにすべきではないだろうか。

注

1　湯川やよい『アカデミック・ハラスメントの社会学―学生の問題経験と「領
　域交差」実践』ハーベスト社、2014年
2　ここでは、「アカデミック・ハラスメント」は、大学や研究世界での、セクハ
　ラ以外のハラスメントという意味で使っている。アカデミック・ハラスメント
　の具体的なパターンについては本稿では詳述はしないが、詳しくは拙著（2017）
　をお読みいただきたい。
3　CSH全国ネットの運動と提言　http://cshnet.jp/2-04guide/　1999年3月1日
　「キャンパス・セクシュアル・ハラスメントに関するガイドライン（指針）の手引き」
　http://cshnet.jp/2-03opinio/　2009年9月27日・2002年7月21日
　キャンパス・セクシュアル・ハラスメント全国ネットワーク提言
4　ここでの「調整」は、管理職が行うものであり、当事者同士の話し合いによる「調
　停」ではない。対等な関係にないハラスメントのケースで調停で解決できるこ
　とはあまりない。

文献

北仲千里、横山美栄子『アカデミック・ハラスメントの解決』寿郎社、2017年8月

私たちは悪くない
若い世代からの告発

山本和奈　｜　一般社団法人 Voice Up Japan 代表理事
WAYVX SpA 代表取締役

「勘違いだよ」「そんなに胸元の開いた服を着るからいけないんだ」「そん
な遅くに何してたのかね」「（加害者）も、こんなことになるとは思ってな
かったんじゃない？」

「どこに相談したらいいかわからなかった」
「どうせ、誰も助けてくれないと思った」

Voice Up Japan に寄せられる多くの声は、こういうふうにセクハラやそ
の他の性暴力を受けた時に周りに言われた、自分を責めるような言葉。こ
うして、私達は、自分たちの人生における性被害、そして自分自身の存在
を否定されてきている。

日本では、性について話すことはタブーだが、性被害や性暴力、レイプや
セクハラに対して話すこと、それを告発することは、それ以上なタブーだ
と思う。

性被害を受けると、被害者に非があるように言われる他、被害を受けた方
の人格まで否定されたり、嘘つき呼ばわりされたり、挙げ句の果てに「加
害者がかわいそう」というような声まで存在する。

身近にいる友人や家族、仕事場の仲間から、著名人やマスメディアまで、
さまざまな場面で被害者は、否定され続けている。

例えとして、性暴力のニュースを考えてみてほしい。

性暴力に関するニュースでは「【加害者】、レイプして捕まる」というヘッドラインよりも「【被害者】○○歳、職業、【加害者】により性的暴行を受ける」というタイトルの方が多い。

ましてや、「【被害者】、○○をしている所、性被害を受ける」のように、加害者の身分やバックグラウンドには触れず、被害者の年齢、行動、職業などの情報の方が共有されている。

本来ならば、ここで犯罪を起こしているのは加害者のはずだ。被害者の身分は、必要ないだろう。なのに、ここで被害者のことを細かく書く理由はなぜなのか？

実際、近年、女子高生が見知らぬ男性にナンパをされ、断った際に30代の男性に殴られたニュースがあったのをご存じかもしれない。

その時のヘッドラインは、先ほど言った例えの系統に似ている。

「○○市で女子高生が見知らぬ男性に『キモい』と言って暴行を受けた」

私はこのニュースのヘッドラインを読んだ時に、驚いた。私がこのニュースを最初に目にしたのは、Twitter だったのだが、特に Twitter のような SNS ではファクトチェックしないまま情報が拡散されることが多い。こういった記事などは、本文を読まずにタイトルだけで拡散され、「バズる」ことも少なくはないだろう。

だからこそ、最初このヘッドラインを見たときは、女子高生が急に見知らぬ男性に「キモい」と言ったのか、と私は思った。もちろん、「キモい」と言ったからといって、暴行は絶対に正当化されないだろう。ただ、そういう印象を持ったのを覚えている。

そして、先ほど言ったように「ファクトチェックしないまま拡散される情報」とはまさにこういうことで、「そりゃ知らない人にキモいって言ったら当然だよな」というようなコメントが少なくはなかった。

今の時代の情報収集の場は、前の世代に比べると圧倒的にインターネットや SNS が多い。市場調査の ICT 総研のデータを見てみると、2015 年から 2020 年までの過去 5 年だけでも、SNS の使用率は人口の約 65.3% から約

80.3% とかなり増えている。SNS で流れている凄まじい情報の波で、事実確認をする人は少ない。だからこそ、こういったメッセージというのは想像以上の人に影響を及ぼすし、被害者を叩く風潮のある日本社会では、SNS の情報の波や拡散のスピードに、本当の話は薄れてしまう。

小さい頃の性暴力

小さい頃に「性暴力」受けた人は、どれだけいるのだろうか。正直、現在人口のほとんどが「性暴力」とは何かあまり理解していないかもしれない。これは、適当に言っているわけではなく、Voice Up Japan を立ち上げてから知った現状でもある。

性暴力や性的同意について話す機会が増えれば増えるほど、インスタグラムや Twitter の DM 上で、さまざまな人から「元パートナーとの関係は、同意がなかった」という声があり、「あれは性暴力だったんだ」と初めて気づく人に出会った。身近な友人でも、「自分が性暴力被害に遭ったことを知らなかった。知らせてくれてありがとう」と何人もに言われた。
それだけ、まず性暴力について、私たちは知らされていない。
知らされていないどころが、私達が子供の頃に直面する性暴力は社会により寛容的に見られており、挙げ句の果てには賞賛されていることも多い。幼稚園や小学校低学年でよく見られるのは、「スカートめくり」や「のぞき見」「同意のない状態でのボディータッチ」などだ。私がいうボディータッチというのは、肩を触る程度のものではなく、その子供たちのプライベートゾーンなどを、本人が嫌がっていながらも触る行為である。
小さい子供の性的なイタズラに対して、大人はなんて言うだろうか。「悪気があったわけじゃない」と寛容的に接したり、「〇〇君・〇〇ちゃんのことが好きなんだ、可愛い」と済ませてしまう。

包括的な性教育を行っている国では、「自分の体は自分のもの」という教育を、早ければ 5 歳からやっているだろう。「イヤだって言ったらやらな

い」、「相手を触る前にきちんと確認をする」という、性的同意の根本的な事を早い段階から教わっている子供たちも多い。

では、私達はどれだけ真剣に子供の性教育に取り組んでいるのだろうか。私の経験上、ゼロに近いだろう。

そしてそれは、幼少期の問題ではない、

10代前半になれば、男女の間で体の作りが変わってきて、「イタズラ」のふりをしたセクハラや性暴力は多いだろう。それは、異性間だけでなく、同性間もそうだ。

10代前半の性的な嫌がらせや「イタズラ」は「そういう年頃だから」「大したことじゃない」「これぐらい普通だよ」と軽く取り扱われ、その中では、被害を受ける方が注意されることもある。

私の学校も、その典型で、制服はないものの、「ドレスコード」（校則）が存在した。女子生徒は、胸元の開いた服は禁止。肩が見えるタンクトップも、腰が見えるローカットのズボンも禁止。スカートは、膝をついた状態で10cm（定規で男性の教員に測られたこともある）、短パンは15cmまで、と全て決まっていた。これは、「秩序を乱さないため」であることと共に、「男子生徒を誘惑しないため」のドレスコードだった。一方、男子生徒に対して注意や警告などはほとんどなかった。

「加害」することよりも「加害」される方に非があるとされ、被害に遭いやすい人は、自分の行動を制限され、加害者は擁護されていく。加害生徒たちは、自分たちの行動を「加害」と認識する機会もないまま、大学生や社会人になっていく。

性暴力というのは、男性も、女性も、性自認がどちらにも当てはまらない人にも、影響する。ただ、統計を見てみると、どうしても女性が被害に遭うことの方が多い。そんな世の中で、私たちは小さい頃から自分たちが悪いと言い聞かせられ、自衛しなさいと言われてきた。

いい加減に、気づいて欲しい。「私たちは悪くない」

「Don't Get Raped」（レイプされないように）というんじゃなくて「Don't ~~Get Raped~~」（レイプするな）という社会にしていきたい。

私たちは、悪くない。被害に遭うことは、私達のせいじゃない。上司のセクハラも、クラスメートによる性暴力も、私達のせいではなく、社会のせいであることを知ってほしい。

誰も手を差し伸べてくれなかった

私は、日本に住んでいる頃、さまざまなアルバイトをしてきたが、その中で、客や上司、同僚からのセクハラに何度も悩まされた。一番ひどかったのは、プールの監視員のアルバイトだろう。

高校生だった私には、4歳程年上の男子大学生の「上司」がいた。その上司は、私を含めたほかの女子のアルバイト（ほとんどが高校生）にやたらと胸のサイズから下着の色を聞いたり、食事会では同意のない状態で女の子の体を触ったり、どこから持ってきたのかわからない女性用下着を着用したりしていた。「セクハラ」の概念も知らなかった自分は、イヤな思いをしながらも「上司だから仕方がない」「変態な人だから我慢するしかない」と自分に言い聞かせた。嫌な顔をせずにフレンドリーで接した自分が悪い、とも思い込んだ。

このプールの監視員のアルバイトは、短期的なもので、私は4年間続けて、夏になると監視員の仕事をしたのだが、年を重ねるごとにその上司のセクハラはひどくなった。以前のように、下着の色や胸のサイズを聞くのは変わらず、3年目の頃には口いっぱいにプールの水を入れながら、顔面に水を吹きかけられた。一度目は、笑いながら「止めてください」と言ったが、次の日も、次のシフトの時も、何度も不特定多数の女子アルバイトに対して、同じことをしていた。

私が働いていたプールでは、大学生の「上司」が複数人いて、チームとして他のアルバイトをコーディネートしていたのだが、そんな状況にもかかわらず、他の上司は「あいつ、またやってるよー」「あの人は、そういう

人だから（笑）」と笑って過ごしていた。そのうち、私は仕事に行くのが憂鬱になり、シフトを確認しては「どうか、今日シフトであの上司と一緒になっていませんように」と願う日が続いた。

そんな中で、ある日、18歳になったばかりの自分に対して、その上司は、私だけをターゲットにして何度も何度も顔に水を吹きかけてきた。その気持ち悪さ、抵抗してもどうにもならない無力さのあまり、涙が出てきた。本気でこの仕事を辞めたい、と思わされた。

そこで初めて、ほかの大学生が「いい加減にしろ」と声をあげ、一度その場から逃れることができた。その時に、ほかの上司が助けてくれたのは心強かったが、もっと早くに言ってほしかったと思った。

次のシフトでプールに行くと、プールの管理スタッフ（社会人）に呼び出され、まさかの、そのセクハラする上司と3人で話をすることになった。大学生の上司は、スタッフに怒られ、「二度とこういうことをするな」と言われた。しかし、それ以上、なんの処分もなかった。

プールで働いていると、監視員というのは基本的にプールの1エリアを1人で監視する。そこで、会話が終わり自分の監視エリアに戻ると、一番嫌な状況になった。セクハラした上司が、話しに来たのだ。「悪気はなかったんだ、ごめんね」「そんなに嫌だとは思ってなかった」と言われた。正直なところ、自分の半径3メートル以内に来てほしくなかった。全然「大丈夫」じゃないのに、苦笑いしながら「大丈夫です」と、あの時の私は、そう答えるしかなかった。

この話をすれば、「嫌がらなかったから悪い」「ちゃんと言えばいいのに」「面白がってたんだろ」と言われるだろう。しかし、セクハラなんて「大したことない」と言われる環境で、自分の上司の立場にいる人に対して、何が出来ただろうか。

セクハラを許容している社会において、私たちに要求されていることは、

「我慢」。「人の嫌がることはしない」って、子供の時に教わったはずなのに、なぜ、私たちは、こんなにも「嫌なこと＝セクハラ」に「我慢」を強いられるのだろうか。

（ある人の呟き）
我慢したくないよ。でも、我慢しないと、私たちが責められる。責められるのは、「嫌なこと」をしている人ではないの？　「嫌なこと」だとわからないのなら、ただの冗談とかいうなら、自分がされたらどう思うか、考えてみてよ。

3年目の夏が終わり、4年目の夏へと入った。さすがに、セクハラした上司を見ないですむ、と思った。しかし、4年目の夏、プールには、まさかの、その上司がいた。「和奈〜また今年も働くんだねー」と馴れ馴れしく言われ、それを機に、私はそのプールで働くことを辞めた。

私が経験したアルバイトでのセクハラは、これだけじゃない。
飲食、アパレル、プール監視員、家庭教師、講師、翻訳、さまざまな接客業をしてきた中で、上司や同期、客からセクハラされた経験は何回もある。そしてこれは、私だけの話じゃなくて、私の周りにいる人のほとんどが最低1回は体験していることだ。これだけ、セクハラが日常的に存在するにもかかわらず、社会は何もしてくれなかった。
逆に、問題を告発しようとした私に対して「そんなの普通だから」「そんなことも我慢できなければ、社会になんて出れないよ」とまで言った。

ボーダーラインの話じゃない

インターネットを通じて、「セクハラ」について探すと、動画サイトや検索サイトで出てくる多くの記事は「誤ってセクハラとして告発されないように、ボーダーラインを知ろう！」というものだ。その中には、「気づいたら加害者にならないように、知っておこう」という趣旨のものも見たが、

正直私には違和感しかない。

セクハラというのは、決してここ数年間のうちに始まった問題ではなく、何十年も前から存在している。そしてセクハラは、どの時代でも性暴力であることに変わりはない。セクハラは以前は存在してなかったわけではなく、目を逸らされてきたのだ。問題だと取り上げられず、「ないこと」にされてきたのだ。だから、私にとって「今更セクハラと言われないために」というような記事は、どう考えてもセクハラやその他の性暴力を軽視しているようにしか見えない。

そういうタイトルや趣旨の記事というのは、「昔は平気だったのに」と、セクハラをまるで「時代の問題」だと捉えているから。セクハラというのは、立派な性暴力で、セクハラによるトラウマで苦しむ人、セクハラにより仕事を辞めざるを得ない人だって多く存在している。ただ、やっと今になって、何十年も存在していた問題に対して、ようやく社会が声を上げられるようになってきた。今までセクハラは、「耐えないといけないもの」として捉えられてきたかもしれない。我慢するものとして扱われてきたものかもしれない。だが、我慢すればいいという問題では、もうなくなってきている。

現在セクハラとして捉えられている発言や行動は、10年前であっても、30年前であってもセクハラであること、セクハラであったことに変わりはない。何度も言うが、セクハラは「時代」の問題ではない。

嫌なものは、嫌。セクハラだってそう。

日本では「いやよいやよは好きのうち」という言葉がある。これを初めて聞いたのは、実は自分自身が大学生になってからで、ジェンダーに関して興味を持ち始めた頃だった。その頃には、もう世界で #MeToo 運動が広まっていたり、#NoIsNo と言われていたため、その言葉を聞いてどうしても納得がいかなかった。

日本の現在の刑法では、「No」と言っただけではダメで、「暴行・脅迫」要件がないと、性暴力として扱われない。その上、「No」と言っても「好きのうち」とみなされてしまい「同意があった」と主張されるケースもあ

る。また、恐怖により「No」とすら言えないケースもあるが、「抗拒不能」な状況が立証されない限り、「同意があった」とみなされる。

だったら、どのように拒否をすれば良いのか？

これ以上、私達に何を求めるのか？

「世界一薄い性教育の教科書」と言われてしまうほど、日本の義務教育課程における性教育のレベルの低さは、年々取り上げられている。異性の体の仕組みさえ知らずに、義務教育を終える人も少なくはないだろう。正しい性教育が欠けていることから、多くの若者はポルノやAVを通し、「性教育」を受けているだろう。

私は今のパートナーと、Netflixで報道されている日本のAV業界を表した「全裸監督」を観た。そのときに、私のパートナーは、ドラマを止め、私にこう伝えた。「何故、日本のポルノは、こんなにも女性が嫌がっているの？　こんな半レイプ物を見て何が面白いの？　見てて、不愉快な気持ちになるから、もう見たくない」

私は、自分の感覚がどれだけ麻痺しているかに驚いた。気付いたら、こういったところで自分自身も「嫌」という言葉を「NO」と捉えていなかったからだ。

私は、日本のAV全部を視聴したわけでも、調査をしたわけでもない。ただ、インターネットでまとめサイトやブログを検索していると、嫌でも漫画などの広告が現れることがある。その中で、頻繁に、嫌がっている生徒に対して、家族に対して、同僚に対して性的な行為を行う漫画などが、小学生も見られるようなまとめサイトに載っている。

彼の言葉を受け、私もこのおかしな現実に目を覚ますことができた。それぐらい、私たちは日常的に、メディアを通し、AVやその他映像の媒体を通して、感覚が麻痺させられている。そして気付いたら、社会全体として「いやよいやよは好きのうち」のような思考に影響されて生きているのだ。そして、今や多くの人に、「いやよいやよは好きのうち」という考え方が常識として認識されている。

しかし、言葉のコミュニケーションはとてもベーシックなことで、大事なことである。「嫌」という意思表示が、きちんと NO として捉えられるために、声を上げ続けなければいけないし、「嫌」という意見を尊重し、嫌がっている時点で行動や言動をやめる社会にならなければいけない。

自衛方法を聞かないでください

Voice Up Japan の活動を通して、性暴力やレイプ、セクハラに関する講演依頼や取材に答えることがとても多い。また、取材などでよく「おすすめな自衛方法はありますか」と聞かれる。以前は、自分なりに気をつけていること、自分を守るために行っていることをシェアしてきた。
例えば、夜一人で歩く時は鍵を指の間に挟んだり、いつでも110番を押せるような状態で夜道を私は歩いている。夜、Uber（配車アプリ）などを使って車で帰宅する時は、複数の友人に Uber のドライバーの情報と、自分の位置情報を共有することもある。パーティーなどでは、絶対に自分のコップから目を離さないし、出来るだけ他人に自分のコップを渡さない。自分に好意を示してくる人がいる場合は、あえてほかの男性の友人に「ね、ちょっと助けて」と言える環境を常に作る。

こういうふうな、自分が行っていることなどを言うと、「偉いですね」「凄いですね」と言われたり、「参考になります」と記事を書く人もいる。ただ、何故こんなにも自分は気をつけないといけないか、とも思ってしまうと同時に、何故「そのほかの人がどうすれば良いのか」とは聞かれないのだろうか。性暴力被害を受けるということは、加害者が存在する。なのに、どうして「加害者にならないためには」という質問はしないのか？
被害を受けた際何をしていたか、何を着ていたか、何を飲んでいたか、は本当に必要なのか？ 「自衛をしていなかった」ことはそんなにも問題なのか？

Victim Blaming（被害者を責める）する風潮は、日本限定のものではない。

私が住んでいる南米のチリでも、よく行われていて、多くの活動家が、被害者を責める風潮を変えようとしている。しかし、日本では海外以上に、性暴力やセクハラの問題を取り上げると、被害者の責任にしようとすることがあるように思える。被害を受けたときに何を着ていたのか、誰と何をしていたのか、何を飲んでいたのか、ひどいときには下着の色まで。被害者の環境や情報を聞き出す割には、加害者への質問が少ない。

性暴力の被害を受けたことがある人は、その後、精神的な障害になる人もいれば、パニック障害やPTSD（心的外傷後ストレス障害）などになり、人に顔を合わせなくなる人も少なくはない。それほど深刻な問題にもかかわらず、今でも、日本ではさまざまな性暴力が軽視されている。だからこそ、今まで聞かれてこなかった私達の声、無視され続けた私達の想いを発信し続けていかなければいけないし、互いに連帯し合い、社会を変えなければいけないと思う。

30年後同じ問題を抱えたくない

日本では、性暴力に関する刑法が改正されるまで約110年かかり、未だに日本の法律では守られない性暴力の形態がたくさん存在する。

Voice Up Japan の活動や個人のアクティビズムを通し、日本全国、時には海外まで足を運ぶ機会が増えた。それと同時に、さまざまな人に出会い、話を聞いたり、対話をする機会も増えた。

その中で、私がよく、自分より20歳から40歳年上の女性に言われることがある。「ごめんね、何も変わってなくて」。110年間変わらなかった、性暴力の刑法改正について。日本社会で、性暴力の被害を受けたサバイバーを責める風潮について。「女の子だから」と進学や就職の夢を壊される社会について。そして、どんなに声を上げても変わらないセクハラの現状について。

何度も、私は年上の女性に謝られたことがある。もちろん全員ではないけど、さまざまなところで出会う人に言われるこの言葉は、私にとって、とてもパワフルなものである。私は、謝られる度に、「気にしないでください」

とは絶対に言わないようにしてる。それは、「気にしなくていい」問題ではなく、「気にするべき」問題であるから。

もちろん、今私たちが行っているたたかいが、日本の女性の初めてのたたかいだとは一言も言っていない。参政権を得るため、女性でも働くことができるように、女性主体の避妊方法へのアクセスができるように、数え切れないほど多くの女性が、平等な権利を取得するためにたたかってきた。そして100年前、50年前に比べたらものすごく前進した場面も確かにある。ただ、50年前から、変わっていない風潮やルールも数え切れないぐらいある。だから、私は「ごめんね」と言われる時に「だからこそ、今変えましょう」と伝えるようにしている。

このたたかいは、終わっていないから。セクハラや性暴力、性差別、さまざまなジェンダーにまつわる問題は「私達」だけの問題ではなく、年代を超えた女性、それぞれの性自認に関係なく、社会全般に影響する問題であり、関わるべき「たたかい」だから。

私は、10年後、20年後、さらには30年後、絶対にその時の若い世代に「ごめんね」とは言いたくない。その時には、違う景色の日本であってほしいと思うし、ジェンダーに囚われず一人一人が自分らしく生き、存在する社会になってほしいから。日本の大事な文化を守りながらも、全ての人が尊重され、守られる社会に変わって欲しいから。

だから、私は今でも声を上げ続ける。「声を上げる」というのは、メガホンを持って国会前でデモをすることではない。「声を上げる」というのは、自分らしい方法で社会問題に対して自分の意見を言ったり、表現したり、時には支援をしたり、応援をしたりすることだ。

「私」、山本和奈は、1年前は講義や講演を通して、たくさん声を上げていた。今は、もう少し活動を控え、何より自分より若い世代のリーダーを育てたり、エンパワーすることに力を入れている。これは、私らしい、「声の上げかた」だからだ。

この本を読んでいる貴方にも、ぜひ声を上げてほしい。フロントラインで、たたかっている私達やほかの人たちを応援してほしい。そして、諦めずに、一緒にたたかい続けてほしい。

私たちの声を響かせること

小川たまか ｜ フリーライター

　20代の頃からライターの仕事をしていましたが、当時は特に専門とする分野がなく、30歳を過ぎてから性暴力の問題に注力するようになりました。どちらかというとエンタメやトレンド紹介の記事を書くことが多かった自分にとっては、社会問題を扱うのは大それたことでした。やむにやまれず飛び込んだところが大きいです。

　きっかけは、性被害を怖がる女性を「お前が痴漢されるわけない」と冷やかしたり、その一方で被害に遭えば「なんで気をつけなかったんだ」と責め立てるような世の中の風潮に疑問を持ったことでした。女性が被害に遭うことが多いこの問題を記事にすれば、必ず何かしらの反発が特に男性からあるということはわかっていましたが、それでも書かずにいられませんでした。

　調べ始めて少しして気づいたのは、自分が学生時代に経験した痴漢被害は「強制わいせつ罪」にあたるということです。電車の中で服の上から触る行為は迷惑防止条例違反の痴漢に分類されることが多いですが、下着の

中に手を入れるような行為は強制わいせつ。それを知ったとき、それまで非日常だと思っていた「強制わいせつ」という言葉を目の前に突きつけられた感じがしました。最初に痴漢に遭ったのは小学校高学年で、お尻を触られた後で、おそらくは性器を臀部にあてられました。高校生になってから、混んだ電車の中で下着の中にまで手を入れられたことは複数回あります。性器に指を入れられたこともあります。自覚がないままに、私は性犯罪の被害者でした。気づきたくなかったという方が正確かもしれません。フランスなど、性器に指や異物を挿入する行為も「レイプ」として裁かれる国もあると聞きます。その国の基準で言えば、私はレイプ被害者です。高校生だった私に「ただの痴漢」「混んだ電車に短いスカートで乗っているのだからしょうがない」と思わせたものはなんだったのでしょう。

　電車の中で私の性器に指を入れてきた人は、何を勘違いしたのか電車を降りると私の腕を掴んで笑いながら「ついてきて」と言いました。私はただ逃げました。なぜあのとき、叫んだり、警察へ行くということができなかったのか。周囲の乗客で、私の被害に気づいていた人はいたはずです。「同意のある行為」だと思われていたとしたら……。自分の存在を消してしまいたいと思っていた時期がありました。

◆

　私が性暴力の取材をしていると聞いて、「私はこんなタイプだから、性暴力とかに遭ったことがない」と言った女性がいます。私が「痴漢被害もですか？」と聞くと、彼女は「痴漢ならあるけれど……」と答えました。そういった経験から、「痴漢は性暴力に入りますか？」という記事を書いたことがあります。痴漢は当然ながら性暴力ですが、あまりに身近すぎて、「性暴力」という非日常な言葉につながらないことがあるのです。

　取材をしていると、私のように自分の被害を被害として認識していない期間が長かった人がほかにもたくさんいることに気づきます。幼少期の親からの性虐待を「これはしつけ。普通のこと」と思い込まされていたり、男友達の車に乗ったらそのままホテルに連れ込まれ「好意があると勘違いさせた自分が悪い」と思っていたり、上司からの性的な誘いを「女が働く上では仕方がない」と思わされていたり。

　そのような人に、「被害に遭ったならそのときに警察へ行けば良かったのに」と言うのがどれだけ酷なことか。社会の中には「そんな被害は忘れた方がいい」とか「あなたも悪い」というメッセージがあふれています。それなのに、「本当の被害者ならすぐに警察へ行くはずだ」と、あとから責められることがあります。

　忘れろと言われたり、早く警察へ行けと言われたり。被害に遭うことは恥だから気をつけろと言われたり、お前なんか性的魅力がないから性被害に遭わないと言われたり。被害者たちは（あるいは被害に遭いやすい立場の人たちは）、何重にも偏見と蔑視に絡め取られていると思います。

　なぜ偏見がこれほど跋扈しているのか。被害当事者の声を聞くことより、セカンドレイプや偏見を言い立てる人たちにその場所を与えることを、社会が優先してきた結果なのだと思います。

◆

　2017年5月、伊藤詩織さんが自分の被害を公表する初めての記者会見を行いました。性犯罪の刑法が110年ぶりに大幅に改正されたのは、その翌月です。同年の秋には、ハリウッドで #MeToo が始まりました。2018年には当時の財務省事務次官による女性記者へのセクシュアル・ハラスメント事件が報道され、マスコミの女性記者からもさまざまな性被害に遭ってきたという声が聞かれました。

　そして2019年3月、性犯罪の無罪判決が4件相次いで報じられ、これに疑問を持った人たちが全国でフラワーデモを始めました。毎月11日に花を持って集まり、性暴力に抗議するデモです。

　東京や大阪、福岡、名古屋などのフラワーデモに参加しました。各地で、さまざまな人が自分の性被害を語るのを聞きました。聞いていて感じるのは、性被害に遭った人の多くが、被害を信じてもらえなかったり、黙らせられるなどの二次被害を受けていることです。そして、警察に行ける人は少ないし、行っても事件化するケースは稀です。

　性被害に遭った人たちが二次被害を受けることなく適切なサポートを受けていれば、社会から孤立することになっていなければ、これほどまでに傷を抱え続けなくても良かったと思わずにいられません。性被害に遭った

ことでショックを受け、その傷を回復させようと必死で手を伸ばすと振り払われ、冷たい水の中に取り残される。そんな目に遭った人は決して少なくありません。

フラワーデモの中で、「性被害に遭った人たちは語れなかったんじゃない。語る場所がなかったんだ」という声を聞いたことがあります。否定することなくただ耳を傾けてくれる人たちの前で安心して話すことができるのであれば、話したかった。ずっと誰かに話したいと思っていた。話して受け入れられるのは、そこに居場所があるということだから。

2017年の刑法改正時からロビイングを続けてきた当事者たちの団体があります。伊藤詩織さんだけではなく、実名で性被害を語ってきた人たちがこれまでにもいます。何十年も前からずっと、性被害者の声を聞き取り、支援し続けてきた人がいます。声を上げては消されたり、批判されたり、バックラッシュに遭うこともあった中で、細くつながってきた人たち。その活動の積み重ねが、4件の性犯罪無罪判決がきちんと報道され、その報道を見た人たちから「おかしい」という声が上がることにつながったのではないでしょうか。たくさんの人が紡いできたものの一つであるフラワーデモが、あちこちで報道されることに、私は希望を感じています。

◆

無罪判決となった4件のうち控訴された3件は高裁で逆転有罪判決となりました。ただ上告されたものもあり、2021年1月の時点で有罪が確定しているのは1件です。2020年には女性国会議員が性暴力被害者の相談事業について話す場で「女性はいくらでも嘘をつく」と発言したことが大きく報道されました。教師から生徒への性暴力や親から子どもへの性虐待など、ひどい事件は今日も報道されています。

三歩進んで二歩下がることの繰り返しのように思うこともあるけれど、被害当事者の声を聞くことなしには何も始まらないと、何度も言っていきたいと思います。

写真：実の娘が中学生の頃から性虐待を行なっていた父親に、2020年3月12日名古屋高裁で懲役10年の実刑判決が言い渡された（一審では無罪判決）。判決時には高裁前に支援者が駆けつけ、性暴力への思いを綴ったモニュメントが飾られた。（撮影：小川たまか）

chapter **2** 対策

セクシュアル・ハラスメントのない社会をつくるために

セクシュアル・ハラスメントをめぐる法的問題　刑事法の領域から

伊藤和子　｜　弁護士

1．セクシュアル・ハラスメントの態様の多くは性暴力である

　2018 年、財務省事務次官がテレビ局の女性記者から取材を受けている最中に「キスしていい？」「胸触っていい？」「縛っていい？」等の性的言動を行ったことを告発された。「財務省セクハラ事件」として大きく報道され、事務次官は辞任した。

　その直後、麻生財務大臣は、「セクハラ罪はない」と公言し、セクシュアル・ハラスメント（セクハラ）をした財務事務次官をかばった。その趣旨は、セクハラは犯罪を構成するほど大した問題ではない、という意味だったのではないだろうか。果たして、セクハラは犯罪を構成するほど大した問題ではないのか。

　セクシュアル・ハラスメントという言葉は多義的であるが、その中には意に反する性行為の強要、つまり性暴力が含まれている。

　男女雇用機会均等法（以下、「均等法」）11 条は、「事業主は、職場において行われる性的な言動に対するその雇用する労働者の対応により当該労働者がその労働条件につき不利益を受け、又は当該性的な言動により当該労働者の就業環境が害されることのないよう、当該労働者からの相談に応じ、適切に対応するために必要な体制の整備その他の雇用管理上必要な措置を講じなければならない」と規定する。この規定のとおり、職場におけるセクシュアル・ハラスメントには「対価型セクハラ」と「環境型セクハ

ラ」があると理解されている。

「対価型セクハラ」は、性的な関係を持つことを、良い成績評価等を与える条件にする「代償型」、性的な関係を拒まれた場合に労働条件で不利益な取り扱いをする「報酬型」、相手が断れない弱い立場であることを利用して、性的な関係を持つことをせまる「地位利用型」にわかれ、いずれも意に反する性行為の強要またはその脅しである。実際の性行為を強いられた場合、それは明らかに性暴力である。

「環境型セクハラ」は、職場における言動によって就業環境を悪化させることであり、その例として、「事務所内において上司が労働者の腰、胸などに度々触ったため、その労働者が苦痛に感じてその就業意欲が低下していること」などがあげられる。上司が労働者の胸などに度々触る、これも明らかな性暴力である。

財務省の事件の場合、女性が拒絶していたから性被害に至らなかったものの、圧倒的な立場の違いがある状況で、繰り返し性的行為の許可を求める事務次官の発言は深刻なものだ。

このように「セクハラ」の多くは性暴力なのだ。セクハラという言葉が軽く扱われ、その実態が深刻な性暴力であるということが直視されず、法的な問題、特に刑事処罰の問題が棚上げにされてきたのではないだろうか。

そうした点から「セクハラ罪はない」という言葉の意味をとらえなおす必要がある。

２．告発されない性暴力

内閣府の実施した「男女間における暴力に関する調査」（2017 年度調査）によると、女性の 7.8%（13 人に 1 人）、男性の 1.5%（67 人に 1 人）が、無理やりに性交などをされた経験があると答えている。^(注1)

そしてそのうち加害者が全く見知らぬ人というのは約 10%、「職場・アルバイト先の関係者（上司、同僚、部下、取引先の相手など）」は 14.0% に上る。

性暴力被害のなかで、職場における地位を利用された性被害が決して少なくないことがわかる。

しかし、性的な被害にあった人のうち、被害の後に被害について誰かに「相談した」と回答した人は39.0％で、女性が38.3％、男性が43.5％、それ以外の人たち、半数以上の被害者は誰にも相談しなかったという。警察に相談した人は3.7％、女性は2.8％に過ぎず、男性は8.7％である。9割を超える人が誰にも相談していない。

　内閣府の調査は、誰にも相談しなかった理由として、恥ずかしかった、思い出したくなかった、自分さえ我慢すればいいと思った、どこに相談してよいかわからなかった、相談しても無駄だと思った、自分にも悪いところがあると思った、等の回答を紹介している。

　こうした躊躇を乗り越えて、勇気を出して相談すれば、被害者は保護されるのだろうか？

　現実には、警察に相談して事件として立件してもらえない場合も少なくないし、立件しても多くの事案は起訴されない。2018年に強制性交等罪で立件された件数は1307件、起訴率は約3割にとどまっている。

　2017年10月、世界を #MeToo 運動が吹き荒れ、世界の女性たちが性暴力に対する不処罰をこれ以上許してはならないと声を上げた。日本では同年、元TBSワシントン支局長による性暴力事件について、実名で被害を告白した伊藤詩織さんの勇気ある告発が、性犯罪に寛容な日本社会のブラックボックスを開けようとした。

　しかし、伊藤詩織さんが被害申告した事件は起訴されず、検察審査会も不起訴を相当とした。2019年12月、彼女が提起した民事訴訟の判決が下り、東京地裁は元TBSワシントン支局長による性行為が伊藤さんの意に反するものだったと認定、被告に賠償責任を認めた（被告が控訴中）。

　しかし、被害が発生した2015年から4年もが経過していた。刑事事件で不起訴になった後、心が折れることなく、民事裁判を提起する人は決して多くない。

　刑事事件と民事事件では立証の負担の差があり、刑事事件とは異なる結果を民事事件で出すことは可能だ。刑事事件では後述するとおり性犯罪の要件は厳しく、かつ、検察側に「合理的疑いを容れない程度の」強い立証が求められるのに対し、民事事件では不法行為を立証すればよく、原告側

の証拠の優越で足りるからだ。

しかし、民事訴訟を進めるには弁護士費用の負担だけでなく、多大な労力や精神的ストレスという負担を抱えることになる。

しかも伊藤さんが民事訴訟を戦うプロセスでは、執拗な誹謗中傷が繰り返され、伊藤さんは一時日本から逃れ、英国で生活することを余儀なくされた。この事件は日本のセクハラ・性暴力の被害者を取り巻く過酷な状況を象徴している。

勇気を出して声を上げ、被害を告発しても、落ち度を責められたり、結局何らよい結果が得られないのであれば、告発しようとする人は増えようがない。その結果、セクハラという名の性暴力は、加害者が何ら責任をとらないまま、横行することになる。その根本原因として、日本では意に反する性行為を強要しただけでは、性犯罪と認められないという法律上の問題がある。

3．刑法の壁

性暴力について被害者を守り、加害者を処罰するための規定が日本の刑法にある。この刑法は、セクハラという名の性暴力に対し、どう向き合っているのか。

(1) 110 年ぶりに刑法改正

日本の刑法における性犯罪規定は、明治時代に刑法が制定されて以降、改正されずにきた。2017 年、110 年ぶりに、刑法の性犯罪に関する規定が改正された。

では何が改正されたのか。

第一に、「強姦罪」という罪名が「強制性交等罪」に変わり、処罰される行為が性交だけでなく、口腔性交、肛門性交にも拡大され、男性も被害者とされることになった。

第二に、被害の深刻さを考慮し、法定刑が「3 年以上」から「5 年以上」に引き上げられた。

第三に、親告罪でなくなり告訴をしなくても捜査が開始できるようになった。

第四に、親などによる18歳未満の子どもに対する性的虐待について監護者性交等罪が新設され、暴行や脅迫等の要件がなくても処罰される改正が実現したのである。

110年の間、全く微動だにしなかった性犯罪規定が、被害者の強い思いを受けて初めて改正されたことには大きな意義がある。

(2) 積み残しの課題

しかし、この刑法改正では、議論されなかった重大な問題がある。

それは、性犯罪が成立するのに要求される高いハードル・要件だ。

2017年の法改正を受けて、それまでの強姦、準強姦罪の規定は、改正後には、強制性交等罪、準強制性交等罪となり、以下の条文になった。

刑法177条　強制性交等罪

十三歳以上の者に対し、暴行又は脅迫を用いて性交、肛門性交又は口腔性交（以下「性交等」という。）をした者は、強制性交等の罪とし、五年以上の有期懲役に処する。十三歳未満の者に対し、性交等をした者も、同様とする。

刑法178条2項　準強制性交等罪

人の心神喪失若しくは抗拒不能に乗じ、又は心神を喪失させ、若しくは抗拒不能にさせて、性交等をした者は、前条の例による。

ここで注目すべきは、単に「むりやり性行為をされた」「意に反して性行為をされた」というだけでは犯罪と認められない、ということである。

強制性交等罪が成立するためには、「暴行」または「脅迫」が要件とされる。

準強制性交等罪が成立するためには、「心神喪失若しくは抗拒不能」という要件が課される。

これらの要件は極めて厳しく、被害者側（検察官）がその立証を求められる。

　密室で行われる性被害の場合、証拠が十分にないとみなされ、警察に行っても門前払い、警察が捜査をしても不起訴、というケースが後を絶たない。

　そのため、2017年の改正にあたり、被害者団体、女性団体はこの要件の見直しを強く求め、法務省の有識者の会合でも議論がされた。しかし結局「強制性交等罪」「準強制性交等罪」に罪名が変わったものの、この点は見直されず、規定は手つかずのままとなった。

　上記規定についてはもう一つ問題がある。性交同意年齢として定められている13歳が低すぎるのではないか、という問題である。しかし、この規定も改正されなかった。

　改正刑法の附則第9条は、刑法性犯罪規定について3年後を目途として再検討するという「見直し」条項を定めており、課題は今後に持ち越された。

　被害者が「いやだ」と明確に拒絶しても、強い暴行や脅迫がない限り、意に反する性行為は不処罰でいいのか。明治時代から変わらない、著しく狭い性犯罪の定義は、多くの人が性的な被害にあっても泣き寝入りをせざるを得ない現実を生んでいる。

4．性暴力に寛容な日本社会

　こうして、被害が裁かれない状況が常態化することは、性暴力に寛容な社会構造を作り上げている。

　2017年の刑法改正当時、NHKの番組「あさイチ」で紹介された視聴者アンケートは、「性行為の同意があったと思われても仕方がない」と男性が思う女性（被害者）側の行為として、「2人きりで食事」が11％、「2人きりで飲酒」が27％、「2人きりで車に乗る」が25％、「露出の多い服装」が23％、「泥酔している」が35％だった。

　まるで性被害にあうのは隙をつくった女性が悪いと言わんばかりの男性側の認識が明らかになったのだ。合意でも何でもない行為を、性行為に対する合意だと誤解し、そう誤解されても「仕方がない」とする認識が横行している社会は被害者にとって極めて危険な社会と言える。

　特に、仕事のために異性と関わらざるを得ない被害者にとって、仕事に

関連した行動が「同意」や「落ち度」と捉えられてはたまらない。仕事にかこつけて食事や飲酒に誘われ、断れずに飲食を共にした結果、「同意があったと思われても仕方がない」と後で非難されたら、いったい女性はどうすればいいのか。

こうした社会の意識が、性暴力の被害者の落ち度や自己責任を問い、責められるのを恐れて被害者が声を上げられなくなる、そして被害が繰り返されるという悪循環を生む。

強制性交、準強制性交罪が成立するためには、暴行、脅迫、心神喪失、抗拒不能という要件以外に、加害者の「故意」という要件も満たす必要がある。被害者が同意していたと誤解した、という主張が認められれば、加害者は無罪となる。過失による性暴力は処罰されない。結果として、被害者の心情を考慮しない無神経な加害者であればあるほど、処罰を免れることとなる。

5. 処罰されないセクハラの被害実態

(1) 「職場内」で守られない被害者

財務省セクハラ事件を通じて社会的に共有が進んだ問題のひとつ、それは「職場における」セクハラという捉え方では救済できない業務や権力関係を利用した性暴力の存在と、それがどこでも処罰されないという問題だ。

均等法は、「職場における」セクハラについて雇用主に措置義務を課し、民事（労働法）、行政上の保護と救済に道を開いている。その一方、加害者の職場に属しないが、職務関係上の立場を利用して行われたセクハラは均等法による保護の対象外とされる。

しかし、同じ職場に所属していなくても、職務関係に伴う権力関係はある。

思えば #MeToo のきっかけとなった告発は、ハリウッド女優と大物プロデューサーという権力関係だった。財務省セクハラ事件では、女性記者と取材対象である権力を持った官僚という関係で立ち現れたし、伊藤詩織さんが訴える性被害も、就職活動に関連した相談をしている最中の出来事

であった。

　事実、同じ職場に雇用されていないとしても、取引先や、委託契約、インターン、ボランティア、就職活動において加害者と関係を持った被害者の事例は後を絶たない。

　特に、「就活セクハラ」の深刻さは近年注目を集めるようになった。

　2019年2月、警視庁は、大手ゼネコンである大林組の若手社員の男性を、就職活動中の女子学生を、自宅マンションに連れ込んでわいせつ行為をしたとして逮捕。3月には、大手商社である住友商事の社員だった男性を、女子学生に酒を飲ませて乱暴したとして逮捕した。これらは氷山の一角にすぎない。女子学生が就職したいと考えてOB訪問をするなどOBに接近した結果、弱い立場につけ込まれ性被害にあうというケースはその後もメディアの調査で明らかになった。^{（注2）}

　こうした「職場」外のセクハラは、均等法で保護されず、被害にあった人は、「職場」に属する労働者よりも弱い立場に置かれている。必死に努力してその職業につきたい、もっと活躍したいと願い、業界で活躍する先輩にアプローチする若者。それがもし男性なら、多くの場合、性被害の対象にならず、性的なことなど意識せずに、人脈を広げ、夢への扉が開けるかもしれないシチュエーションが、女性なら性被害に暗転する。そして、被害にあった後も、声を上げれば業界全体から排除される、職業生活を続けることができないという崖っぷちの状況に置かれるのだ。

（2）暴行、脅迫はなくても無理やり性行為をされる場面

　財務省セクハラ事件を契機に、メディアで働く女性たちがWiMN（メディアで働く女性ネットワーク）という団体を結成し、『マスコミ・セクハラ白書』（文藝春秋、2020年2月）という本を出版した。そこには克明に、地位関係性や権力関係を利用したり、不意打ちによる性暴力の被害にあったとする数々の証言が記載されている。

　駆け出しの記者時代、警察への夜回りに行って会話中に、30歳も年上の警察官に突然「抱きしめたくなった」と言われ、すぐに電気を消して押し倒され、ものすごい力で抱きしめられ、抵抗しようにも腕が全く動かせ

なかったという告白がある（奇跡が起きて相手が動きを止めたという）。車でいくつかの現場をめぐりながら4時間にも及ぶインタビューをし、疲れ切っている状況で、取材相手に突然車を停められ、車内で暴力をふるわれた、死ぬかと思いながら過ごし、逃げたという告白もある（加害者は逮捕されたが、被害者が「充分に」抵抗したとみなされずに不起訴）。刑法が求める厳格な暴行や脅迫はなかったかもしれない、しかし、明らかに意に反する性暴力やその未遂があった。それが罪に問えないという刑法規定のままでいいのか。

2018年12月に月刊誌『DAYS JAPAN』の編集長である広河隆一氏のセクハラ疑惑が大きく報じられた。『週刊文春』は、広河氏がフォトジャーナリストを目指してDAYS編集部に出入りしていた複数の女性と性的関係を持ち、中には大学生アルバイトもいたと報じたのだ。

広河氏を尊敬していた女性たちは、指導を受けられなくなることや業界で力を持つ人物に睨まれることに不安を覚え、拒絶できなかったとされる。呼び出されたホテルで、唐突に性関係を迫られ、フリーズして拒絶できなかったという証言や、裸の写真をとられていたため、拒否したり告発することができなかったという証言もあるという。

被害者証言を前提とすれば、圧倒的な権力関係を濫用し、不意打ちで関係を迫る卑怯な行為だ。状況を察知し、NOをいう判断をする覚悟や熟慮をする余裕すら被害者に与えない、そのような状況に被害者を追い込んだ性暴力といえるが、現行刑法はこうした事例に適切に対応できる十分な規定とはなっていない。

6．なぜ、それが無罪なのか

日本の刑法の規定の問題性が改めて露呈したのが、2019年3月に相次いで出された性犯罪に関する4件の刑事事件での無罪判決だった。

4件のうち3件は、加害者が被害者の意に反して性行為を行ったことを裁判所が認定していた。そして、うち2件では被害者が抵抗できない状況であったこと——刑法178条の「抗拒不能」（身体的または心理的に抵抗す

ることが著しく困難な状態）の状態にあったことを裁判所が認定していた。それにもかかわらず、無罪と判断されたのである。

　これらはいずれも職業に起因した関係での性暴力ではなく、セクハラに該当する事案ではないが、セクハラが性犯罪として処罰されない状況と共通性がある事案が多いので触れておきたい。

　最も社会の怒りを呼んだのは、名古屋地裁岡崎支部の判決であった。この事案では19歳の女性が中学校2年生の時から実の父親による性虐待を受け、性行為を受け入れないと殴られたり、経済的制裁を受ける状況にありながら、「抗拒不能」とは認められないとして無罪判決が下された。

　一審判決は以下のように判示した。

　　Aが執拗に性交しようと試みる被告人の行為に抵抗した結果受けた本件暴行における暴力はAのふくらはぎ付近に大きなあざを生じるなど、相応の強度をもって行われたものもあったものの、この行為をもって、その後も実の父親との性交という通常耐えがたい行為を受忍しつづけざるをえないほど強度の恐怖心を抱かせるような強度の暴行であったとは言いがたい。

　　本件各性交当時におけるAの心理状態はたとえば性交に応じなければ生命・身体等に重大な危害を加えられるおそれがあるという恐怖心から抵抗することができなかったような場合や、相手方の言葉を全面的に信じこれに盲従する状況にあったことから性交に応じるほかには選択肢が一切ないと思い込まされていたような場合などの心理的抗拒不能の場合とは異なり、抗拒不能の状態にまで至っていたと断定するにはなお合理的な疑いが残るというべきである。

　ここからうかがい知れるのは、裁判所が「抗拒不能」という要件について、極めて高いレベルを要求していることである。控訴審でこの判断は覆されて被告人は有罪となり、最高裁もこの判断を支持した。しかし、では「抗拒不能」という要件が何を要求するか、明確に定義されたかと言えばそう

ではない。「抗拒不能」の要件は曖昧なままであり、その判断は裁判官に白紙委任され、ケースバイケースの判断をされるのである。

福岡地裁久留米支部の無罪判決は、被害者は酔って抵抗できない状況にあったが、加害者はそれを認識していなかった可能性がある、被害者が声を出したり目を開けたから同意があったと誤解したという被告人の言い分を認めて無罪と判断した（福岡高裁で逆転有罪判決）。

浜松支部の判決は、深夜にコンビニで声をかけられた外国人男性に口腔性交を強要された事案であり、抗拒不能は認めたものの、加害者には被害者が抗拒不能の状態にあることの故意が欠けていたとして無罪とした。

裁判所が仮に被害者の状況に配慮して「抗拒不能」だったと認めても、被告人がその状況を認識していないと主張すれば、無罪になりうる可能性が高いということになってしまう。

こうした一連の無罪判決は、意に反して性行為をしただけでは、加害者は犯罪をしたとは認められず無罪となるという現行法制度の帰結とその不当性を社会に突きつけた。

準強制性交等罪における心神喪失または抗拒不能という要件がきわめて狭く解釈され、さらに、無理やり性行為をしたという故意が加害者にないと認定されれば、無罪になってしまう現実が明らかになったのだ。

一方、強制性交等罪の場合はどうか。強制性交等罪では「暴行」「脅迫」という要件が求められる。刑法には様々なレベルの「暴行」「脅迫」が規定されているが、強制性交等罪に要求されるのは最も狭い「最狭義」の暴行・脅迫である。被害者の抵抗を著しく困難にさせるような暴行、脅迫である必要があるとされている。

2014年9月には東京高等裁判所が、一審で有罪となった強姦事件について逆転無罪判決を出した。

夜8時半頃、千葉県内の小学校校庭内のひとけのない場所で、当時15歳の被害者に対し、25歳の男性が肩を押してコンクリートブロックの際に追い込んで、キスしたり胸を触るなどした後、被害者の下着を引きずりおろし、向きを変えて背後から性交した、という事案であり、被害者は「やめて」と言ってズボンを脱がされないように抵抗したり、被告人の手を押

さえようとしたのに被告人は性交をやめなかったという事案だ。東京高裁は、被告人の行為について「背中をコンクリートブロックに押し付けた以外は、合意の上での性交の場合にも伴うような行為に及んだにとどまり、女生徒の抵抗を排除するような暴行脅迫は加えていない」と認定した。

被害者が小柄な15歳の女性で、飲酒をしており、左ひざを怪我していたという状況があったのに、被害者が「性交の際にもズボンを下ろされないようにつかんだり、被告人の手を押さえるなどの抵抗をしたというのであるから、それなりの運動能力を保持していた」などとし、「被告人が女生徒の抵抗を著しく困難にする程度の暴行を加えて性交に及んだと認めることはできない」として無罪を言い渡した。少女の拒絶意思は明確なのに、それでは足りないと裁判所は言ったのだ。

こうした相次ぐ無罪判決への怒りは2019年3月の4件の無罪判決を契機に広がり、2019年4月から全国でフラワーデモが始まり、女性たちが声を上げた。オンライン署名Change.orgでは10万の署名が集まった。これらが後押しとなり、2020年、法務省は刑法改正に向けて本格的に取り組むため、有識者の検討会「性犯罪に関する刑事法検討会」を発足させた。

7．変化する世界、立ち遅れる日本

ヒューマンライツ・ナウでは2017年の刑法改正を受けて米国、イギリス、カナダ、フランス、ドイツ、スウェーデン、フィンランド、韓国、台湾、合計9か国の法制度を調べ、日本の法制度と比較した。

そこで明らかになったのは、諸外国でも日本と同じように、かつて刑法・性犯罪規定に、暴行や脅迫などの要件があったけれども、各国で見直しが進み、こうした要件が撤廃されつつある、そして、相手の同意がないまま、相手が拒絶しているのに性行為をすることそのものを犯罪として処罰する国が増えつつある、という世界のトレンドである。

例えば、スウェーデン、イギリス、カナダ、ドイツ、米国の一部の州（ニューヨーク州等）では、既に同意なき性行為をすべて犯罪とする「不同意性交」罪導入を実現していることが明らかになった。#MeToo の影響

もあり、この流れはどんどん進んでいる。

　こうした流れの先端を行くのがスウェーデンであり、2018年7月1日、「Yes Means Yes」、つまり、自発的に参加した性交でなければレイプであり、犯罪であるという、新たな性行為同意を定めた刑法改正が実現した。「Yes」以外はすべて「No」（自発的でない）と解釈し、性的侵害を処罰する法制だ。犯罪の成立にあたっては、相手が同意して自発的に性行為に参加したかどうかが問題であり、加害者側が暴力や脅迫をもちいたか、あるいは加害者が抵抗できない状態だったかは要件とされない。そして、重大な過失があって、相手が自発的に参加していると誤解していたような場合でも有罪にする「過失レイプ」という規定も導入された。

　イギリス、カナダ、ドイツ、インド、米国の一部の州では、「No Means No」つまり被害者が拒絶しているのに、意に反して無理やり性交をした場合にレイプが成立するとする法律改正を実現した。

　一方、被害者がNOという隙さえ与えないような、不意に性行為を迫るようなケースについて、フランスでは「不意打ち」ドイツでは「驚愕の瞬間を利用」した性犯罪を、独立した犯罪規定として導入している。

　さらに、上司や教師など、権力関係、依存関係を利用して行われた性犯罪規定を導入している国は多い。

　アジアでも、韓国、台湾では、性犯罪被害の実情にあわせた法改正がされ、犯罪の対象が広がっている。

　例えば、韓国には、業務上の地位関係性を利用した性行為については以下のような処罰規定がある。「偽計又は威力」は「暴行、脅迫」よりも幅広い要件であり、多くのセクハラ事案に適用することが可能となるだろう。

　（業務上威力等による姦淫）1. 業務、雇用その他の関係により、自らの保護又は監督を受ける人に対し、偽計又は威力により、姦淫した者は、5年以下の懲役又は1500万ウォン以下の罰金に処する。

台湾では以下のような規定があり、上司、教師、コーチなど、地位関係性を利用した性犯罪を詳しく規定して立場の弱い被害者を保護しようとし

ている。

> 性交するために、家族、後見人、家庭教師、教育者、指導者、後援者、公務員、職業的関係、その他同種の性質の関係にあることが理由で、自身の監督、支援、保護の対象になっている者に対する権威を利用した者は、6ヶ月以上5年以下の有期懲役刑に処する。

　上司などから突然関係を迫られ、フリーズしてNOと言えないような被害事例でも適用することができるだろう。

　こうした法改正が進む中、日本はあまりにも立ち遅れている。

　日本でも諸外国に倣い、不同意性交罪や地位関係性を利用した性犯罪規定を創設し、被害者を守る必要がある。

8．いかなる法改正を求めるか

　2020年6月、刑法改正3年後の見直し議論が始まる中、ヒューマンライツ・ナウは、刑法の改正案を発表した。

　第一に、刑法177条の強制性交等罪を不同意性交等罪に改正し、同意のない性行為をした場合に処罰をすることを求めた。「同意のない」状況の例示として、有形力の行使、威迫、不意打ち、監禁などを提案している。

　第二に、準強制性交等罪については、「抗拒不能」という、非常にあいまいな要件を具体化する必要がある。そこでスウェーデンの条文にならって、被害者側の脆弱な状況を個別具体的に特定し、それを利用したということであれば有罪にする規定を提案した。たとえば、睡眠中や酩酊、困惑に乗じる、病気や障害があるなどの状況を利用した場合は、同意があるかないかにかかわらず、準強制性交等罪が成立するとの法改正を求めている。

　第三に、地位関係性を利用して性行為をした場合、上述した台湾や、スウェーデンやフィンランドなど、多くの国で処罰されている。日本でも同じ規定を導入すべきと考え、台湾の規定を参考に、親族、後見人、教師、指導者、雇用者、上司、施設職員などの地位を利用した場合は、同意の有

無に関わらず犯罪として処罰する規定の新設を提案した。

　上司や指導教官等の地位関係性が理由となって性行為を断れない状況は広くあり、脆弱な立場を利用された性暴力は広がっている。脆弱な立場の人が守られるよう、地位関係性を利用した性犯罪規定を日本においてもぜひ実現する必要がある。

　2020 年現在、法務省「性犯罪に関する刑事法検討会」において、有識者の検討が進んでいる。検討会には、本項に例を挙げた裁かれなかった被害事例を含め、被害者が勇気を出して明らかにした被害の事実によく学び、個別のケースひとつひとつが適切に処罰され、処罰の間隙が生まれないよう、性暴力処罰に必要十分な条文案を起草する責任を十分に自覚し、役割を果たしてほしい。

9．ILO「仕事の世界における暴力及びハラスメントの撤廃に関する条約」

　2019 年 6 月、ILO「仕事の世界における暴力及びハラスメントの撤廃に関する条約」（190 号条約）が採択された。同条約 4 条には、以下のことが明記されている。

・暴力とハラスメントを法的に禁止する。

・執行及び監視のための仕組みを強化し、確立する。

・被害者が救済及び支援を受けられるよう確保する。

・制裁を設ける。

　日本はこの条約に署名しているが、その現状はこの条約とどれだけ乖離していることだろうか。

　日本では均等法により、雇用主に対しセクハラ防止や対応に関する措置義務が規定されているものの、罰則付きの法的禁止規定がなく、被害救済、監視等のメカニズムも十分とは言えない。

　また、ILO 条約 2 条は、職業生活における労働者その他の者を保護するとし、その中には、労働者だけでなく、契約上の地位のいかんを問わず働く者、実習生及び修習生、ボランティア、求職者及び就職志望者を含む、

と明記している。

　日本でも ILO 条約に基づき、保護すべき対象者を拡大して被害者を保護する必要がある。そして、罰則付きの禁止規定を設け、違反者と企業には均等法など労働法規の枠組みで罰則と制裁を科すべきである。

　このことは、刑法の改正によってカバーすべき性暴力事案だけでなく、性暴力に至らない言動によるセクハラについても罰則を科すという観点から重要である。

　2019 年、労働施策総合推進法等の一連の改正により、パワハラ防止法ができ、2020 年 6 月から施行されたが、2018 年以降提起され続けてきたセクハラに関する均等法改正提案のほとんどは実現せず、改正は相談者への不利益取り扱いの禁止などごく一部にとどまり、罰則付きの禁止規定の導入は見送られた。国会では、積み残しの課題に関連する詳細な附帯決議が採択されたが、これを適切に実施し、国際基準に即して罰則付きの禁止規定を置くこと、加害者と同じ職場の労働者以外にも保護を拡大することが必要である。

10.　性暴力とセクハラのない社会を目指して

　これまで多くの被害者が意に反する性行為の被害にあいながら、被害を回復するすべも社会からのサポートもなく社会的に孤立したまま苦しみ続けてきた。全国各地で広がったフラワーデモで、被害者の多くが初めて沈黙を破り、声を上げた。しかし、こうした日を迎えることなく、失意の中で夢をあきらめ、かけがえのない職業生活を断念した被害者はどれほどいたことだろう。個人にとっても社会にとってもあまりに大きな損失である。

　セクハラ、性暴力のない社会を実現するために、被害者の視点に立った刑法改正、罰則付きのセクハラ禁止規定の導入は不可欠である。セクハラをとるに足らない被害と過小評価し、「セクハラ罪はない」と言って済ませることは許されない。

　刑法は行為規範として、何をしてはならないかを示すことで、被害を未然に防止し、加害行為を抑止することができる。

刑法や罰則付きの禁止規定によって、セクハラは許されないこと、性行為には真摯な同意が必要であること、真摯な同意のない、人の意思を踏みにじった性行為をすべきではないこと、まして職業上の権力・地位を濫用したり、弱みにつけ込んで性行為に及ぶことは許されないこと、こうしたルールに違反する者は処罰されるべきことを明確にし、周知徹底することが、抑止につながる。そして、セクハラ被害を受けた被害者に責任を転嫁したり、被害者の落ち度を責めることは許されないことを周知徹底することも重要だ。それでも現実に被害が発生した場合には、こうした刑罰規定によって適切に処罰することを通じて、被害者への十分な保護と救済を図り、再発を防止することが必要である。

　今こそ被害者に寄り添った法制度改革を進めるときである。

注

1 「男女間における暴力に関する調査報告書」（2018 年 3 月）内閣府男女共同参画局
　https://www.gender.go.jp/policy/no_violence/e-vaw/chousa/pdf/h29danjokan-7.pdf
2 ウェブサイト BUSINESS INSIDER、2019 年 2 月 15 日
　https://www.businessinsider.jp/post-185252

セクシュアル・ハラスメントをめぐる法的問題　労働法の領域から

浅倉むつ子 ｜ 早稲田大学名誉教授

1. はじめに

　この数年の間、ハラスメントをめぐって、国内外に大きな動きがみられた。世界中で「# MeToo 運動」が声をあげた 2017 年、日本でも、伊藤詩織さんが実名で性被害を公表して、多くの女性たちに勇気を与えた[注1]。2018 年には、福田淳一・財務事務次官による女性記者に対するセクシュアル・ハラスメントが明るみに出て、翌年からは全国でフラワーデモが始まった。一方、政権の中枢を担う政治家たちは、「はめられて訴えられているんじゃないか」など、無知で無責任な言葉を重ねて人々の怒りを買った。

　そのような背景のなか、2018 年 12 月 14 日に、厚生労働省・労働政策審議会は、「女性の職業生活における活躍の推進及び職場のハラスメント防止対策等の在り方について」という建議を行い、翌 2019 年に、パワー・ハラスメント防止対策の法制化を含む法改正が行われた。これにより、事業主の措置義務規定に、新しい条文が加わることになった。

　一方、ILO は、創立 100 周年を迎えた 2019 年に、「労働の世界における暴力及びハラスメント撤廃に関する第 190 号条約」を採択した。まさに、社会正義の実現を使命とする国際機関としてのなみなみならぬ決意を示した条約である。先のセクハラ問題で「性差別大国」だということを世界に露呈してしまった日本は、この条約を批准することによって汚名を返上す

るしかないだろう。

2020年12月に閣議決定された「第5次男女共同参画基本計画」は、第11分野（男女共同参画に関する国際的な協調及び貢献）の具体的取り組みとして、上記ILO第190号条約を含め、未締結の条約について、「批准を追求するための継続的かつ持続的な努力を払う」と書き込んだ。果たして、この条約を批准するための具体的な法改正に、日本は真剣に取り組むことができるのか、大きな課題が残されている。

2. 男女雇用機会均等法とセクシュアル・ハラスメント

(1) ヴィンソン事件と福岡事件

アメリカの連邦最高裁で、セクシュアル・ハラスメントに関する示唆的な判決が出されたのは、1986年のことだった。ヴィンソン事件判決である。^(注2)アメリカの差別禁止法にあたる公民権法第7編では、雇用における人種差別や性差別が禁止されていた。にもかかわらず、当初、セクシュアル・ハラスメントは個人的な性的誘いにすぎない、したがって公民権法違反の性差別行為とはいえない、という解釈がなされていた。これに対して、連邦最高裁は、ヴィンソン事件判決で初めて、セクシュアル・ハラスメントを雇用上の性差別だと判示したのである。セクシュアル・ハラスメントは女性差別であり、禁止されねばならない行為であることを、広く世界中に知らしめた判決として注目を集めた。

その後、日本で登場したのが1992年の福岡事件判決である。^(注3)小さな出版社で働く女性が、上司から2年にわたり、「あいつは性的にみだらだ」などというまったく身に覚えのない噂を取引先等にばらまかれて、退職に追い込まれた。原告女性は裁判を引受ける弁護士を探したが、日本ではほとんどこのような裁判は行われておらず、ようやく福岡の女性弁護士たちが引き受けてくれた。女性弁護士たちは、アメリカのヴィンソン事件連邦最高裁判決を知っており、それを学びながら提訴したという。

福岡地裁は、加害者である上司（被告）が、部下の女性（原告）について異性関係の乱脈を非難する噂を流布した行為は、名誉感情その他の人格

権侵害であり、働きやすい職場環境のなかで働く利益の侵害であるとして、不法行為責任があると判断した。裁判所は同時に、会社にも責任があると認めて、165万円の慰謝料支払いを命じた。会社の責任は、被告上司を雇用していることだけではなく、適切な雇用管理上の対応をしなかった専務の行為にも及ぶとした。専務は事情を知りながらも、「けんか両成敗」という態度で適切な対応策をとらなかったのである。このように会社に使用者責任があると判断した本件は、セクシュアル・ハラスメントという用語こそ使用しなかったが、環境型セクシュアル・ハラスメントの典型的な事例に関する初の裁判例だった。

　時を同じくして、アメリカの三菱自動車が公民権法違反の責任を問われて、40億円にもなる損害賠償額で和解したという事件もおきた。これらを受けて、日本でもようやく法制度化の動きが活発になり、1997年に均等法が改正されて、セクシュアル・ハラスメントに関する旧21条（事業主の配慮義務規定）ができた。一方、この配慮義務規定については国家公務員が適用除外となっていたために、公務員に対する規定も必要ということになり、翌98年、改正均等法施行の時期に合わせて、人事院規則10-10ができた。人事院規則では均等法が明記しなかった事例、たとえば第三者からの、あるいは第三者へのセクシュアル・ハラスメントや、「性的」な言動ではないけれども「おまえは女だからお茶汲みをしろ」というような性別役割に基づくジェンダー・ハラスメントの事例などがカバーされた。均等法よりも一段進んだ規定を人事院規則10-10は定めた、といえよう。

（2）事業主の措置義務

　2006年の再度の法改正によって、均等法は男女双方に対する差別を禁止する法律になった。これを受けて、この時期以降、セクシュアル・ハラスメントは男性に対する言動も含むものになった。旧21条は現行法の11条となり、配慮義務は措置義務に改められた。2019年にも大きな法改正があり、セクシュアル・ハラスメント等に起因する問題に関する国、事業主、労働者の責務が規定された（均等法11条の2）。また、労働者が事業主に相談したこと等を理由とする不利益取扱いの禁止（同法11条2項）、自社

の労働者等が他社の労働者にセクシュアル・ハラスメントを行った場合の協力対応の努力義務規定が設けられた（同法11条3項）。

　均等法のセクハラ規定の最大の特色は、以下のように、事業主の措置義務を定めていることである。

> 男女雇用機会均等法11条1項
> 事業主は、<u>職場において行われる性的な言動</u>に対するその雇用する労働者の対応により当該労働者がその<u>労働条件につき不利益を受け</u>、又は当該性的な言動により当該労働者の<u>就業環境が害される</u>ことのないよう、当該労働者からの相談に応じ、適切に対応するために必要な体制の整備その他の<u>雇用管理上必要な措置を講じなければならない</u>。（下線は筆者）

　「職場において行われる性的な言動」、これがセクシュアル・ハラスメントの一応の定義らしきものである。セクシュアル・ハラスメントの被害者である労働者が、その言動への対応いかんによって、労働条件につき不利益を受けることや、就業環境が害されることがないよう、事業主は、雇用管理上必要な措置を講じる義務がある、とする。条文の主語は全て「事業主」である。

　労働者が受ける不利益には、「対価型」と「環境型」があると説明される。「対価型」は、労働者の対応によって労働条件に不利益を受けるもの、例えば、解雇、賃金の引き下げ、配転などである。それに対して、労働者の就業環境が害されるものが「環境型」である。

　均等法11条4項に基づいて厚生労働大臣が定めた指針^(注4)（セクハラ指針とする）は、法規定の不備を補うように、職場におけるセクハラには同性間の言動も含まれること、また、被害者の性的指向や性自認にかかわらず、これらの言動が措置義務の対象になることを明記する（指針2（1））。そして、性別役割分担意識に基づく言動（ジェンダー・ハラスメント）も、こうした言動をなくすことがセクシュアル・ハラスメント防止の効果を高める上で重要であると述べる（指針4（1））。さらに、加害者としては取引先等

の事業主またはその雇用する労働者、顧客、患者またはその家族、学校における生徒等も対象となりうること（指針2（4））、自らの雇用する労働者以外の者に対する言動に関しても必要な注意を払うよう努めることが望ましいこと（指針7）に言及している。

　事業主によるこれら措置義務の具体的な内容としては、①セクシュアル・ハラスメントに関する方針を明確化して、従業員に周知・啓発をはかること、②相談体制を整備すること、③セクハラが生じた場合には迅速で適切な対応をとること、④個人情報保護のために必要な措置、相談者や事実確認協力者に対する不利益取扱いの禁止、その周知・啓発などが求められており、指針はそれらの義務内容を13項目にわたって、詳細に定めている。

　均等法全体の構造のなかで、セクシュアル・ハラスメント規定の位置をみると、その特色が明確になる。均等法では、性差別を禁止する規定は2章第1節で定められており、募集採用時の差別は5条が、採用された後の差別については6条が、それぞれ禁止規定をおく。また9条は、婚姻・妊娠・出産等を理由とする不利益取扱いを禁止している。

　一方、セクシュアル・ハラスメントの措置義務は、2章第2節に規定されており、性差別の禁止とは別の節に位置づけられている。禁止される性差別にセクシュアル・ハラスメントを含むのではなく、セクシュアル・ハラスメントに対しては、事業主が措置義務を負うことによって対応するという構造である。セクシュアル・ハラスメントは性差別だとした前述のヴィンソン事件アメリカ連邦最高裁判決とは異なり、2つは別物であるとする構図の中でセクシュアル・ハラスメントに対応しているのが、日本の均等法だといえよう。

　イギリスの2010年平等法も、性を理由とする差別禁止を定めるが、その差別の態様として、直接差別、間接差別、ハラスメントを禁止している(注5)。すなわち、禁止される性差別の中にハラスメントを含んでいるのである。それらとは異なり、日本の法規定は、事業主に対応を迫る根拠規定（措置義務規定）をおくが、それらは国が事業主に課した公法上の義務とされているにすぎない。これに違反する行為があれば、厚生労働大臣が行政指導を行い、守られないときには企業名公表の対象になるが、均等法11条

や指針は、労働契約上の権利義務を根拠づけるものとは解釈されていない。

　一方、2019年改正で新たに設けられた均等法11条の2は、以下のように、国、事業主、労働者に対して、セクシュアル・ハラスメントに関する一定の責務を定めている。しかし下線を引いた部分に明らかなように、それらは努力義務にすぎない。

男女雇用機会均等法11条の2
1項　国は、前条第1項に規定する不利益を与える行為又は労働者の就業環境を害する〔…〕言動を行ってはならないことその他当該言動に起因する問題（以下この条において「性的言動問題」という。）に対する事業主その他国民一般の関心と理解を深めるため広報活動、啓発活動その他の措置を講ずるように<u>努めなければならない</u>。
2項　事業主は、性的言動問題に対するその雇用する労働者の関心と理解を深めるとともに、当該労働者が他の労働者に対する言動に必要な注意を払うよう、研修の実施その他の<u>必要な配慮</u>をするほか、国の講ずる前項の措置に協力するように<u>努めなければならない</u>。
3項　事業主(その者が法人である場合にあっては、その役員)は、自らも、性的言動問題に対する関心と理解を深め、労働者に対する言動に<u>必要な注意を払うように努めなければならない</u>。
4項　労働者は、性的言動問題に対する関心と理解を深め、他の労働者に対する言動に<u>必要な注意を払う</u>とともに、事業主の講ずる前条第1項の措置に<u>協力するように努めなければならない</u>。

（3）均等法の施行状況と被害者の要望

　セクハラの措置義務規定は、果たして被害者の要望に応えるものになっているのだろうか。

　全国の労働局・雇用環境均等部（東京では均等室）における均等法11条の施行状況をみよう。^(注6)2019年度の均等法全般の相談件数1万9595件のうち、セクシュアル・ハラスメント（11条関係）の相談はもっとも多く、7323件にのぼる。この年、雇用管理の実態把握を行って何らかの均等法

違反が確認された6931事業所に対しては、1万5822件の是正指導（均等法29条）が行われた。その内訳をみると、11条のセクシュアル・ハラスメント関係は4671件（29.5％）であり、約3割を占める。非常に多いといえる。これら是正指導は、相談があった企業等に狙いを定める場合もあれば、一般的に企業に対して報告聴取するという形で行われる場合もあるようだ。

是正指導に企業が従わない場合には、勧告となり（同29条）、勧告に従わない企業に対しては、最終的に企業名が公表される（同30条）。しかし均等法の運用の歴史において、企業名が公表されたケースはたった1件であり、妊娠した労働者を解雇した茨城県牛久の病院で起きたマタニティ・ハラスメントケースのみである（2015年）。このような事実からは、果たして均等法は十全に運用されているのだろうか、不安になる。

一方、均等法をめぐっては、紛争が起きた場合に行政に紛争解決援助を申し立てる制度（これを行政ADRという）もある。労使当事者が紛争解決の援助を申し立てると、労働局長は助言、指導、勧告を行い（均等法17条）、最終的には調停を行うことができる（18条）。ところが調停とは、調停会議で相互の言い分を聴取しながら、主に解決金を払わせるなどの着地点を探るものであって、もし合意ができなければ最終的には打ち切りとなり、結局、紛争は裁判で争われることになる。

ちなみに2019年度の均等法の紛争解決援助についてみると、申し立て受理件数は全体で248件、うちセクシュアル・ハラスメント関係は97件（39.1％）である。調停の申請受理件数は全部で68件、うちセクシュアル・ハラスメント関係は49件であった。このような数字から分析すると、個人からの紛争申し立ての多くは相談で終わり、援助申請や調停の件数はきわめて少ないという実態がみえてくる。

このようなセクシュアル・ハラスメントをめぐる均等法の運用実態は、果たして相談者や紛争解決申し立てをする人々の満足をどれほど得られているのだろうか。その内実は、なかなか把握することが難しいのだが、私も参加したある調査研究がある[注7]。これは、ハラスメント事案のみではなく、均等法や育児介護休業法全般にかかわる紛争解決制度の実態調査であ

るが、そこから浮上した事実を紹介して、問題点を指摘しておきたい。

　セクハラ被害者の大半は、自分が受けた行為が違法行為であったことの認定を望んでいる。なぜなら、本人は退職してかつての職場とは連絡がつかなくなったりしているが、当該職場では「恐らく彼女は勝手に辞めたのだろう」と思われているからである。「身勝手な人」、「トラブルメーカーだった」など、会社によって押印されたレッテルを、行政に訴えることによって覆したい、そのためにも、自分が受けた行為は違法な行為だったと認定してほしい。これらが、相談者や申請者のまぎれもない要望である。

　ところが、法の構造上、行政が違法か否かを判断するのは、事業主による措置義務違反であって（11条）、加害者の行為がセクシュアル・ハラスメント該当行為だったのかどうか、ではない。セクシュアル・ハラスメント禁止規定は均等法の条文にはなく、事業主の措置義務規定があるのみである。その結果、結局は明確な違法行為を受けたことが認定されないというのが、相談者や申請者にとっては不満として残っている。

　また、もう1つの要望は、加害者や会社からの謝罪である。ところが紛争解決援助の仕組みは、すでに述べたように、結局、お互いの合意を探ることであって、解決されるとしてもわずかな解決金で処理されることが多い。解決されなければ謝罪も得られないままに、あきらめることになる。その後でも、最終的に司法救済を申し立てるところまでいければよいが、そこには司法救済にかかわる困難（時間、金銭、救済方法など）という大きな壁が立ちはだかっている。

　ヒアリングに応じてくれた多くの人々は、「ほかの人には、二度とこういう体験をしてほしくない」「再発防止をしっかりやってほしい」と口々に述べているが、その再発防止はどこまでできているのか、確認する手段はない。

3. その他のハラスメント

(1) マタニティ・ハラスメント（均等法11条の3）
日本のハラスメントにかかわる法政策的対応は、複雑に入り組んだ法制

という特色がある。2016 年に、均等法には、いわゆるマタニティ・ハラスメント防止に関する事業主の措置義務規定ができた（均等法 11 条の 3）。事業主は、「妊娠・出産に関する事由であって厚生労働省令で定めるものに関する言動により〔…〕女性労働者の就業環境が害されることがないよう、〔…〕必要な措置を講じなければならない」という規定である。そして、2019 年改正によって、マタニティ・ハラスメントについても、労働者が事業主に相談したことを理由とする不利益取扱い禁止規定（同法 11 条の 3 第 2 項）と、国、事業主、労働者の責務規定ができた（同法 11 条の 4）。

　マタニティ・ハラスメントに関しては、11 条の 3 第 3 項に基づいて厚生労働大臣が定めた指針^(注8)（マタハラ指針とする）によって、事業主の措置義務の内容が定められている。事業主が対応すべき言動には、妊娠・出産に関する制度や措置の利用に関する言動（「制度等の利用への嫌がらせ型」）と、妊娠したこと、出産したことに関する言動（「状態への嫌がらせ」）がある（指針 2 (1)）。指針は、13 項目にわたる措置を講ずるよう事業主に求めているが、うち 2 項目は「望ましい措置」である（指針 3 (2) ハ、同 3 (4) ロ）。ここにはセクシュアル・ハラスメントの措置義務にはない項目（ハラスメントの原因や背景となる要因を解消するための措置）が含まれていることに留意すべきである（指針 3 (4)）。マタニティ・ハラスメントが周囲の労働者の業務負担が増えることによって生じる場合もあることに留意しているものである。

（2）ケア・ハラスメント（育児介護休業法 25 条）

　2016 年には、育児介護休業法の改正によって、育児休業・介護休業等の取得を理由とするハラスメント（いわゆるケア・ハラスメント）防止の措置義務規定も設けられた（育介法 25 条）。2019 年改正によって、国、事業主、労働者の責務規定もできた（育介法 25 条の 2）。措置義務の内容は、指針^(注9)（育介法指針とする）に記載されている。

（3）パワー・ハラスメント（労働施策総合推進法 30 条の 2）

　上記に述べてきたハラスメント以外のいわゆるパワー・ハラスメントに

表　日本のハラスメント法規制の現状

	セクシュアル・ハラスメント	マタニティ・ハラスメント
事業主の措置義務	均等法 11 条 1 項	均等法 11 条の 3 第 1 項
規定の内容	事業主は、職場において行われる性的な言動に対するその雇用する労働者の対応により当該労働者がその労働条件につき不利益を受け、又は当該性的な言動により当該労働者の就業環境が害されることのないよう、当該労働者からの相談に応じ、適切に対応するために必要な体制の整備その他の雇用管理上必要な措置を講じなければならない。	事業主は、職場において行われるその雇用する女性労働者に対する当該女性労働者が妊娠したこと、出産したこと、労働基準法第 65 条第 1 項の規定による休業を請求し、又は同項若しくは同条第 2 項の規定による休業をしたことその他の妊娠又は出産に関する事由であって厚生労働省令で定めるものに関する言動により当該女性労働者の就業環境が害されることのないよう、当該女性労働者からの相談に応じ、適切に対応するために必要な体制の整備その他の雇用管理上必要な措置を講じなければならない。
国、事業主、労働者の責務規定	均等法 11 条の 2	均等法 11 条の 4
不利益取扱い禁止	均等法 11 条 2 項	均等法 11 条の 3 第 2 項
指針	セクハラ指針	マタハラ指針

ついては、従来、法律上の規定はなかったが、個別紛争事案のあっせん件数の相当数を占めていた（およそ 3 割）。また、あっせんの申請者が何らかの精神的な問題について医師の診断を受けていることが明らかになり、この問題は急速に社会問題化した。2012 年 1 月にはワーキンググループが設けられたが、法整備にたどり着くには、さらに時間がかかった。ようやく 2017 年 5 月、「職場のパワー・ハラスメント防止対策検討会」が設けられ、2018 年 3 月に報告書が出た。検討会の構成員の意見はなかなか一致がみられなかったが、ついに 2019 年、労働施策総合推進法が改正されて、事業主のパワー・ハラスメント防止の措置義務が規定された（同法 30 条の 2 第 1 項）。残念ながら、労働側が求めていたハラスメント行為自体の「禁止規定」と「制裁措置」の法制化は、見送られた。

　職場におけるパワー・ハラスメントとは、①優越的な関係を背景とした、②業務上必要かつ相当な範囲を超えた言動により、③労働者の就業環境を害することである（同条）。事業主の具体的な措置義務の内容は、指針（パワハラ指針とする）に記載されている。

　なお、民間企業に関する均等法のセクハラ規定に対応して人事院規則

ケア・ハラスメント	パワー・ハラスメント
育介法 25 条 1 項	労働施策総合推進法 30 条の 2 第 1 項
事業主は、職場において行われるその雇用する労働者に対する育児休業、介護休業その他の子の養育又は家族の介護に関する厚生労働省令で定める制度又は措置の利用に関する言動により当該労働者の就業環境が害されることのないよう、当該労働者からの相談に応じ、適切に対応するために必要な体制の整備その他の雇用管理上必要な措置を講じなければならない。	事業主は、職場において行われる優越的な関係を背景とした言動であって、業務上必要かつ相当な範囲を超えたものによりその雇用する労働者の就業環境が害されることのないよう、当該労働者からの相談に応じ、適切に対応するために必要な体制の整備その他の雇用管理上必要な措置を講じなければならない。
育介法 25 条の 2	労働施策総合推進法 30 条の 3
育介法 25 条 2 項	労働施策総合推進法 30 条の 2 第 2 項
育介法指針	パワハラ指針

10-10 ができたように、パワハラ規定に対応する人事院規則 10-16 が設けられた。

4. 日本の法規定の特色

このようにみてくると、日本のハラスメントをめぐる法規定は個別的で、複雑に入り組んでいることがわかる。4 つの類型のハラスメントは、それぞれ異なる名称を与えられつつ、異なる条文において規定されている。【表 日本のハラスメント法規制の現状】を参照していただきたい。

このような規制になった要因は、問題が生じる都度、必要に迫られて法規定をモザイク的に積み上げる場当たり的な対応に依拠してきたからであろう。雇用差別禁止規定や人権規範の原則的な理念との関連性についても、十分な議論がないままに立法化されている。

それら現行の日本の法制度の特色は、次のようにまとめることができる。①4 つの類型のハラスメントは、それぞれ別個の法律で規制されているが、内容的にはほぼ共通している。1997 年、2006 年のセクハラの規定がモデ

ルとなり、2016年にマタハラ規定とケアハラ規定が加わり、2019年にパワハラ規定が追加された。②しかし、各ハラスメントに関する「定義」は存在せず、事業主の措置義務規定でその内容を把握することができるにすぎない。③ハラスメント「禁止規定」は存在しない。国、事業主、労働者の責務規定が2019年に設けられたが、それらは努力義務規定である。④規制の中心にある事業主の措置義務の内容は、厚生労働省告示である「指針」によって具体化されている。⑤事業主の措置義務は、違反に対する行政指導と企業名公表によって担保されており、紛争解決については、都道府県労働局が、助言、指導、勧告、調停によって対応している。ただし、被害者の救済や職場における是正措置は不十分である。

5. 民事訴訟の動向

　被害者を救済するための残された手段は、やはり裁判ということになるだろう。ここでは近年に至る民事訴訟の動向をみておきたい。ただし、ハラスメントに関しては膨大な数の判決が出ており、ここにとりあげるものは、ごく一部にすぎない。

　ハラスメント行為が性暴力や脅迫・暴行などを伴う場合には、刑法上の犯罪の構成要件に該当する行為として、加害者は刑事責任を問われる（伊藤和子論文参照）。そして、民事上の責任については、不法行為や債務不履行等の要件に照らして法的な判断が行われる。事業主に対しても、使用者としての責任（民法715条）や債務不履行責任（民法415条）が問われることになる。

（1）加害者の責任
　セクシュアル・ハラスメントに該当する言動など、加害事実があったことが認定されれば、加害者本人の不法行為責任がほぼ認められる傾向にある（民法709条）。セクシュアル・ハラスメントによって損なわれる法益は、「人格権」「働きやすい職場環境の中で働く権利」「性的自由ないし性的自己決定権等の人格権」などである。

　加害者が行った行為の違法性の判断について、1996 年の名古屋高裁判決は、①性的言動の具体的な態様（時間・場所・内容・程度・反復・継続性）、②当事者相互の関係（行為者の職務上の地位、年齢、被害女性の年齢・婚姻歴、両者の関係）、③被害者の対応等を総合的にみて、それが社会的見地から不相当とされる程度であることを、基準として示し[注12]、最高裁は 1999 年に、この判断を維持するとした[注13]。

　しかし、「反復・継続性」については、下級審は異なる判断をしている。一例として、千葉地裁松戸支部の 2000 年の判決をみよう[注14]。本件は、職場ではなく市議会で生じた事案である。男性議員が女性議員に対して、議会の廊下の端から大声で「男いらずの A さん」と呼びかけ、また自分の広報紙で、女性議員の名前に「オトコいらず」とルビをつけた。男性議員は、発言は 1 回だけだったとか、侮辱的と受け止められるような呼びかけではない、などと反論した。しかし、裁判所は、この男性議員が常日頃から、女性議員が夫婦別姓を主張していたことを快く思っていなかったとして、この発言の前後の状況やその後の経緯からすると、「被告は、原告に対し、『からかい』、『皮肉』をいい、『揶揄』し、『挑発』する意図で、『男いらずの A さん』と呼びかけ、〔…〕前の晩から、原告を当惑させ、怒らせてその反応を見て楽しむという意図を持ち、計画的に」この言葉を使用したと述べて、品位を欠いた女性蔑視の侮辱的な発言だと認定して、40 万円の慰謝料の支払いを命じた。

　最高裁が認容した「被害女性の年齢・婚姻歴の有無」という基準についても、批判が多い。離婚歴のある女性の性的被害度を少なく見積もることにつながりやすく、誤った判断を誘発しかねないからである。

　セクシュアル・ハラスメントの場合は密室でなされることも多いことから、第三者の証言や証拠がなく、裁判所が「被害女性の対応」について固定観念にとらわれる恐れもある。注意が必要である。一時期まで、裁判所がある種の強姦神話にとらわれていたことを示す裁判例も、いくつかある。

　たとえば、1995 年の東京地裁判決は、誰もいない職場内で、上司が部下の女性に行った強制わいせつ行為を認定するにあたって、被害者女性が直接的な抵抗をしなかったことは不自然だとして、原告の主張を信用でき

ない、と判断した。^(注15)しかし 1997 年の控訴審判決は、性暴力を受けた女性が「逃げたり声を上げたりすることが一般的な対応であるとは限らない」として、被害者の供述を事実として認める判断をした。^(注16)不法行為の違法性判断は、たしかに総合的に吟味される必要があるが、裁判所が誤った固定観念にとらわれている場合には、この総合的判断が正しく行われないことになり、問題である。

（2）使用者の責任

　職場におけるハラスメント行為については、不法行為を根拠にして、加害者が責任を問われるだけでなく、企業の法的責任も問われている。被用者が他人に「事業の執行につき」損害を与えた場合には、会社は、使用者責任による損害賠償責任を負わなければならない（民法 715 条）。使用者が、専務取締役らのハラスメント行為への対応を放置して、逆に被害者を処分したケースについて、岡山地裁は 2002 年、会社自体が不法行為上の注意義務違反を行ったと認定し、民法 709 条にもとづいて損害賠償を命じた。^(注17)

　使用者の責任追及に際し、債務不履行責任という構成をとる判決も多くなっている。一例として、女子トイレで従業員による盗撮行為があり、それに対して会社が適切な対応をしなかったと不満を述べた女性従業員を、会社が退職せざるをえない状況に追い込んだケースがあった。2001 年に仙台地裁は、会社には、雇用契約上の付随義務として、セクシュアル・ハラスメントを予防する職場環境整備義務があり、また、いったんセクハラが起きた場合にはきちんと対応すべき事後的な職場環境配慮義務がある、と述べて、債務不履行による損害賠償を命じた。^(注18)ほかにも、労働契約上の付随義務として、プライバシー侵害を防止する「職場環境整備義務」があるとする判決や、^(注19)被用者にとって働きやすい環境を保つ「職場環境配慮義務」があるとする判決もみられる。^(注20)

　パワー・ハラスメントにかかわる事案でも、裁判所は、使用者には、従業員である上司たちが優越的立場を利用して職場内で人権侵害を生じさせないように配慮する義務がある、と判示している。^(注21)また、先輩労働者による行為について、管理職が執拗ないじめを制止せず、適切な処置を怠った

として、市に対して、安全配慮義務違反があったと判示したケースもある。^(注22)

(3) 懲戒処分

すでに述べたように、事業主は措置義務として、ハラスメントが生じたことが確認されたときには、行為者に対する適正な措置をとることが求められている。その場合には、就業規則その他の文書にある規定にもとづき、必要な懲戒その他の措置を講ずることになる。これに対して、近年の訴訟では、処分対象になった労働者から、懲戒処分無効の訴えが提起される事案が増えている。

最高裁は 2015 年に、ある事案について、懲戒処分は有効という判断を下した。^(注23)本件では、1 年余りの間、職場で露骨な性的な話をし続けて、部下の女性たちを退職に追い込んだとして、会社から 10 日から 30 日の出勤停止処分をうけた 2 人の管理職が、当該処分の無効を訴えた。最高裁は、1 年余にわたって繰り返した多数のセクシュアル・ハラスメントは、著しく侮蔑的で下品な言辞で部下を侮辱し、困惑させるような行為であって許されず、処分は妥当である、と判示した。

(4) 損害賠償額

通常、不法行為責任を問われても、命じられる慰謝料などの金額は低額である。ただ、事例によっては、比較的高額の賠償を命じる判決も登場している。裁判所は、慰謝料のみならず、被害者に支払われる損害額としての逸失利益の算定を、より明確に行うようになっているからである。とくにセクシュアル・ハラスメントを受けたために身体的に不調になり、退職を余儀なくされた事案では、被害を受けた労働者の年収に等しい損害額の賠償を命じる判決もある。^(注24)

6. 今後の立法政策を展望して

(1) ILO 第 190 号条約の要請

このように民事訴訟では、被害事実が認定されれば会社の責任も問われるケースが増えてきている。しかし、被害者からみれば、裁判のハードルはきわめて高い。たとえ勝訴できたとしても、金銭による解決がなされるにすぎず、職場において安全に就労する権利がどこまで保障されるのか、疑問である。

ILO 第 190 号条約は、加盟国は、暴力とハラスメントの適切かつ効果的な救済の制度を確保すべきとし（10 条（b））、同 206 号勧告は、その救済の具体的な内容として、補償を受けて退職する権利、復職、損害に対する適切な保障を求めている。また、特定の行為を中止させ、方針・慣行を変更させることを確保するためにとられる、即時の強制力のある措置を要求する命令を含んでいる（14 項（a）（b）（c）（d））。このように、具体的な救済内容が盛り込まれないかぎり、ハラスメント被害者は、再び安んじて職場復帰することは難しい。日本の法制度の現状は、とうていこの国際基準を満足するものではない。

したがって、ILO 条約を批准するためには、早急に国内法改正に取り組まねばならないだろう。第 190 号条約の前文は、国際労働機関の総会は、「〔…〕ジェンダーに基づく暴力とハラスメントは女性と女児に不均衡に影響を与えることを認めて、仕事の世界における暴力とハラスメントに終止符をうつためには、ジェンダーに基づく固定観念、複合的で交差的な差別形態、ジェンダーに基づく不平等な力関係を含む、根本的な原因とリスク要因に対処するための、包摂的で、統合的で、ジェンダーに対応した（gender-responsive）アプローチが必須であることを認識し」て、条約を採択する、と述べる（前文 12 段）。また条約 4 条 2 項は、「加盟国は、〔…〕暴力とハラスメントの防止および撤廃のための、包摂的で、統合的で、ジェンダーに対応したアプローチ」を採用する、と述べる。

条約が、暴力とハラスメントの防止・撤廃の「包摂的・統合的・ジェン

ダーに対応したアプローチ」を求めていることを、私たちは理解すべきである。この「ジェンダーに対応した」という表現については、ILO 条約審議の過程で、活発な議論が行われた。第一次討議では、「ジェンダーに敏感な（gender-sensitive）」という表現にする修正案が出されたが、ILO 事務局は、「ジェンダーに対応した」という表現は、実際に対処の行動をとるプロアクティブな含意がある、と説明した。[注25]プロアクティブとは、事後的な対応策だけではなく、事前に積極的な防止策をとるという意味で、国際的によく使われている。この説明に、多くの国は賛意を示した。

　重要なことは、このような包括的なアプローチによって対処しないかぎり、労働世界のハラスメントは根絶できないことである。だからこそ同条約は、「加盟国は、ジェンダーに基づく暴力とハラスメントを含む、仕事の世界における暴力とハラスメントを定義および禁止する法令を制定する」と述べて（同条約7条）、包摂的で統合的な立法による対応を求めているのだろう。（この項、ILO 第190号条約の引用は、ILO 駐日事務所仮訳を基にしているが、同仮訳と異なる部分は筆者による）

（2）法改正の必要

　一方、日本が抱えている最大の問題は、ハラスメントの定義と禁止を定める法令が存在しないことである。日本の法律はいずれも、事業主の措置義務を定めるのみであり、国、事業主、労働者の責務規定も努力規定にすぎず、ハラスメント禁止規定として読むには無理がある。ハラスメントが他者の人権侵害であり、許されない行為であるという強いメッセージを盛り込むには、正面から、ハラスメントとは何かを定義して、当該行為を禁止する規定が必要である。

　じつはその点に関して、ILO 第190号条約をめぐる第一次討議で、日本政府代表がアメリカと共に提出したハラスメントの定義案は、参考に値するものであった。当初の事務局「原案」は、暴力とハラスメントを包括する案だったが、これに対抗して日米政府代表は、暴力とハラスメントを切り離して、ハラスメントについては、「脅迫的・敵対的・虐待的な労働環境を作り出す望まない差別的行為、もしくは、かかる行為への服従が雇用

の条件であるとき、または、かかる行為への服従もしくは拒絶が雇用の条件として利用されるとき」と定義する「修正案」を提出した。これは、イ^(注26)ギリスの平等法の定義にも通じるものである。もし日本政府が、国際的な駆け引きの場においてだけでなく、この提案を国内法に導入しようという意図をもっているのであれば、歓迎する人は多いのではないだろうか。

第190号条約が幅広く被用者以外の人々を対象に人的適用範囲を定めていることに照らすと、条約の要請に応えるには、事業主の措置義務規定だけでは足りない。既に述べたように、たしかに、指針は措置義務の及ぶ範囲を可能なかぎり広げようとしている。しかし、条約は、ボランティア、就職活動中の学生、フリーランスの人々を対象に含み、「加害者」として幅広く、取引先や顧客など第三者への対応を行うなど、事業主の措置義務を超えた対応を求めている。この要請に応えるには、雇用関係をベースとする措置義務規定を超えるハラスメント規制立法が望まれる。

現行法のように、各種ハラスメントを別個の法律のなかにモザイク的に組み込む法規制のあり方は、法の谷間に落ちてしまう個別事例を救済できない。^(注27)これは、ILO条約が求める「包摂的で、統合的で、ジェンダーに対応したアプローチ」とは異なるのではないか。従来の規制枠組みにこだわることなく、日本でも、包括的なハラスメント禁止立法の構想に挑戦すべきときがきている。

最後に、私が考えている立法の内容について、いくつか、簡単に指摘しておきたい。第一に、「職場におけるハラスメント禁止法」という独立の立法を設けることが望ましい。現在、法律が規制対象としているハラスメント（パワハラ、セクハラ、マタハラ、ケアハラ）のみならず、性別役割によるハラスメント（ジェンダー・ハラスメント）、性的指向や性自認によるハラスメント（SOGIハラ）も含み、また、障害、国籍、思想・信条などに関わるハラスメントもすべて含んで、ハラスメント禁止法とすべきである。その場合、それぞれのハラスメントが、別個の法律である雇用差別に関する立法（たとえば均等法や障害者雇用促進法など）が定める差別禁止規定に違反する行為であることもまた、規定しておくべきであろう。職場以外の場におけるハラスメントをどうするのか（たとえば町内会でのハラスメ

ントなど）は検討課題だが、ここではとりあえず、ILO 第 190 号条約の批准のための法制度であることを念頭におく。

第二に、この法律にハラスメントの定義規定をおく。また、ハラスメントの行為類型を幅広く設け、どのような行為が禁止される行為に該当するのか、多くの人々が理解できることが望ましい。

第三に、保護されるべき人々としては、すでに述べたが、雇用されている労働者のみならず、求職者、フリーランス、インターン、派遣労働者、下請労働者、ボランティア、さらには、雇用契約が終了した人も含まれる。一方、規制対象となる行為者（加害者）としては、事業主、上司、同僚はもちろん、他企業の労働者、取引先、顧客、患者など第三者が含まれる必要がある。

第四に、事業主の措置義務規定は、防止効果からいっても重要である。現行法が定めている措置義務規定は、この法律に盛り込まれるべきである。

第五に、適切な是正・救済制度として、多彩な命令を発出できる行政救済委員会が設けられる必要がある。裁判所だけに救済をゆだねるのではなく、迅速で簡易な行政的手続による救済が行われなければならない。そして、この委員会が、職場における加害行為がハラスメントとして禁止されている行為であるか否かを判定できる仕組みが必要である。同委員会は、被害者の請求にしたがって、事業主に対して、ハラスメント行為を中止させ、謝罪させること、損害賠償や現状回復のための措置をとること、加害者を適切に処分し、配転させること、被害者が治療やケアを受け、そのために職場を休むこともできるように、多彩な命令を発出できるものとする。この命令に事業主が従わない場合には、罰則が必要であろう。

注

1　伊藤詩織『Black Box ブラックボックス』（文藝春秋、2017 年）。
2　Meritor Savings Bank, FSB v. Vinson（1986）. 最近、この歴史的な判決を含むアメリカ連邦最高裁における雇用差別訴訟の原告たちの物語が、秀逸な翻訳によって出版された。ジリアン・トーマス著・中窪裕也訳『雇用差別と闘うアメリカの女性たち　最高裁を動かした 10 の物語』（日本評論社、2020 年）。私

は本書によって、Vinson 事件の提訴の経緯、原告の人生、弁護士や法律家の戦略、判決内容などを改めて知り、感銘を受けた。

3 福岡地裁平成 4（1992）年 4 月 16 日判決（『労働判例』607 号 6 頁）。

4 「事業主が職場における性的な言動に起因する問題に関して雇用管理上講ずべき措置等についての指針」（平成 18（2006）年厚生労働省告示 615 号、改正令和 2（2020）年厚生労働省告示 6 号）。

5 イギリス 2010 年平等法については、浅倉むつ子『雇用差別禁止法制の展望』（有斐閣、2016 年）を参照のこと。

6 「令和元年度　都道府県労働局雇用環境・均等部（室）での法施行状況」による。

7 文部科学省科学研究費補助金・挑戦的萌芽研究「差別禁止法の実効性確保に関する研究―紛争解決制度の検討」（研究代表者：菅野淑子、課題番号 15K12971）。この調査は、各都道府県の雇用環境均等部を訪れた人に、窓口で調査票を配り、アンケートを送り返してくれた人に直接ヒアリングを行った。個別のヒアリングからはいくつかの問題点が浮上した。差別禁止法の実効性確保に関する研究チーム『「労働局の利用者調査」調査結果』（2019 年、非売品）、「特集　性差別禁止法のエンフォースメント」『季刊労働法』260 号（2018 年）。

8 「事業主が職場における妊娠、出産等に関する言動に起因する問題に関して雇用管理上講ずべき措置等についての指針」（平成 8（2016）年厚生労働省告示 312 号、改正令和 2（2020）年厚生労働省告示 6 号）。

9 「子の養育又は家族の介護を行い、または行うこととなる労働者の職業生活と家庭生活との両立が図られるようにするために事業主が講ずべき措置等に関する指針」（平成 21（2009）年厚生労働省告示 509 号、改正令和 2（2020）年厚生労働省告示 6 号）。

10 「労働政策研究報告書 No.123　個別労働関係紛争処理事案の内容分析」（労働政策研究・研修機構、2010 年）。

11 「事業主が職場における優越的な関係を背景とした言動に起因する問題に関して雇用管理上講ずべき措置等についての指針」（令和 2（2020）年厚生労働省告示 5 号）。

12 金沢セクハラ事件・名古屋高裁金沢支部平成 8（1996）年 10 月 30 日判決（『労働判例』707 号 37 頁）。

13 金沢セクハラ事件・最高裁平成 11（1999）年 7 月 16 日判決（『労働判例』767 号 14 頁）。

14 松戸市議会事件・千葉地裁松戸支部平成 12（2000）年 8 月 10 日判決（『判例時報』1734 号 82 頁）。

15 横浜事件・東京地裁平成 7（1995）年 3 月 24 日判決（『労働判例』670 号 20 頁）。

16 横浜事件・東京高裁平成 9（1997）年 11 月 20 日判決（『労働判例』728 号 12 頁）。

17 岡山労働者派遣会社事件・岡山地裁平成 14（2002）年 5 月 15 日判決（『労働判例』

832 号 54 頁)。

18 仙台 (自動車販売) 事件・仙台地裁平成 13 (2001) 年 3 月 26 日判決 (『労働判例』808 号 13 頁)。

19 京都呉服販売会社事件・京都地裁平成 9 (1997) 年 4 月 17 日判決 (『労働判例』716 号 49 頁)。

20 三重厚生農協連合会事件・津地裁平成 9 (1997) 年 11 月 5 日判決 (『労働判例』729 号 54 頁)。

21 日本土建事件・津地裁平成 21(2009)年 2 月 19 日判決(『労働判例』982 号 66 頁)。

22 川崎市水道局事件・横浜地裁川崎支部平成 14 (2002) 年 6 月 27 日判決 (『労働判例』833 号 61 頁)、東京高裁平成 15 (2003) 年 3 月 25 日判決 (『労働判例』849 号 87 頁)。

23 L 館事件・最高裁平成 27 (2015) 年 2 月 26 日判決 (『労働判例』1109 号 5 頁)。

24 日銀事件・京都地裁平成 13(2000)年 3 月 22 日判決(『判例時報』1754 号 125 頁)、前掲 (注 17)・岡山労働者派遣会社事件。

25 ILO, Provisional Record 8B (Rev.1), International Labour Conference, 107th Session (Geneva), May-June 2018, para 617.

26 ibid, para 235.

27 このよい例が、ジャパン・ビジネス・ラボ事件である。育児休暇明けに保育園が決まらず、正社員に復帰する前提で週 3 日勤務の契約社員として職場復帰した女性が、1 週間後に保育園をみつけて正社員への復帰を求めたが、会社に認められなかったため、労働局に相談し女性ユニオン東京に加入したところ、会社は 16 通にも及ぶ業務改善指示書を交付して署名・提出するように求めた。これを女性が拒否したところ、会社は、正社員としての地位不存在確認を求める裁判を提起し (乙事件)、契約更新せず、雇止めとした。女性は、雇止めは違法という訴えを起こし (甲事件)、記者会見をしたところ、会社は、この記者会見で虚偽発言をしたことを理由に、女性に損害賠償の訴えを起こした (甲事件反訴)。結論からいうと、原告女性は、雇止めは不合理ではないとされたうえ、会社に対する名誉毀損として 55 万円の損害賠償を命じられた。東京高裁令和元年 (2019 年) 11 月 28 日判決 (『労働判例』1215 号 5 頁)。この経過にはさまざまなハラスメントの事実を発見できるため、実際に「マタハラ事件」として報道されている。しかし、「指針」に定める事項に明白にあてはまる事例ともいえず、裁判の争点として、ハラスメントが焦点化されることは少なかった。

セクシュアル・ハラスメントに対する法的対策
国際人権法と諸外国の取り組みから

申惠丰 ｜ 青山学院大学教授

1．日本法の現状

　2018年4月に表面化した、女性記者に対する福田淳一財務事務次官の
セクシュアル・ハラスメント（セクハラ）をめぐっては、麻生太郎副総理
兼財務相が「（福田氏）本人が否定している以上、断定できない」「セクハ
ラ罪っていうものはない」などとして問題を矮小化する放言をしたあげく、
5月18日に政府が「現行法令において『セクハラ罪』という罪は存在しない」
との答弁書を閣議決定するに至ったことは記憶に新しい（役職はいずれも
当時）。労働者だけでなく、就職活動中の学生の深刻なセクハラ被害も報
道されている。^{（注1）}

　職場でのパワー・ハラスメント（パワハラ）やセクハラ、妊産婦に対す
るマタニティ・ハラスメント（マタハラ）などに対する対策を強化するた
めに2019年に改正された労働政策総合推進法は、国の施策及び責務とし
て、「労働者の就業環境を害する言動に起因する問題の解決」に取り組む
ことを規定した（4条1項14号、30条の3）。^{（注2）}同法は、事業主は「職場にお
いて行われる優越的な関係を背景とした言動であって、業務上必要かつ相
当な範囲を超えたもの」により労働者の就業環境が害されることのないよ
う、労働者からの相談に対応する体制の整備その他の雇用管理上必要な措
置を講じなければならないとして、事業主の防止義務を定める（30条の2）。
セクハラやマタハラについては、すでに男女雇用機会均等法や育児介護休

業法で事業主に防止義務が課されていたが、今回の改正法では、労働者が相談を行ったことに対する不利益取扱いの禁止も盛り込まれた（30条の2の2号）。同法に基づき、2020年1月には、パワハラ、セクハラ、マタハラそれぞれについて、事業主が雇用管理上講ずべき措置についての指針が策定された（セクハラとマタハラについては改正指針）。しかし、厚生労働省が示したセクハラ指針原案へのパブリックコメントでは、就活生や、企業から仕事を受注するフリーランス（個人事業主）も保護対象とすべきだという声が多く寄せられたにもかかわらず、それらは全く反映されず、「何も変わらなかったなんて衝撃です」という驚きの声が上がっている。また、何よりも同法の根本的な弱点は、ハラスメントを禁止する明文規定をおいていないことだ。

「セクハラ罪という罪はない」という発言内容は、日本の刑法に「セクハラ罪」という罪名はないという意味では正しい（但し、行為内容によっては公然わいせつ罪や強制わいせつ罪などにあたりうる）。セクハラに関連する日本の法令として、従来は、男女雇用機会均等法が事業主に対し、職場において行われる性的な言動により労働者が不利益を受け又は就業環境が害されることのないよう労働者からの相談に対応する体制の整備その他の雇用管理上必要な措置を講じなければならないとした規定（11条1項）のほか、国家公務員について各省庁の同様の義務、及び職員の注意義務を定める人事院規則10-10があったにとどまる。このうち、人事院規則10-10は2020年4月に改正され、職員の注意義務（「職員は〔…〕セクシュアル・ハラスメントをしないように注意しなければならない」）を定めていた5条は、「職員は、セクシュアル・ハラスメントをしてはならない」という禁止規定になった。これは、規則ではあるが、セクハラに関する日本の法令としては重要な進展といえる。他方、労働政策総合推進法は、事業主や労働者が言動に注意を払うよう努めるという努力義務規定をおく（30条の3）にとどまり、禁止規定を含んでいない。セクハラをした行為者の民事責任を問うには、従前通り、人格権（憲法13条）を侵害したとして民法上の不法行為責任（民法709条）を問うくらいしか方法がなく、法律で一定の行為を違法として禁止することと比べて、行為の発生を防止する効果は薄いと

言わざるを得ない。

2．国際人権法の観点から

　このような日本法の緩やかな内容は、セクハラを実効的に防止・救済するためには不十分である。セクハラを受けるのはほとんどもっぱら女性だが、それは、女性が女性であるがゆえに受ける心身への性的な攻撃として、女性差別にあたる人権侵害だ（同時に、自由権規約や拷問等禁止条約が禁ずる「品位を傷つける取扱い」や、自由権規約が保障する、身体の安全に対する権利の侵害にもあたりうる）。ここでは、特に女性差別という観点から、国際人権法上、国に要求される義務について考えてみよう。

　女性差別撤廃条約は 1 条で「女性差別」を「性に基づく区別、排除又は制限であって、政治的、経済的、社会的、文化的、市民的その他のいかなる分野においても、女性〔…〕が男女の平等を基礎として人権及び基本的自由を認識し、享有し又は行使することを害し又は無効にする効果又は目的を有するもの」と定義する。

　セクハラは、性に基づく区別、排除又は制限であって、女性が男性と平等に働いたり勉強したりする人権の認識、享有又は行使を害する目的（それ自体を目的として行われる行為の場合）又は効果（結果的にそのような効果をもつ場合）をもつ行為そのものだ。国際人権法では、女性が女性であるがゆえに受ける性的な暴力として、「ジェンダーに基づく暴力（gender-based violence）」（以下「ジェンダー暴力」）の一類型とみなされている。

　条約機関である女性差別撤廃委員会は、「女性に対する暴力」に関する「一般的勧告 19」（1992 年）の中でセクハラの問題も取り上げ、「女性が、職場におけるセクシュアル・ハラスメントのようなジェンダー特有の暴力を受けた場合、雇用における平等は著しく害される」、「セクシュアル・ハラスメントは、身体の接触及び接近、性的意味合いをもった発言、ポルノの表示及び性的要求（言葉であるか行為であるかを問わない）といった、歓迎されない性的行動を含む。そのような行為は、屈辱的でありえ、安全衛生の問題となる可能性がある。そのような行為に異議を唱えることが、採用

又は昇進を含む雇用関係において不利益となると当該女性が信じる合理的な理由がある場合、もしくは敵対的な労働環境を創出する場合には、そのような行為は差別となる」としている。[注5]

女性差別撤廃条約は1条で上記のように女性差別を定義した上で、締約国に対し、国自らが女性差別の行為を行わないことや公の当局・機関がこの義務に従って行動することを確保すること（2条（d））はもちろん、「女性に対するすべての差別を禁止（prohibit）する適当な立法その他の措置（適当な場合には制裁を含む）を取ること」（2条（b））、「権限のある自国の裁判所その他の公的機関を通じて、差別となるいかなる行為からも女性を効果的に保護することを確保すること」（2条（c））、「個人、団体又は企業による女性に対する差別を撤廃するためのすべての適当な措置を取ること」（2条（e））も締約国に義務づけている。個人や団体、企業によるものも含め、あらゆる女性差別を禁止する立法措置を取ることは、締約国の義務なのだ。また、女性差別撤廃委員会は上述の一般的勧告19で、ジェンダー暴力から女性を保護する国の義務を強調し、「締約国は、ジェンダーに基づく暴力に対して、女性に効果的な保護を与えるために必要なすべての立法及びその他の措置を取るべきである。とりわけ、(i) あらゆる形態の暴力（家庭内暴力及び虐待、職場における性的暴行及びセクシュアル・ハラスメントを含む）から女性を保護するための効果的な法的措置（刑事的制裁、民事的救済及びその他の救済を含む）」と述べている。[注6]委員会は、強かんのような極端な形態のものだけなく、セクハラもジェンダー暴力の問題として指摘し、締約国に実効的な対策を求めているのである。[注7]

女性差別撤廃委員会は、「一般的勧告19をアップデートする、女性に対するジェンダー暴力に関する一般的勧告35」（2017年）では、女性に対するジェンダー暴力の禁止は、委員会の一般的勧告19が各国の実行と法的確信によって広く受け入れられてきた結果、慣習国際法の原則となるに至ったと述べている。[注8]そして、女性に対するジェンダー暴力は、個人的な問題というよりも、女性を男性に対して劣位におきステレオタイプ的役割を永続化させる社会的、政治的、経済的手段として用いられていると指摘し、[注9]締約国は、国家機関によって行われるジェンダー暴力に対処する実効

的な法制度を整える義務があるのはもちろん、2条(e)で求められている[注10]通り、個人や団体、企業によって行われる女性に対するジェンダー暴力についても、その防止及び、起こった場合には適切な救済措置を取るデュー・ディリジェンス（due diligence）義務があるとしている。[注11]

3．諸外国の法制度

人種にせよ性にせよ、個々人にとって如何ともしがたい属性によって人を排除し人権を否定する「差別」の問題は、国連憲章の規定（「人種、性、言語、宗教による差別なくすべての人のための人権」を定めた1条3項など）にみられるように、国際法が取り組んできた人権問題の中でも最重要のテーマの一つだ。そして、多くの国は、女性差別撤廃条約のように個人や団体による差別をも国が禁止することを規定した条約の批准を契機として、差別を法律で禁止する（と同時に、それに違反する差別があった場合に救済を図る国内人権機関を設ける）立法措置を取ってきた。その手法には、人種、性など個別分野の差別禁止法を作る場合と、様々な差別禁止事由を盛り込んだ包括的な差別禁止法を作る場合とがあるが、いずれにしても、セクハラは性差別の一類型として禁止対象となっているほか、下に見るように妊娠に基づく性差別としてマタハラもカバーされていることが多い。また、国によっては、フランスのように、セクハラを刑法で禁止し処罰対象としている国がある。

(1) オーストラリア

オーストラリアには、差別禁止に関する連邦法が4つあり、その一つが、女性差別撤廃条約批准に伴い制定された1984年の性差別禁止法だ。[注12]法律名の直訳は「性差別法」だが、差別禁止の内容を含む（他の3つも同様）ため、ここでは「性差別禁止法」と表記する。個別分野の差別禁止法の一例で、その後拡充されて今日に至っている。[注13]性差別禁止法は、仕事、住居、教育、財・施設・サービスの利用、土地の処分、団体活動、連邦法の執行において性、性的指向、性自認、インターセックスであること、婚姻もしくは交

際状況、又は妊娠・妊娠の可能性もしくは授乳を理由とする差別をなくすことを目的とする（3条）。

　同法は、性や性的指向などの事由に基づいて、仕事や住居の提供、教育などにおいて人を不利に扱うことを差別とし、それぞれについて違法とする規定をおく。セクハラについては「第Ⅱ部　差別の禁止　第3節　セクシュアル・ハラスメント」で明文規定があり、28A条「セクシュアル・ハラスメントの意味」は、「合理的な人が、あらゆる状況に鑑みて、ハラスメントされた人が侮辱され、辱めを受け又は脅かされたと感じる可能性を予見するであろう状況において、(a) 人が他の人（ハラスメントされる人）に対して歓迎されない性的アプローチもしくは歓迎されない性的接待の要求を行ったか又は (b) その他の歓迎されない性的性格の行為を行った場合」をセクハラと定義する。そして、28B条では、被用者や、被用者になろうとしている人に対してセクハラを行うこと、仲間の被用者に対してセクハラを行うことなどを「違法である（It is unlawful）」として明文で禁止している。

　性差別禁止法（を含む4つの差別禁止法）を所管する連邦機関として、国内人権機関であるオーストラリア人権委員会（Australian Human Rights Commission）がおかれており、セクハラを含め、性差別禁止法に反する差別を受けたと主張する者は、この委員会に申立を行うことができる[注14]。委員会は申立を調査し調停を行い、調停で解決されない場合には、申立者は連邦裁判所に提訴することも可能である。

(2) カナダ・イギリス

　カナダとイギリスは、包括的な差別禁止法を持っている国の例である。

　カナダの連邦レベルの差別禁止法であるカナダ人権法は、「禁止される差別事由」として人種、民族的もしくは種族的出身、皮膚の色、宗教、年齢、性、性的指向、性自認および性表現、婚姻状況、家族状況、遺伝的特徴、赦免された犯罪歴を規定する（3条1項）[注15]。妊娠又は出産を理由とする差別は性差別に含まれる（3条2項）。これらの事由を理由として、一般に提供される財やサービスの提供の拒否や不利益扱い、雇用の拒否や不利益扱い

などを行うことは差別行為になると明記する一連の規定がおかれている。ハラスメントについては、14条1項で、財やサービスの提供や商業施設の利用、雇用において、禁止される差別事由によって人にハラスメントをすることは差別行為となると規定されているほか、14条2項は特にセクハラについて規定し、セクハラは禁止される差別とみなされる、と規定している。カナダ人権法を所管する連邦機関として、国内人権機関であるカナダ人権委員会（Canadian Human Rights Commission）がおかれている（カナダ人権法26条以下）。同委員会は、同法に反する差別の申立について調査し調停を行うことができる。調停で解決されなかった事案は、カナダ人権審判所（Canadian Human Rights Tribunal）に付託することが可能である。

イギリス平等法は、各種人権条約の批准を受けて制定されてきた一連の差別禁止法（1965年と1976年の人種関係法、1970年平等賃金法、1975年性差別禁止法、1995年障害者差別禁止法）の内容を統合して一本化した包括的な差別禁止法である。同法は、「保護される特徴」（＝差別禁止事由）として年齢、障害、性転換、婚姻及びシビル・パートナーシップ、妊娠及び出産、人種、宗教及び信条、性、性的指向を規定する（4条）(注16)。

イギリス平等法は、直接差別（13条）、間接差別（19条）のほか、ハラスメントについても詳細に規定して（26条）これを禁止している。26条1項によると、(a)「保護される特徴」に関連した歓迎されない行動をAが行い、かつそれが(b)Bの尊厳を侵害するか又はBにとって脅威となる、敵対的な、品位を傷つけるもしくは侮辱的な環境を作り出す目的又は効果を有する場合に、ハラスメントとなる。26条2項は、望んでいない性的行為をAがBに行い、1項(b)にいう目的又は効果を有する場合にもハラスメントが成立するとし、26条3項は、性的性格の、又は性転換もしくは性に関連する歓迎されない行為をAがBに行い、それが同条1項(b)にいう目的又は効果を有し、かつ、Bがその行為を拒否したかもしくは服従したことを理由に、[Bがその行為を拒否しなかったかもしくは服従しなかった場合よりも]AがBを不利に取り扱った場合ハラスメントが成立するとして、セクハラについて規定している。平等法を所管する国内人権機関が平等・人権委員会（Equality and Human Rights Commission）であり、平等

法の執行にかかわる事項についていつでも調査・勧告を行うことができる
し、勧告に従わない者に対しては「違法行為通知」を出すこともできる[注17]。
また、委員会は、違法行為を行った者との間で協定を結び、違法行為を今
後行わないという約束や、行動計画をそこに含めることができる[注18]。

　欧州諸国の差別禁止法制は、EU（欧州連合）法の枠組みの中で形成され
てきた面も大きい[注19]。EU の基本条約の一つである EU 運営条約は、「連合
は、そのすべての活動において、男女間の不平等の除去及び平等の促進を
目指す」（8条）、「連合は、その政策及び活動の策定と実施において、性、
人種もしくは種族的出身、宗教もしくは信条、障害、年齢又は性的指向に
基づく差別と闘うことを目指す」（10条）、「理事会は〔…〕性、人種もし
くは種族的出身、宗教もしくは信条、障害、年齢又は性的指向に基づく差
別と闘うために適切な行動を取ることができる」（19条1項）と、差別撤
廃について随所で規定しており、これらに基づき多数の EU 派生法（規則・
指令）が制定されている。両性の平等については、性による平等待遇指令
2006/54[注20] がその主なものの一つであるが、同指令は前文で、「ハラスメン
ト及びセクシュアル・ハラスメントは男女の平等待遇の原則に反し、本指
令上、性に基づく差別を構成する。これらの差別の形態は職場だけでなく、
雇用へのアクセス、職業訓練及び昇進の過程でも起こる。よってこれらは
禁じられるべきであり、実効的で、均衡がとれた、抑止効果のある制裁を
受けるべきである」とする（6項）。そして、セクハラ（「人の尊厳を冒す目
的又は効果をもってなされる、あらゆる形態の望んでいない言語的、非言語的
又は身体的行為で、特にそれが脅迫的、敵対的、屈辱的もしくは侮辱的環境を
作り出すもの」）も「差別」にあたることを明記し（2条）、加盟国に対し、
募集・採用・昇進を含むあらゆる局面において差別を禁止し救済を確保す
る法整備を行うことを求めている（4条、5条、14条）。裁判所などで、差
別が推定される事実が認定された場合に、平等原則違反がなかったと立証
する責任は被告にあるという立証責任の原則（19条）が明記されているの
も特徴で、日本のように不法行為訴訟で原告に立証責任を課しているのと
は大きく異なる。

(3) アメリカ

　アメリカでは、包括的な差別禁止法にあたる公民権法がセクハラも禁止しており、制裁も厳しい。1964年の公民権法は第7編（Title VII）で、公的・私的雇用者が人種、皮膚の色、宗教、性、民族的出身による雇用差別をすることを禁じている。同法上、性に基づく差別には、妊娠や出産による差別も含まれる（SEC. 2000e.［Section 701］(k)）。性を理由として人（応募者又は被用者）にハラスメントをすることは違法とされ、ここでいうハラスメントには、セクハラすなわち、望んでいない性的アプローチ、性的行為の要求、性的性格をもったその他の言語的・身体的ハラスメントを含む。^(注21)単なるからかいや、深刻でない単発の出来事は必ずしも違法ではないが、頻繁に起こりもしくは深刻であり、敵対的もしくは不快な労働環境を創出するか又は不利な雇用決定（解雇や配置転換など）を結果としてもたらしている場合は、ハラスメントとして違法となる。^(注22)

　公民権法第7編（及び、障害者差別などその他の差別禁止に関する連邦法）を執行する機関として平等雇用機会委員会（Equal Employment Opportunity Commission, EEOC）が設置されており、差別を主張する者はまずこの委員会に申立を行う。同委員会は、差別と認めた場合に被害者への救済を命じることができ、意図的な差別（直接差別）の場合には、損害賠償に加え懲罰的な賠償も可能である（雇用者の規模により、合計5万〜30万ドル）。^(注23)EEOCは自ら訴訟を提起することもでき、裁判所がセクハラを認定した場合には、金銭賠償に加えて、職員や管理職への義務的なセクハラ研修の実施を含む措置が裁判所で命じられることもある。^(注24)

(4) フランス

　フランスは差別全般について刑事規制を行っている国であるが、セクハラについても刑法で明文の規定をおく。刑法222-33条1項は、「セクシュアル・ハラスメントとは、人に対して、繰り返し、品位を傷つけもしくは侮辱的な性格のゆえにその人の尊厳を傷つけ、又はその人に対して脅迫的、敵対的もしくは侮辱的状況を創出する、性的意味合いのあるもしくは性差別的な言動もしくは行動を行うことをいう」と規定し、1項「これら

の言動もしくは行動が同じ被害者に対し複数人によって、協調したかたちでもしくはその一人の扇動によって行われたときは、そのそれぞれが繰り返し行動したのではなくとも、違反となる」、2項「協調したかたちでなくとも、これらの言動もしくは行動が繰り返しになると知っている複数人によって同じ被害者に対し継続的に行われたときも、違反となる」とする。また、2項では「繰り返されなくとも、性的性格の行為を得る真のもしくは外見的な目的をもっていかなる形態の重大な圧力をかける行為も、それが行為の実行者の利益のためであるか第三者の利益であるかを問わず、セクシュアル・ハラスメントと同視される」^(注25)としている。1項・2項の行為とも2年の拘禁刑及び3万ユーロの罰金が科され、また、一定の場合（権限を濫用した者による行為、未成年に対する行為、被害者が年齢や疾病、障害、妊娠、経済状態などの点で特に脆弱な状態にあることを知りつつ行われた行為、オンラインサービスを使用し又はデジタル技術を用いて行われた行為、未成年者がいる状況で行われた行為、尊属又は被害者に対して法律上もしくは事実上権限をもつ者によって行われた行為など）は、より重い3年の拘禁刑及び4万5000ユーロの罰金が科される。

(5) 韓国

韓国は、日本と同様に男女の役割分担意識が伝統的に強い国であるが、民主化以降、憲法裁判所や国家人権委員会の設置をはじめ、人権保障のための法整備には目覚ましいものがある。セクハラについては、2018年に「雇用の平等及び仕事と家庭の両立の支援に関する法律」が制定された^(注26)。同法によると、「職場におけるセクシュアル・ハラスメントとは、事業主、上級者もしくは労働者が職場内の地位を利用し又は業務に関連して、他の労働者に対して性的言動等により性的屈辱感もしくは嫌悪感をもたせ、又は、性的言動もしくはその他の要求に従わなかったという理由で労働条件及び雇用において不利益を与えることをいう」（2条2項）。12条は、「事業主、上級者又は労働者は、職場におけるセクシュアル・ハラスメントを行ってはならない」としてセクハラの禁止規定をおく。そして、セクハラ防止の教育等を行う事業主の義務（13条）、事業主がセクハラの申告を受ける

かセクハラ発生の事実を知った場合に速やかに調査する義務（14条1項）、事業者は、セクハラを申告した労働者及び被害者に対して、解雇、降格、減給等の不当な措置や差別扱いをしてはならない義務（14条6項）などを定める。雇用主が、14条6項に違反して、セクハラを申告した労働者及び被害者に対して不利益な取扱いをした場合は、3年以下の懲役又は3000万ウォン以下の罰金（37条）、事業主が、12条に違反して職場においてセクハラを行った場合には、1000万ウォン以下の過怠料（39条1項）が科される。

4. ILO ハラスメント条約

　セクハラやパワハラの被害を告発する #MeToo 運動の世界的な広がりを受けて、ILO では 2019 年に、職場でのハラスメントから全面的に労働者を保護するための新たな条約が採択された。「仕事の世界における暴力及びハラスメントの撤廃に関する条約」（190 号条約[注27]）である。

　190 号条約は、受け入れ難い言動や慣行であって身体的、心理的、性的又は経済的被害を生じさせる目的又は効果をもつものを職場における「暴力及びハラスメント」とし、これには、性／ジェンダーに基づいて人に向けられ又は特定の性／ジェンダーの人に特に大きな悪影響を与える「ジェンダーに基づく暴力及びハラスメント」を含むと定義する（1条）。そして、契約上の地位にかかわらずインターンや見習生を含めたすべての労働者及び求職者、さらには使用者責任を行使している個人も保護対象とし（2条）、公的・私的含めすべてのセクターにおける職場、仕事中の休憩場所や洗面所、職場旅行や職場関連のイベント・社会活動、通勤、仕事関連の連絡などにおいて適用される（3条）。締約国は、職場における暴力及びハラスメント撤廃のため、暴力及びハラスメントを法律で禁止すること、防止のための包括的戦略を立てること、制裁を科すこと、労働基準監督署によるものを含め実効的な査察と調査の仕組みを確保することを含めた措置を取らなければならない（4条）。

　この条約の採択時、日本政府は賛成票を投じている（使用者団体である経

団連は棄権）。世界の主要国はすでに差別禁止法をもち、ハラスメントも
これらの国内法で違法な行為として明確に禁止されている。日本政府も
早急に、就活生の保護を含むセクハラ禁止を含む差別禁止法制を整備し、
190 号条約の批准を目指すべきである。また、セクハラ事案では加害者側
が行為を否定することが少なくないが、「言った」「言わない」の水掛け論
や被害者への中傷を避け、適切な解決を図るためにも、諸外国の法制度を
参考に、差別禁止法を所管する国内人権機関をおいて、その効果的な執行
を担保することが望ましい。[注28]

注

1　例として、「深刻化する就活セクハラ。OB 訪問や泊まり込みインターンが温床に」
『BUSINESS INSIDER』2019 年 2 月 12 日（https://www.businessinsider.jp/
post-184754）を参照。

2　大企業については 2020 年 6 月 1 日施行、中小企業については 2022 年 4 月 1
日施行。

3　「パワハラ防止法指針　就活生ら対策義務見送り　公募意見反映されず」東京
新聞 2019 年 12 月 24 日（https://www.tokyo-np.co.jp/article/1745）。

4　2020 年 6 月 1 日施行。なお、同規則は 2 条 1 項で、セクハラを「他の者を不
快にさせる職場における性的な言動及び職員が他の職員を不快にさせる職場外
における性的な言動」と定義している。

5　General recommendation No. 19: Violence against women, UN Doc. A/47/38,
paras. 17-18. 邦訳は山下泰子ほか編『ジェンダー六法［第 2 版］』信山社、2015 年、
35 頁。

6　General recommendation No. 19: Violence against women, supra n.5.para.24
（t）．

7　女性差別撤廃委員会は、日本に対する「総括所見」でも、職場でのセクハ
ラが横行していること、均等法では違反企業名の公開以外に制裁措置が設
けられていないことに懸念を示し、実効的な防止と救済のための法整備を
するよう勧告している（Concluding observations of the Committee on the
Elimination of Discrimination against Women: Japan, UN Doc. CEDAW/C/
JPN/CO/6,para.45. 邦訳は前掲『ジェンダー六法［第 2 版］』19 頁）。

8　General recommendation No.35 on gender-based violence against women,
updating general recommendation No.19, UN Doc. CEDAW/C/GC/35, para.2.

慣習国際法とは、諸国家の実行の定着と、それが国際法であるとみなす法的確信の存在に基づき、国際法の規則と認められるようになったもののことをいう。

9 *Ibid.*, paras.9-10.

10 *Ibid.*, para.22.

11 *Ibid.*, para.24.

12 他3つは、1975年人種差別禁止法、1992年障害者差別禁止法、2004年年齢差別禁止法である。

13 Sex Discrimination Act 1984（https://www.legislation.gov.au/Details/C2014C00002）.

14 Australian Human Rights Commission Act 1986, Art. 46P. https://www.legislation.gov.au/Details/C2017C00143.

15 Canadian Human Rights Act（R.S.C., 1985, c. H-6）, https://laws-lois.justice.gc.ca/eng/acts/H-6/page-1.html#h-256800.

16 Equality Act 2010（https://www.legislation.gov.uk/ukpga/2010/15/part/2/chapter/1）.

17 Equality and Human Rights Commission, "Inquiries, investigations and wider powers", https://www.equalityhumanrights.com/en/our-powers/inquiries-investigations-and-wider-powers.

18 *Ibid.*

19 なお、イギリスは2020年1月にEUを離脱したが、イギリス平等法はそれによる影響を受けていない。

20 Directive 2006/54/EC of the European Parliament and of the Council of 5 July 2006 on the implementation of the principle of equal opportunities and equal treatment of men and women in matters of employment and occupation（recast）, https://eur-lex.europa.eu/legal-content/EN/TXT/?uri=CELEX%3A32006L0054.

21 U.S. Equal Employment Opportunity Commission, "Sexual Harrassment", https://www.eeoc.gov/sexual-harassment.

22 *Ibid.*

23 U.S. Equal Employment Opportunity Commission, "Remedies For Employment Discrimination", https://www.eeoc.gov/remedies-employment-discrimination.

24 U.S. Equal Employment Opportunity Commission, "Press Release: Dollar General Settles EEOC Sexual Harassment Lawsuit For $70,000", https://www.eeoc.gov/newsroom/dollar-general-settles-eeoc-sexual-harassment-lawsuit-70000.

25 Code pénal, https://www.legifrance.gouv.fr/affichCodeArticle.

do?idArticle=LEGIARTI 000037289662&cidTexte=LEGITEXT000006070719 &dateTexte=20180806.

26 남녀고용평등과 일・가정 양립 지원에 관한 법률、http://www.law.go.kr/ lsSc.do?section=&menuId=1&subMenuId=15&tabMenuId=81&eventGubun= 060101&query=%EB%82%A8%EB%85%80#undefined（その後の改正を含む、 2020 年 5 月 26 日施行の最新版）。

27 C190 - Violence and Harassment Convention, 2019（No. 190）, https://www. ilo.org/dyn/normlex/en/f?p=NORMLEXPUB:12100:0::NO::P12100_ILO_ CODE:C190.

28「前田・前みなかみ市長　セクハラ問題　解決に導くには　カナダ『人権委』 参考に　中央大大学院・佐藤信行教授／群馬」毎日新聞地方版 2018 年 9 月 21 日（https://mainichi.jp/articles/20180921/ddl/k10/040/219000c）。

男たちの意識をどう変えるか

金子雅臣 ｜ 職場のハラスメント研究所 代表

1．30年ぶりの対談

　2019年、約30年ぶりに落合恵子さんと『通販生活』という雑誌で対談をした。30年前に彼女がパーソナリティを務めていたラジオ番組に呼ばれて行って以来ということで、まさにこの年月は日本のセクシュアル・ハラスメント（セクハラ）の歴史に重なる年月でもある。

　今回の対談テーマも、日本のセクハラ何が変わったのかというものだったので、当然に30年を回顧するということになった。冒頭で問われた質問が「セクハラ30年、変わりませんよね。男たちは、どうして変わらないんでしょうね」であり、私の答えも「男が変わらない限り、この問題は進まないということですよね。その意味では男たちは、この30年で何が変わったかが問われるテーマですね」ということだった。

　本稿では、そこでの話の進行もなぞりながら、男たちの何が変わり、何が変わらなかったのか、何が変わらなければならないのかについて考えてみることにする。そうしたことを考える意味では、前年の2018年という年は、国内外でセクハラをめぐる問題はいろいろとあり、日本のセクハラ史でも様々な意味で契機となる年だった。

　国際的な＃MeToo運動があり、国内では福田財務事務次官のセクハラ事件をはじめとして、狛江市長がセクハラ辞任をするなど地方自治体での事件も多かった（肩書きはいずれも当時）。恐らく、1989年に「セクシュア

ル・ハラスメント」が流行語大賞を受賞して以来のハラスメントの注目度が高かった年だったといえる。

　まさに流行語大賞の年から30年、依然として理解が進まない日本は、いまや、ハラスメントの理解ができない、つまり人権意識の低い国として国際的にも注目されはじめている。ダボス会議が1年に1回発表するジェンダーギャップ指数でも100位以下のポジションを堅持し、「先進国中での下位」という表現だったのが、今や「世界の下位」という評価が定着しはじめている。

　また、ILOが職場のハラスメント根絶に向けた国際的な条約を制定するための職場の暴力の根絶に向けた取り組みにも、日本政府は消極的な姿勢を示し続けてきたことで、国際的にも特異な存在となりはじめている。

　なぜ、こんなことになってしまっているのか。なぜ、ハラスメントが理解できないのか、近年の出来事のなかで、もう一度この国のハラスメントの現状について考えてみることにする。

2. 言葉の広がり

　"セクシュアル・ハラスメント"という舌を嚙みそうな言葉が日本で紹介されて、すでに30年以上の歳月が流れようとしている。そして、その間に法律規制が進むなど、それなりの取り組みがなされてきたにもかかわらず、多くの事件が起き、裁判も年々増加してきた。

　"セクハラ"と短縮することに揶揄を込めた言い方の軽さもあって、すっかり日常的な言葉として市民権を得たかのようにも思える。しかし、その言葉の認知度の高まりとは別に、突きつけられたテーマ自体は、今日にいたるも依然として未解決のまま残されている。

　それどころか、近年、むしろハラスメントに関連するトラブルが増加しているといっても過言ではない。増え続けるトラブルについては、必ずしも絶対数が増加しているということではなく、これまでは泣き寝入りして隠されていたものが表面化してきたのだという見方もある。つまり、被害者や、取り巻く環境の意識変化、権利意識の高まりが告発につながり件数

を増加させているという指摘である。確かに世界的な #MeToo ムーブメントなどの影響は無視できない。

　問題は件数の増減もさることながら、何故こうしたことが繰り返し起こされるのか、また、ここまでいろいろ言われながらも減らない、なくならないという現実の方である。特にセクハラについては痴漢、ストーカーや虐待などの性犯罪の激増傾向と軌を一にしていることは、社会的背景も含めた関心事として注目せざるをえない。

　そして、あらためて、ストップ・ザ・セクハラに向けて、こうしたテーマにどのように向き合うのかを真剣に考えなければならない時期ではないかという気がする。

3．相次いだ時代錯誤発言

　財務省の福田事務次官のセクハラ発言は、いろんな意味で世間にショックを与えた。週刊誌報道によれば追っかけ取材をしていたテレビ朝日の女性記者に「胸を触っていい？」「手縛っていい？」などというトンでも発言をしたということだから、まさに誰から見てもセクハラということになったわけである。

　したがって、この報道を受けて官僚のトップともあろう人がどうしてこんな下品な発言をするのかという驚きもさることながら、福田次官が「セクハラには該当しない」と釈明したことに2度驚かされることになった。

　「時には女性が接客しているお店に行き、お店の女性と言葉遊びを楽しむようなことはある」と弁明して、その場面が行きつけのバーかキャバレーのような場所であるかのように言い、あくまで「言葉の遊び」だったと主張した。つまり、日本の多くの男性がしているように勤務時間外にそうした場所に飲みに行って言った言葉であり、世の男性たちが皆していることなのに、なぜ私だけが問題になるのかということである。

　こんな福田次官をかばった麻生財務大臣の相次ぐ発言も問題になった。「本人も認めていないし、事実かどうかわからない」からはじまって「調査する必要もないし、処分するつもりはない」などと言った。つまり、「た

かが言葉のセクハラで有能な部下をなぜ処分しなければならないのか」ということである。

　さすがにこうした発言は「いつの時代の感覚か」などとマスコミから叩かれて、「行為者にも人権がある」「ハニートラップだという人もいる」などと逃げに回り、最後は「日本にはセクハラ罪はない」などと開き直ったが、何をかいわんやという感じである。

　もはや、世界的にも法律でセクハラを禁止する国は60カ国を超えており、まさに先進国の多くは法規制を強めている。麻生大臣の頭には、こうした時代感覚はなく、依然として押し倒したり、強引にキスをしたり、身体に触ったりしたらダメだが、たかが言葉なら実害がないし別に問題ない……ということだろう。しかし、そんな理解ではあまりにも時代錯誤もはなはだしいということになる。

4. たかが言葉、されど言葉

　福田事件に関連して、一国の大臣である麻生大臣が言った言葉は、確かに男性の一角を占めるコアな主張でもある。抱きついたり、お尻を触ったり、強引な誘いがセクハラになることは分かったが、何の実害もない言葉のセクハラまでとやかく言われたくないという反発である。

　こうした発言を平然としていること自体が問題で、国際的にも嘲笑を受ける事態になりはじめており、まさにオリンピックを開催しようという国としては危機意識を持たなければならない事態ということだと思う。しかし、こうした意識は、関係者の一部のみならず現在の日本の人権水準を示すものであることに危機感を感じざるを得ない。

　一体、日本社会は、このことだけとっても30年をかけてどのくらいハラスメントを理解してきたのだろうかということである。私は、この問題に長年携わってきた当事者としてまさにミリ単位でしか理解が進んでこなかったと感じている。

　彼らのふりをみて「セクハラとは何か？」をもう一度立ち止まって考えて欲しいというのが私の偽らざる気持ちである。ひょっとすると世間も含

めて、こうした問題についての理解が福田次官や麻生大臣と五十歩、百歩かもしれないと思うからである。

こうした主張の背景には「女性に性的関心を向ける」ことがセクハラの前提にあり、性的関心のない冗談や下ネタまでが俎上に上げられてはかなわないという男性側の反発がある。つまり、性的な関心のない冗談や下ネタの何が問題なのかということであり、セクハラは、性的な関心の有無が問題だとする発想である。男性的な言い方をすれば「下心の有無」であり、男性にとっては極めてわかりやすい判断基準でもある。

だから、下心のない「髪型をほめただけ」「服装をほめただけ」がなぜセクハラになるのかがまったく理解できないし、「セクハラ」などと言われれば「お前に性的な関心なんかない。うぬぼれるな」などと逆ギレしてしまう。

今回の事件では、その発言の下品さやエッチすぎることが最大の注目点になった。取材記者に向けた発言としていかがなものかという基準である。多くの人やマスコミはそこに眉をひそめてセクハラのジャッジをしていたと言ってもいい。

確かに、セクハラは発言の下品さやエッチ度が問題ではあるが、果たしてそこだけで判断していいのだろうかということも気になる。下心が当事者男性にしかわからない基準であることに比べれば、まだ共通に理解する基準という点ではましかもしれない。しかし、そうした個人的な受け止め方に差のある下品とかエッチという基準で判断することにも疑問が残る。

そんなレベルの判断基準であれば、何もセクハラなどと言わずともストレートに「下品だ」「エッチだ」という判断を下せばいいだけだ。問題の核心は、依然としてセクハラの判断基準はそうしたところなのかということにある。世間の理解も30年経った今も、まだそのレベルにあることこそが問題である。

ちなみに、あらためてこの福田発言のどこが、なぜセクハラなのかを考えて欲しい。エッチで下品だからという判断もそれはそれで根拠にはなるが、そんな基準は個人差がある受け止め方で、いくらでも変わりうる判断基準である。つまり麻生大臣のように「この程度のことはいいんじゃない

の」という人も出てくるという判断基準である。

　セクハラを下品な発言ととらえて、こうした判断にとどまっている限り個人の受け止め方の問題になり、人権の問題と言われるセクハラの理解には程遠い。下品さやエッチの度合いの判断で止まっていては本当のセクハラは理解できないし、混乱も起きて当然ということにもなる。

　問題は日本社会のセクハラの理解、男性一般の理解がここで止まっていることであり、前述した30年でようやくそうした理解をしたということであれば、何ミリ前進したのかという世界になる。

　さて、そこで、もう少し人権感覚を含めてセクハラ判断を進めるということを考えてみよう。その手掛かりになるのが、セクハラに関して言われ続けている次のようなことである。①下品でエッチなことを言うのはセクハラになる。②セクハラを判断するのは被害者である。③同じことを言ってなる場合もあるし、ならない場合もある。人によって、なったりならなかったりする。などという過去から現在まで言われ続けてきているテーマである。

　①については、繰り返してきたように、今や常識化している理解と言ってもいい。飲み会などでも下品な会話は「それはセクハラだ」などと男性同士でも注意をし合う光景が見られるほどであり、定着してきている現実といってもいいだろう。問題は②③の方である。

5．オンナが判断するのか？

　高橋狛江市長も誰が判断するのかに関わって退職間際に迷言を残した。「セクハラをしたのか」と問われて「名乗り出た人たちがハラスメントを受けたと言っている。私の認識とのズレはあるけれど、受けた人がハラスメントと言っている以上、認める必要がある」と言った。

　しかし、被害者の言い分を認める一方で、「今でもセクハラだとは思っていないのか」と問われると「思ったことがない（セクハラのレベルにあるという認識はない）。被害にあった人とは20〜30歳、歳が離れている。私の育ってきた環境と、彼女たちが育ってきた環境にかなり開きがある」

と答えている。

　更に「どこを反省するのか」を問われて「近くに座って親密感を醸成しようとしてきたが、そういう懇親は改めた方が良いと聞いた。最近は女性のそばに寄らないように戒めてきた」と述べた。

　これも重大な勘違いを含んだトンデモ発言ではあるが、「受けた人がハラスメントと言っている以上、認める必要がある」というのは正解である。彼の本心は「決めるのは俺じゃないというなら仕方がない。勝手にしてくれ」という捨て台詞ということなのだろうが、意図は別にすれば言っていること自体は間違いではない。まさに「決めるのはアナタではない」からである。

　「セクハラを判断するのは被害者の女性である」などと言うと「えっ、オンナが勝手に判断するのか」「男としてはそれは困る。オンナの気持ちなんか分からない」という判で押したような反応がいまだに返ってくる。

　本当にそうなのだろうか。今回の福田発言で言葉の下品さもさることながら、相手の女性が受けた不快感を想像できない人はほぼいないだろう。取材目的で行った女性記者がおおよそ取材とは関係ない下品な言葉を投げかけられたのである。突然殴られたに近いショックを受けたことは想像に難くない。実際マスコミも含めて男女を問わず多くの人たちは「あれはセクハラだ」と即座に反応したことからもわかる。

　正確に言えば、判断するのはオンナではなく被害者である。セクハラの被害者の多くは女性であることから「オンナが判断する」という風説が広がったが、厳密に言えば「被害者が女性であればオンナが判断し、男性であればオトコが判断する」のである。

　そして、この被害者の判断は「その職場での平均的な受け止め方である」ことが要求される。つまり、その職場での普通の人の判断でどうなのかということである。そういうことであれば、「男であれ、女であれ、あそこまで言われたら不快だよね」というごく普通の判断が共通にできる基準だということなのである。

6．裁判所のセクハラ判断

　ここで私がいろいろと持論を述べるよりも、すでにそうした言葉のセクハラについては裁判所が判断しており、その判断を知ることが、理解の大きな手掛かりになるだろう。日本のセクハラについての判断は、日本初のセクハラ裁判と言われた福岡事件以来、ある意味で、裁判所がリードしてきたという歴史がある。

　異性関係が乱脈であるかのようにその性向を非難する発言をしたことに対して、一連の行為は、女性だからという理由で行われた性差別であり、セクシュアルハラスメントに該当する違法な行為であり、民法709条に基づく不法行為責任を負うべきという日本初のセクハラの判断を示した福岡判決が日本社会に与えた影響は極めて大きなものだった。

　以降、裁判所の判断はこの30年をかけてそれなりの進化を遂げてきている。セクハラは、時代によって解釈を変えるテーマでもある。したがって、裁判所がある種時代の解釈をリードしてきており、その判断を理解することは今日のセクハラ理解に役立つ。

　つまり30年前であれば職場にヌードポスターが貼られることがあったり、性的なプライバシーの垣根も低かった。しかし、今では職場でヌードポスターを見かけることはないし、性的なプライバシーに露骨に踏み込むような光景も見られない。

　そうした時代背景を踏まえて、裁判はいろいろに判断を加えて判決をくだしてきた。そして今、意に添わない性的な行動がセクハラであることは定着してきており、そうしたことが争われる範囲も狭くなってきている。そして、今は争いの主流は言葉のセクハラになりつつあるといってもいい。

　確かに、すでに触れてきたように下品な冗談は、言った人の思惑を理解することが難しく、対応に困惑させられることになりがちである。そんな場合には、冗談として受け流すか、それとも不快感をキチンと伝えるかどうかの判断は難しい。

　それどころか、不快感を表明したり、冗談にならないことなどを指摘す

れば「冗談もわからないのか」とか「この程度のことに目くじらを立てる
のは大人げない」と言われたりして、更に嫌な思いをさせられることにも
なりかねない。こんな言葉のセクハラをめぐる争いが増えてくる中、2015
年最高裁まで争われた画期的な裁判がある。

　まさに時代を象徴する歴史的な判決でもあり、この判決を理解すること
が、すでに触れてきた多くの言葉のセクハラをめぐる疑問への解釈のヒン
トを提供してくれる。

7．言葉のセクハラが最高裁へ

　私は、ここで取り上げるこの裁判は福岡裁判（日本で初のセクハラ裁判
と言われた）以降の歴史的な価値のある裁判であり、もっと広く評価され
るべきものだと考えている。その理由は、すでに触れたように、日本のセ
クハラの混乱する現状に危機感を抱き、その問題点に明確に切り込んだ時
代を画する判決だと思うからである。

　その裁判は「Ｌ館事件」（最高裁 2015 年 2 月 26 日）という。地裁、高裁、
最高裁と判断は変わったが、その変化も含めて、今日のセクハラ判断の骨
格を示すものとなっているので少し詳しくみておくことにする。

　事件の概要は、大阪市の水族館の運営委託を受けていた民間の会社で管
理職の男性らが「俺の性欲は年々増すねん」「夜の仕事とかせえへんのか」
など性的な発言を派遣社員相手に繰り返し、退職に追い込んだ。会社はこ
れをセクハラとして 2012 年 2 月に 2 人に 30 日、10 日の出勤停止の懲戒
処分を行い、降格した。これに対して処分を受けた 2 人が、処分を不当と
して訴えた事件である。裁判所の判断も揺らいで大阪地裁が「処分有効」
としたものを控訴審の大阪高裁は「処分無効」とし、その判断が分かれ最
高裁まで争われた事件である。

　以下では、それぞれの裁判所の判断が変遷したことも含めて各裁判所の
判断を簡単に示しておくことにする。

(1) 処分は妥当（大阪地裁 2013 年 9 月 6 日）

大阪地裁は、「発言内容及び状況からすれば、自らの発言が女性らに対して強い不快感を与えることを認識していたか、少なくとも容易に認識し得たものということができる。そうすると、これらの発言は、セクハラ禁止文書の規定する①『性的な冗談、からかい、質問』、③『その他、他人に不快感を与える性的な言動により社員等の就業意欲を低下させ、能力発揮を阻害する行為』に該当するものであるとともに、その発言内容からして、一般の女性労働者の感じ方に照らし、発言を聞いた女性労働者に対して強い不快感を与え、職場規律を乱す行為ということができ、実質的に懲戒処分に相当するものと言える」として、「処分は妥当」との判断を下した。

(2) 処分は重すぎる（大阪高裁 2014 年 3 月 28 日）

大阪高等裁判所は、「女性従業員から明確な拒否の姿勢を示されておらず、本件行為のような言動も同人から許されていると誤信していたこと」や、「懲戒を受ける前にセクハラに対する懲戒に関する会社の具体的な方針を認識する機会がなく、本件各行為について会社から事前に警告や注意等を受けていなかったこと」などを考慮すると、「懲戒解雇の次に重い出勤停止処分を行うことは酷に過ぎる」というべきであり、「本件各行為を懲戒事由とする各出勤停止処分は、その対象となる行為の性質、態様等に照らして重きに失し、社会通念上相当とは認められず、権利の濫用として無効であり、上記各処分を受けたことを理由としてされた各降格処分もまた無効である」として、「処分は妥当」と判断した地裁判決を否定した。

(3) 処分は適法（最高裁 2015 年 2 月 26 日）

最高裁は「いずれも女性従業員に対して強い不快感や嫌悪感ないし屈辱感等を与えるもので、職場における女子従業員に対する言動として極めて不適切なものであって、その執務環境を著しく害するものであったというべきであり、当該従業員らの就業意欲の低下や能力発揮の阻害を招来するものといえる」とした。

そして、その上で高裁が「処分が重すぎる」という判断の根拠とした「被

害女性が拒否の姿勢を示さなかった」ことについては、「職場におけるセクハラ行為については、被害者が内心でこれに著しい不快感や嫌悪感等を抱きながらも、職場の人間関係の悪化等を懸念して、加害者に対する抗議や抵抗ないし会社に対する被害の申告を差し控えたり躊躇したりすることが少なくないと考えられること〔……〕などに照らせば、〔……〕そのことをもって被上告人らに有利に斟酌することは相当ではないというべきである」とした。

8．女性（被害者）が判断する

　論点となるポイントだけを取り上げて以下では簡単に触れておくことにする。まず第1には当然のことだが、セクハラか否かの判断とその理由である。そのことについて最高裁判決は「いずれも女性従業員に対して強い不快感や嫌悪感ないし屈辱感を与えるもので、職場における女性従業員に対する言動として極めて不適切なものであって、その執務環境を著しく害するものであったというべきであり、従業員らの就業意欲の低下や能力発揮の阻害を招来するものと言える」としてセクハラであると判断している。

　ここには、2つのメッセージがあると思われる。その第1はセクハラであると断定した根拠の部分にアンダーラインを引いたが「女性従業員に強い不快感や嫌悪感ないし屈辱感を与える」としたことである。つまり、世間的に言われている言葉の下品さやエッチであるからではなく、「被害者の不快感」を根拠にしていることである。

　2つ目のメッセージは「女性従業員の受ける不快感」と断っているように「判断するのは被害者である」ことを明らかにしていることである。当然のことだが、このケースでは女性が被害者であったから女性の不快感であるが、男性被害者であれば男性被害者の不快感ということになる。

　つまり、すでに幾度か触れてきたようにマスコミや多くの人たちが福田事件では、「下品でエッチな発言だからセクハラだ」という判断をした。しかし、そうした個人差のある受け止め方ではなく、被害者の「不快感や嫌悪感ないしは屈辱感」という受け手の感覚を判断基準としていることに

注目する必要がある。

　大きな第2のポイントは、高裁が疑問を提出した「被害者も NO をいうべきか」という論点についてである。これについては、最高裁が「被害者が内心でこれに著しい不快感や嫌悪感等を抱きながらも、職場の人間関係の悪化等を懸念して、加害者に対する抗議や抵抗ないしは会社に対する被害の申告を差し控えたり躊躇したりすることが少なくないと考えられる」として、はっきりと NO とは言えないことがむしろセクハラの基本的な問題であることを指摘した。

　「嫌なら嫌と言ってくれれば……」ということだが、この判決では被害者が「NO と言えない」ことをむしろセクハラの大きなポイントであると強調している。まさに「NO といえるくらいならセクハラにはならない」と言っているのである。

　そして第3のポイントは、男性たちのセクハラ否定発言の根拠ともなっている「下心がなかった」「性的関心を示したわけではない」という主張に対する判断である。これに対しては、別の言葉のセクハラ裁判であるが、「いずれも口頭での発言にとどまっており、体への接触はなく、性的関係を要求するような内容でもない上、飲み会の席などでの発言であることを指摘しているところ、たしかに、不快感ないしは嫌悪感や精神的苦痛は、強制わいせつなどの被害に遭った場合に比べれば小さいとはいえるにしても、発言内容は、飲み会の席などで言った冗談として済まされるようなものではない」（「クレディ・スイス証券事件」東京地裁 2016 年 7 月 9 日）との判決がある。

　つまり「性的関心がなくてもダメ」と言っているのである。一般的な男性の理解の、性的な関心を向けることによる下品でエッチな発言がセクハラになるという誤った認識に警鐘を鳴らしているといってもいい。

　そうした判断ではなく、性的関心がなくとも女性に不快感や嫌悪感、屈辱感を与える言動はセクハラになるとしており、広くジェンダー意識による女性に対する差別的な発言も含めてセクハラとなることを示唆している。

　下ネタ、自虐ネタという主張について、裁判所は「発言内容及び発言状

況からすれば、自らの発言がこれを聞いた相手に対して強い不快感を与えることを認識していたか、少なくとも認識しえたものということができる。〔……〕発言内容や状況からして、一般の女性労働者の感じ方に照らし、発言を聞いた女性に対して強い不快感を与え、職場規律を乱す行為ということができ、実質的に懲戒処分に相当するものといえる」としている。

　つまり、言った側の悪意がなくとも、不快感を与えるかもしれないという程度の認識があればよく、一般の女性が不快感を感じることがその判断基準だと言っているのである。

　「いずれも年齢、仕事、行動等に関連し女性労働者を侮辱するものであって……」とし、特に、「年齢、仕事、行動等に関連した発言」については、言った側の悪意の有無とは別に「女性労働者を侮辱するものである」とまで言っている。

　最高裁が俗にいう下ネタなどがなぜセクハラになるのかのジャッジポイントとして示している点を整理をすると、①発言男性の主観は「不快感を与えるという可能性を認識しえたもの」であればよく、「一般の女性労働者の感じ方」が判断基準に判断される。②発言者がこのケースのように管理職であるなどの場合には、そのポジションにより力関係が働きNOと言えないことが重視されている。③年齢、仕事、行動などへの人権を侵害する揶揄は「侮辱」（＝女性差別）となりセクハラになるということである。

9．決めるのはアナタではない

　最高裁判決が繰り返していることは、まさに、もはや男であれ女であれ、職場でそこまで言われたり、そこまでされたら不快だという受け止め方に差は少なくなってきていることを前提に、「お互いに相手の気持ちを理解する」ことをベースにすればいいということを言っているに過ぎない。

　その意味で、セクハラについては、被害者目線を中心に、男性も女性も共通の理解を深めようという時代に入ったということなのである。こんな判決が出されている折も折、何とハラスメントの啓蒙のために厚労省が出した相変わらずの男性目線でのポスターが問題になった。

「今日の服かわいいね。俺の好みだな」「痩せて綺麗になったんじゃない？」と男性俳優に言わせて、「これもセクハラ」という旧態然たる男性目線のセクハラ感を打ち出した。これは、言われる側の目線ではなく、言う側の目線であり、少なくとも男女で共通の理解を深めようという視線のものではない。

これまでの男性目線でのセクハラ判断ではなく、男女共通の理解を求めようとしているサイドから批判が出たのは当然と言えば当然である。まさに「決めるのはお前ではない」ということで猛批判を浴びて改訂せざるをえなくなった。

厚労省の認識の低さには驚かされたが、ポスターはその意図とは別に「セクハラを判断するのはアナタではない」ことを再確認するいい機会になった。今、ようやく日本では、セクハラは「下品やエッチな発言」が判断ポイントではなくそんなレベルだから行為者になってしまう、そんな「アナタが判断するのではない」ことへの理解が少し進んだことになる。しかし、まだまだ本当の理解（国際水準）への道は険しい。

10. ＃ MeToo と日本

国際水準と言えば、2018 年を特徴づける国際的なセクハラ告発ムーブメントとなった＃ MeToo の動きについて触れないわけにはいかないだろう。国際的に広がった運動は、女性セクハラ被害者のやむにやまれぬ告発が、男性行為者を要職から追放するという分かりやすい行動として広がった。しかし、残念ながら日本では顕著な運動として広がらず、その理由がいろいろに取りざたされた。

伊藤詩織さんをはじめとする勇気ある告発が日本でもなかったわけではないが、告発者の身を挺しての訴えにもかかわらず、行為者男性はそれに応えることもなく逃げ回り、追い詰められたケースでも告発とは別の言い訳で職を去るという対応に終始した。

ここが、国際的な運動と日本の現実の大きな違いである。つまり、国際的には告発された段階で説明責任は行為者男性側に求められ、その責任を

果たせないことで多くの著名な男性行為者は要職を去ることになった。しかし、日本では相変わらず、行為者男性側に追及の矢は向かわず、被害者女性に必要以上の関心が向けられるという意識構造が変わらなかった。

　福田事務次官も「世間を騒がせて仕事をこれ以上停滞させるわけにはいかない」から辞職し、狛江の高橋市長も「セクハラだとは思わないが女が決めるなら仕方がない」などという理解できない理由で辞職している。しかし、その陰では被害者が相変わらず好奇の視線にさらされるといういわれのない屈辱を受け続けている現実がある。

　こんな説明責任を果たさない男性行為者を擁護する周囲の環境や、男性の性的逸脱に寛容な社会が、こうした現実を生み出していることは間違いない。日本社会のこうした行為者への寛容性こそが問題の背景にあり、それが問題にされない限り、日本社会では＃MeToo運動が受け入れられる状況は生まれない。その寛容性の原因は日本ではセクハラが依然として「女性問題」であり続けていることと、一向に〝男性問題〟であるとの認識が広がらないことである。

　単純なことだがセクハラは仕掛ける側の問題であり、その行為者の多くが男性であることから言えば、「仕掛けられる」被害者女性の側からすれば理解できないのは当たり前である。このことは「仕掛ける側」の男性が考えなければならない〝男性問題〟だということになる。

　しかし、この単純なあまりにも単純な事実を理解できない人たちの頭の中では、依然として、被害を訴える女性の側の問題であり続けているのである。いまだに多くの男たちは「嫌なら、なぜ、もっと強く拒否をしなかったのか」「なぜ、声を上げなかったのか」「なぜ、逃げなかったのか」という女性の責任を問えばいいという問題認識のままでいる。だから、こうした人たちの関心は、依然として女性の挑発や抵抗があったかの詮索だけに向けられている。

　それどころか、加害者になった男までもが、依然として被害者の落ち度を言い立てたり、どうにもならなくなると、「魔が差した」などという他人事のような言い訳で済ませてしまおうとする姿勢を変えない。

　こんな男たちに多くを語らせることで、原因に迫ることが必要だ。原因

を語らせ、明らかにしない限り、対策を立てることはできない。こんな言い訳がはびこる状況があるから、男たちは、これまで加害者でありながら加害者意識を持つこともなくその問題を考えようとしてこなかった。現在に至るも考えなければならないという必然性を感じてはいないのだから、「気がつかないのではなくて、気がつきたくないのだ」とまで言われる。また、「男たちにとって、あえて考える必要がないし、気づくことによって不利益が生じるから考えようともしないのだ」とも言われる。

確かに、こんなことが続けば、男性は「意識的に考えるのを避けているだけ」とされて「鈍感な男たち」で一括りにされるのがオチだ。だが、男性すべてが、「意識的に考えることを避けている」という言い方は必ずしも正確ではないと思う。

あえて考えようとしないし、それが意図的な行動だと思われても仕方がない状況にある。でも、男性のすべてがそうだと一般論にするのは必ずしも妥当ではない。ここに、男たちを一括りにできない事情がある。

つまり、女性たちからセクハラ告発を受けるなかで、立ち止まり逡巡することで、そのことに気づきはじめてきた男たちがようやく現れてきているということである。そして、そのことこそが"男性問題"となるきっかけを生み出しはじめている。

こうして、セクハラが男性問題になりつつある現在、もはや男性一般を一括りにして非難することだけでは、事態は前に進まない。更に男性を腑分けすることで、その核心部分を俎上に載せることが可能になるのだと思う。

11. 苛立つ男たち

しかし、こうした当たり前の正論が身近に少しずつ迫ってきているにもかかわらず麻生大臣に限らず、男性たちの多くは、そうした状況を理解できずに立ち尽くしているようだ。いやそれどころかそうした現実に苛立っており、怒ってさえいるように感じられる。

そうした主張の一つとして、セクハラ告発が続くことについて

「＃ MeToo 運動のスケープゴートになったのではないか」という言い分も聞こえてくる。そのバックボーンになっている無視できない法的な理由や主張も展開される。「日本にはセクハラ罪がない」という主張であり、なぜ法的な責任がないのに問われるのかということである。そして「性暴力」などと言われることについても納得できない。例えば、強姦罪は 2017 年 6 月に強制性交等罪に変わったけれども、構成要件に「暴行」と「脅迫」という言葉は残されている。

　そうした法律的な状況がありながらも、暴行や脅迫がともなわない、法的には問われないはずのこと、特に言葉のセクハラまでがなぜ問われなければならないのかということである。しかし、こうした時代遅れの法律を根拠にする主張は揺らぎ始めている。

　それは、こうした現実を不満とする声が徐々に大きくなりはじめてきていることである。暴行と脅迫を立証できなくても、強姦罪が適用されなくてもセクハラとしてこの犯罪が認められる方向に議論が進み、セクハラの法規制を求める動きがある。また、刑法自体の見直しの議論も徐々に広がりつつある。そうした女性の人権を守ろうとする動きを受け入れられない男たちが苛立っている。

　麻生大臣ではないが、まさにセクハラ罪がないにもかかわらず、不運にもその渦に巻き込まれてスケープゴートにされてしまうのではないかという怯えである。「男にとって、セクハラをどのように注意するかということが、生き延びるためにどうしても必要な時代となっている」「女性の一方的な主張に巻き込まれないためには警戒心が必要だ」といった考え方も確実に一方では広がった。まさに時代錯誤の発想からくる被害妄想的な主張である。

　まさにそうした一連の主張を見ていると、男たちが怒り、苛立っている根っこに問題が絡みついているという感じがする。彼らは何に怒っているのか、何故、彼らは、自らの行為について無自覚なのだろうか。この加害者意識のない加害者たちの意識を“男性問題”として俎上に上げない限り、問題は見えてこないだろう。

　すでに触れてきたセクハラ辞職のケースは、公的な立場をもった要人で

もあったことから、それなりの言い訳をせざるを得なくなり、心ならずも個人的な見解を垣間見せることになった。

　狛江の市長は、わざわざ記者会見までやって訴えた相手を非難したことで匿名女性たちに名乗り上げるきっかけを作ってしまい、墓穴を掘った。匿名女性たちが登場すれば、やった事実についての説明責任が回ってくる。そうした事態が必至ということで、窮地に追い込まれてはじめて自らが辞職の決意をすることになった。

　一方の福田次官は、そうした公式の発言ではないが、「私的なお酒の場面での発言がどうして問われるのかわからない」という怒りをあらわにした。「裁判も辞さない」との発言もあったようだが、冷静になればそんな言い訳で説明責任を果たせないことは火を見るより明らかだ。

　しかし、結果的には「世間を騒がせた責任」「これ以上業務に支障を与えるわけにはいかない」という不満をにじませた言葉で辞任した。いずれも止む無くの辞任であり、決して納得していないことはその言動からも明らかで、むしろこうした事態に至った理不尽に怒っていることも共通しているといってもいいだろう。むしろ裁判でもやって、自らの主張を展開してもらった方が、本人のためにもよかったという感じがする。

12.　説明できない理由

　行為者が説明責任を果たそうとせず、また周囲もそれで良しとする日本社会の現状は、国際的な＃MeTooの流れには逆行する理解しがたいものであるが、その問題点を解明しない限りこの問題が前に進めないという壁があることも事実である。

　日本のセクハラの現状は、例えて言うならば殴るという暴力行為を働いておきながら、その理由を説明せずに相手方のせいにしたり、とても理由とは言えない言い訳を繰り返すことと変わらない。そして、そんな言い訳にならない言い訳を許容し、行為者の理不尽な主張を受け入れる日本社会の異常さを問題にしない限り、日本では＃MeToo運動の広がりは望めない。

そして、そのことを解明するには、まずは男たちにセクハラを起こした理由を正直に語ってもらうしかない。男たちが何を考えてこのような行動を起こし、今何を考えているのかを喋らせなければならない。

　すでに触れたように、男たちは説明責任を果たさないどころか、セクハラに厳しくなってきている時代の犠牲者であることを嘆いたり、自らがそうした不運に巻きこまれた被害者であるかのように怒っている。男たちは自らの所業を棚に上げて何に怒っているのか、その言葉にならない怒りを解明しない限り状況は変わらない。

　男たちは何に怒っているのか、あらためてセクハラ事件の現実に沿って考えてみることにする。男性がセクハラを訴えられて、展開する言い分は大きくは２つのパターンに分類できる。その第１は「魔が差した」とか「成り行きで」などの主観的な言い訳で他の人には到底理解できない説明である。

　「魔がさした」などというのは、「悪魔がやってきて、やれと言った」ということだし、「成り行き」は自らが一人で勝手に「成り行った」ことだから、他人が到底理解しようがないというものである。

　第２のパターンは、「合意があった」として相手の出した「OKサイン」がさまざまに主張されるケースである。この場合には、そもそも相手方被害者が「合意がなかった」ことを非難してセクハラを訴えていることを考えれば、果たしてそうした主張自体があり得るのかどうか根本的な疑問がある。どのような主張をしてみても「同意」もしくは「合意」は一方的なものではない以上、双方の意思が一致していてこそ主張できるものだから、そんな合意はあり得ないはずである。

　そうしたそもそも論は措いて、その言い分に注目してみると、更に疑問は深まる。

　そうした主張に基づいて挙げられるさまざまな「OKサイン」が、果たして「合意」や「同意」であったのかどうかが問題になるわけだが、そこには男性の側の願望や思い込みが投影され、単なる勘違いにとどまらない主張が現れる。

　個人的な想いや願望であるうちはともかく、裁判や公式な場での説明と

なると、果たして、それが「OKサイン」といえるかどうかは疑わしくなる。その場では彼なりに確信していた「OKサイン」をめぐる説明で、結果的に男性たちは七転八倒させられることになる。

こうした男たちも自らが訴えられた切羽詰まった場面では、そのホンネを吐き出さざるを得なくなる。常日頃は説明責任を果たさないことが許されてきている行為者男性も、裁判ともなれば自分の思い込んでいる主張をしないわけにはいかない。

多くの行為者男性は、被害者から「合意」を否定され、マスコミなどから「説明になっていない」ことを指摘されて呆然として立ち往生する。そうした場面でも、説明にならない自らの主張に固執して持論を展開し、受け入れられないと憮然とした面持ちで立ち尽くす男性も後を絶たない。

13. 認知の歪みとジェンダー

そんなある行為者男性が裁判で自らの主張を展開した象徴的な事件がある。「彼女は私の服装をよくホメてくれた」「紺のダブルを着てきた時には、特に『自分の趣味に合う』とまで言ってくれた」。こんなことを、性的な関係の合意の理由として大真面目に裁判で主張した行為者男性がいる。

こんな日常的なあいさつ程度の言葉が、何で性的な関係への合意になるのかは本人以外には理解しがたいことだが、本人は大真面目に主張した。恐らく、彼なりにはその時の表情や言い方も含めて彼の願望を込めて「OKサイン」として受け取ったのだということは、なんとなく想像できる。しかし、彼も自らの主張を繰り返すうちに、そのことがいかに説得力のない主張であったかということを徐々に気づかされることになる。

それ以外にも、「お酒の誘いを快く受け入れてくれた」「『今日は少し酔ったみたい』と言った」「『今は、彼氏がいない』と言われた」「二次会にまで付き合ってくれた」などと、活字にすれば決して性的な関係の合意とはとても判断できないような主張が延々と繰り返されている。

こうした主張を繰り返し聞いていると、そこには彼自身にしか理解できないOKサインの何かを感じていたことが見えてくる。つまり、言葉以上

にイエスと受け止めてしまう装置がそこにはあるということである。しかも、そこで繰り出される説明には共通する部分が多く、男性が共通に感じたり、受け止めてしまう何かがあるように見える。

それは「女性がこういう行為や言動を取った場合にはOKだ」という、女性の側の意向とはまったく無関係な“暗黙の合意”といったもののようだ。「二次会に誘ってついてきたからOKだと思った」などという理由は、男女を入れ替えて酒好きの二次会常連の男性に当てはめたらとんでもない笑い話になることは明らかである。

つまり、そこには男性とは別の「女性の場合には○○だ」という特別のルール（ダブルスタンダード）が働いている。いわゆる「女性は○○なはずだ」という思い込みによって向けられる性的な視線が、さまざまに「合意」を勝手に生み出しているように思える。時には、妄想のように膨れ上がる思い込みが強ければ強いほど、そこで説明を求められて呻吟する男性たちの悲劇が拡大再生産されていく。

その典型例が「いやよ、いやよもいいのううち」＝「はっきりした拒否がないのは合意のサイン」であり、それが「了解していると思った」という「合意幻想」の原点になっているようである。

合意幻想とでも言うべきこの先入観、女性であれば当然にそうするはずであるという思い込み、刷り込み（ジェンダー意識）が問題になるのが、男女間での「認知の歪み」の問題である。

14. セクハラをする男、しない男

──最近、頻発するセクハラ事件をみていると、男たちが壊れはじめているのではないかという強い危機感に苛まれる。セクハラに限らず痴漢やストーカー、そして拉致監禁事件にまで広がる性犯罪がエスカレートする様相を考えるとなおさらである。

“最近”ということと、“壊れはじめている”という言い方については、“最近”ではなく“男はもともと壊れている”のだという見方もある。男の一角に位置する者としては、セクハラを“する男”と“しない男”

という区分をしておきたいのだが、それについても当然に議論がある
ことも承知している。

　「そんな区分はあり得ない」し「壊れているのはもとからで、最近
のことではない」というのがフェミニストを中心とする人たちの意見
であり、代表的な言い方として「男というものは、すべからく差別的
であり、セクハラ体質をもっていて、そうした区分は意味がない」と
いう主張のようである。

　しかし、私としては、こうした男たちが十把一絡げにされても仕方
がない嘆かわしい風潮から身をかわすためにも、男たちの中には区分
が必要だと考えている。また、男の立場で言うと、男たちの中にも色
んな立ち位置があり、少し違ってきているのではないかという気がし
ている。

　現にセクハラを"する男"と"しない男"がおり、そこには厳然と
した違いがあると思われるからである。場合によっては、女性以上に
セクハラに不快感を感じ、セクハラ男に怒りを感じている男性たちも
いる。――

　こんな文章を20年近く前に書いたが、その立ち位置は今日も少しも変
わっていない。その理由は、セクハラへの理解が遅々として進まないこと
に尽きる。

　「する男」「しない男」の違いを考えるに当たっては、「しない男」が圧
倒的に多いのであり、「する男」の方がなぜ、抑止力が働かなかったのか
という問題の立て方の方がまっとうな気がする。どうも、「男はセクハラ
をするものだ」という前提を立てた議論には、動物並みの理性の働かない
性欲論がある。そうしたことを前提にして普通の「しない男」に「しない
ことの理由」を問いかける無理がある。

　好きなタイプの女性がいたら、状況とは無関係に男性は性的視線を向け
がちだということぐらいはともかくとして、だから相手の意に反する性的
な行動を仕掛けることまでも容認するかどうかは別である。男たちはすべ
からくセクハラをするのだと前提する議論自体に問題がある気がするし、

「男とはそうしたものだ」と決め付けて逆に免罪してしまうことへの懸念がある。そこは措いておくにしても、多くの男性にも当然に理性があり、何らかの抑止力が働くことで、そうした行為には走らないという現実がスタートラインであるはずだ。

15. 差別意識と抑止力

　セクハラを「しない男」に「なぜしないのか」という質問は愚問である。「する男」になぜしたのかを聞くことこそが必要なのだ。ところが「する男」はこれまで、そのことに向き合うことを一切してこなかった。
　「した男」たちは、そのことを問われると、前述したように①魔が差した、②酒の勢いで、③なんとなく、④ストレスで、つい、④合意があると思った、などと答えることで、その先を考えることなく逃げていた。こうした答えが答えになっていないことは勿論、身勝手な理由で、相手の性的な人権・人格の侵害をしていい理由にならないことは言うまでもない。
　せいぜい、「合意があった」ではなく「合意があったと思った」という言い訳は、ある程度、自らを振り返る視点があるだけましであるが、他はまさに身勝手な言い訳、もしくはその場逃れの言い訳にすぎないことは一目瞭然である。
　重大な人権侵害行為をしておきながら、こんな言い訳で許されてきた現実こそが問われなければならないテーマだったのだが、そこは問われないまま多くの男性はそうした言い訳でスルーしてきた。その理由は、すでに触れてきたように「男性はセクハラをするものだ」という暗黙の前提があり、やったことが言い訳ができなくとも「仕方がないことだ」という了解があったからである。
　しかし、そんな馬鹿なことが許されるわけがない。繰り返しになるが、いきなり殴っておいて、「なんとなく」とか「魔が差した」などという言い訳が許されないように、もはや、そんな言い訳だけでは通用しないという時代の象徴的な出来事がセクハラ告発でもある。
　そこで、原点に戻って「セクハラをする男」にその理由を聞き、「しない男」

になるにはどうすればいいのかを考えることが大切になる。さて、そこで本題は、「なぜセクハラ行為への抑止力が働かなかったのか」である。

すでに触れてきた分析の中で「合意」と「性暴力」については述べてきたが、もう一つ指摘しておかなければならない大きなテーマとして「する男」と「しない男」の大きな違いがある。

16. 男性問題としてのセクハラ

そこには「訴えられるはずがない」という傲慢さ、慢心が多くの事件から透けて見えてくることである。そしてその背景には、①相手にはこの程度のことをしても許される、②相手は拒否しないだろう（できないだろう）、③相手はこうされることを望んでいる、などという強い思いが隠されている。

こうした視線は一朝一夕でできた視線ではないことに注目する必要がある。行きずりの他人への性的な行為ではなく、見知った相手でしかも立場が絡むというのがセクハラである。そこには、まさに相手に向け続けてきた日頃の視線がそうした気持ちを醸成してきたという事実がある。

そこには相手女性を見下す、差別的な視線がある。わかりやすい言葉で言えば、「オンナだから」「女のくせに」「オンナというものは」といった思い込みや女性を軽く見る日常的な視線である。オリンピックに関連して「とかく女の話は長い」という発言で物議をかもした森喜朗氏の発言は、まさにこの流れにある。

もはや当たり前のようになっていて、自分では気づくことが出来ないような刷り込みになっているということであり、今流にいえばアンコンシャス（無意識の）・バイアスということになる。確かに、そんなことの反映かもしれないが、加害者でありながらも加害者意識のない男性たちが、押し出されるように現われ始めてきた。加害者になった男たちが、非難されていることを理解できず、自らの犯したセクハラを自覚できないまま困惑を抱え込んでしまう事例が多く現われ始めてきている。

その困惑の大きな原因の一つにジェンダーの問題がある。「女のくせに」

「女だから」という視線が引き起こした問題が説明できない困惑になり、いら立ちになって男たちを怒らせている。まさに、自らに仕掛けたジェンダートラップにがんじがらめになった男性たちがぶつける先のない怒りをうちに抱えて七転八倒しているようである。男たちはこの直面している難問を自らの手で解決していくしかない。

今や、セクハラは"女性問題"から、男が自らを問う"男性問題"へと確実に重心を移しはじめている。だから、これまでのように、女性に責任を求めてよしとする安直な言い逃れは通用しない。

もし、これまで通りに、被害者である女性にその責任を求めようなどとすれば、女性たちからは、「盗人猛々しい」と非難され、「それは、あなたたち男が勝手に考えていることで、女性の側からはとても理解できないことだ」として突き放されてしまうだろう。

そもそも被害者である女性に、加害者の衝動について説明を求めること自体がスジ違いなのだ。女性の側からすれば、拒否しているのに「そんなことにも気づかないのはオカシイ」ので、「判っているくせに、気づかないフリをしているだけである」としか言いようのないことになる。

こうした追及の延長に日本でも＃MeTooを現実化させる途が確実にあると思う。そのためにも、まずは"男性問題"として男たちに語らせることからはじめなければならない。そのためにも、一刻も早くセクハラが厳罰化される常識のある国になることが求められている。

ハラスメント防止法制における性的指向・性自認の位置付けと課題

法制上のセクシュアル・ハラスメント概念の射程を踏まえて

神谷悠一　｜　LGBT 法連合会 事務局長

1. はじめに

　性的指向・性自認（SOGI, Sexual Orientation/Gender Identity）に関する
ハラスメントは、2020 年 6 月に施行された改正労働施策総合推進法に基
づく指針において、パワー・ハラスメントに該当する例として位置付けら
れ、民間事業主や地方自治体に課せられた措置義務の対象となるハラスメ
ントとなった。

　しかし、パワー・ハラスメントに位置付けられた背景には、男女雇用機
会均等法と人事院規則におけるセクシュアル・ハラスメント概念の射程の
違いからくる議論があり、その影響は今なお性的指向・性自認に関するハ
ラスメントの、人事院規則と改正労働施策総合推進法の位置付けの違いに
表れている。この位置付けの違いは、一部地方公務の職場等において混乱
を引き起こしているようにも見受けられる。[注1]

　そこで、本稿では、性的指向・性自認に関するハラスメントの実態につ
いて確認した上で、近年の性的指向・性自認に関するハラスメント規制の
法制化をめぐる議論を、その法的な位置付けに着目して見ていくこととし
たい。その上で、法制的な限界と課題、今後のあるべき施策や展望につい
て検討していくこととする。

2．性的指向・性自認に関するハラスメントとは

　性的指向・性自認に関するハラスメントについては、一般社団法人社会的包摂サポートセンターの提供する「よりそいホットライン」（厚生労働省社会・援護局及び復興庁の補助金事業）の電話相談に多数事例が寄せられている。例えば、「職場で『オカマ』などと言われた」「職場でカミングアウトしたら、嫌がらせが始まった」「接客業で勤務していたが、お客さんからのクレームがあり、休職させられた」などが報告書に挙げられている。^(注2)こうしたハラスメント事例は当事者団体である「性的指向および性自認等により困難を抱えている当事者等に対する法整備のための全国連合会（通称：LGBT 法連合会）」の発表している、「性的指向および性自認を理由とするわたしたちが社会で直面する困難のリスト（第 3 版）」（通称「困難リスト」）にも掲載されており、「就業後の飲み会で、酔った上司から、『お前はホモか？　気持ち悪いな、もっと男っぽくしろ』と怒鳴られた」や、「トランスジェンダーであることを人事にカミングアウトしたところ、別のトランスジェンダーの社員について『あの人もトランスなんですよ』と言われた。自分のセクシュアリティもこうやってアウティングされるのではないかと不安になった」、「性別変更したことについて、会社から『絶対に他の社員に言わないように』と口止めされた」などが列挙されている。

　量的調査でも、内閣府が 2017（平成 29）年に実施した「人権擁護に関する世論調査」では、性的指向に関して、どのような人権問題が起きていると思うか聞いたところ、「差別的な言動をされること」が 49％で回答者の 1 位、「職場、学校等で嫌がらせやいじめを受けること」の 35.0％が 2 位と続いている。「性同一性障害」^(注3)についての同様の質問にも、「差別的な言動をされること」が 49.8％、「職場、学校等で嫌がらせやいじめを受けること」が 45.7％と続き、同傾向となっている。また、インターネットのモニター調査であることに注意が必要ではあるが、日本労働組合総連合会（連合）が実施した「LGBT に関する職場の意識調査」では、いわゆる「LGBT」に関するハラスメントについて、職場で 22.9％が経験・見聞きし、このう

ち、いわゆる「LGBT」当事者が身近にいる人に限れば57.4%が経験・見聞きしたとしている。この割合は、解雇・降格・配置変更などの差別的取扱いを受けたり見聞きしたりした人のそれぞれ11.4%、36.3%と比べても、高くなっている。^(注4)このような傾向から、性的指向・性自認に関する課題について内藤は、ハラスメントの問題がより大きく、対策が喫緊の課題であると指摘している。^(注5)

3．人事院規則 10-10 における位置付け

上記の様に性的指向・性自認に関するハラスメントが課題となる中、当事者運動の高まりや野党の法案提出の動き^(注6)、これらを受けた自由民主党が、男女雇用機会均等法や人事院規則のセクシュアル・ハラスメントに性的指向・性自認に関するハラスメントを含めるよう政府への要望に盛り込んだ^(注7)ことから、人事院は2016年12月に通知「人事院規則10-10（セクシュアル・ハラスメントの防止等）の運用について」を改正し、第2条関係の3項の「性的な言動」の定義に、「性的指向若しくは性自認に関する偏見に基づく言動」も含まれるとした。これによって、同通知別紙1の「セクシュアル・ハラスメントをなくすために職員が認識すべき行動についての指針」の第1の3「（1）性的な内容の発言関係」の「イ 性別により差別しようとする意識等に基づくもの」にも「③性的指向や性自認をからかいやいじめの対象とすること」を例示に加えている。この改正により、人事院規則では、すでに規定されていた「性別により役割を分担すべきとする意識」に基づく言動、いわゆる「ジェンダー・ハラスメント」と同様に、性的指向・性自認に関する言動もセクシュアル・ハラスメントの一部として、各防止規定が運用されることとなった。^(注8)

しかし、民間企業等にセクシュアル・ハラスメント防止の措置義務を課している男女雇用機会均等法においては、「性的指向若しくは性自認に関する偏見」に基づく言動はセクシュアル・ハラスメントとなっていない。代わりに、言動の内容や性質ではなく、言動の対象として、職場におけるセクシュアル・ハラスメントの「被害を受けた者（以下被害者という）の

性的指向又は性自認にかかわらず、当該者に対する職場におけるセクシュアルハラスメントも、本指針の対象となるものである」と指針に規定された。当時、政府への提言案を作成した自由民主党の「性的指向・性自認に関する特命委員会」の事務局長に就いており、その後厚生労働副大臣にも就いた橋本岳衆議院議員は、この点について後に「もともとセクハラにSOGIハラの問題も入れるべきではという問題がありましたが、セクハラが限定的に解釈されていたため、綺麗に入れることができませんでした」^(注9)と述べている。

　この「限定的に解釈」、すなわち人事院規則と男女雇用機会均等法で規定が異なることとなった理由について、管見の限り厚生労働省が詳細に言及したものは見当たらない^(注10)。しかし、人事院規則の性的指向・性自認に関するハラスメント例の位置付けが、「性別により差別しようとする意識等に基づくもの」、すなわちジェンダー・ハラスメントの例であったことから考えると、人事院規則のセクシュアル・ハラスメント概念は「ジェンダー・ハラスメント」を包含しているが、男女雇用機会均等法は「ジェンダー・ハラスメント」を包含していない。このあたりの差が性的指向・性自認に関するハラスメントをセクシュアル・ハラスメントの中に位置付けられなかった理由と考えられよう。

4．改正労働施策総合推進法における位置付け

　このように、男女雇用機会均等法のセクシュアル・ハラスメント概念の中に位置付けることのできなかった性的指向・性自認に関するハラスメントは、以下の経緯でパワー・ハラスメントに含まれていくことになる。

　当初、パワー・ハラスメントに関する新たな施策について議論していた労働政策審議会雇用環境・均等分科会では、労働側が性的指向・性自認に関するハラスメントをセクシュアル・ハラスメントに含めるべきと発言していた^(注11)。しかし、パワー・ハラスメントに関連しては言及をしておらず、同年12月14月付の建議のセクシュアル・ハラスメントに関する記載にも、パワー・ハラスメントに関する記載にも、「性的指向」「性自認」の文言は

なく、方向性を決定づけるものとはなっていない。^(注12)

　性的指向・性自認に関するハラスメントが、パワー・ハラスメント防止の枠組みに入るのが明らかとなったのは、建議後の国会に舞台を移した2019年3月、公明党の平木大作議員の参議院予算委員会での質問であった。

　○平木大作君

　（略）改めて、そもそもLGBTに関するハラスメントをどのハラスメントに位置付けるのかということは、これはこれで議論があるわけでありますが、実は、国家公務員を対象とする人事院規則の中には、このセクハラ指針の中に性的指向と性自認に関するハラスメントは禁止するということで、これ明記がもう既にあるわけであります。

　そこで、今日は厚生労働省にまずお伺いしたいんですが、この今回の法案で、民間企業に対してLGBTに関するハラスメントはどう位置付けられているんでしょうか。

　○政府参考人（小林洋司君）

　お答え申し上げます。（中略）性的指向あるいは性自認に関する言動というのは業務上必要のないものでございまして、例えば性的指向や性自認を理由に仕事から排除いたしますとか、あるいは性的指向、性自認に関して侮辱的な発言を行う等によって精神的な苦痛を与えたような場合には、このパワーハラスメントに該当し得るものというふうに考えております。^(注13)

　この、政府参考人（当時の厚生労働省雇用環境・均等局長）の答弁によって、初めて性的指向・性自認に関するハラスメントが、パワー・ハラスメント防止法制に位置付くことが明確に示された。その後も同年4月17日の厚生労働委員会で、自由民主党の木村弥生議員や立憲民主党の尾辻かな子議員らが、性的指向や性自認を本人の意に反して暴露するいわゆる「アウティング」がパワー・ハラスメントに入るかについても取り上げ、政府も「アウティング」はパワー・ハラスメントに該当し得ると答弁するなどの議論^(注14)

があり、結果として全会一致の改正労働施策総合推進法の附帯決議の七号に、下記の文言が盛り込まれた。

　七　パワーハラスメント防止対策に係る指針の策定に当たり、包括的に行為類型を明記する等、職場におけるあらゆるハラスメントに対応できるよう検討するとともに、以下の事項を明記すること。
　1　（略）
　2　職場におけるあらゆる差別をなくすため、性的指向・性自認に関するハラスメント及び性的指向・性自認の望まぬ暴露であるいわゆるアウティングも対象になり得ること、そのためアウティングを念頭においたプライバシー保護を講ずること。

　参議院でも同趣旨の附帯決議がなされ、これが実質的にパワー・ハラスメント防止対策の中に性的指向・性自認に関するハラスメントを位置づける大きな後押しとなり、労働政策審議会における指針の議論を方向づけていった。

5. 改正労働施策総合推進法における性的指向・性自認に関するハラスメント

　性的指向・性自認に関するハラスメントについて、労働政策審議会における議論では、いくつかのポイントで紆余曲折があったものの、結果として附帯決議の方向性を維持することとなり、指針のパワー・ハラスメントの「該当すると考えられる例」に「人格を否定する様な言動を行うこと。相手の性的指向・性自認に関する侮辱的な言動を行うことを含む」と「労働者の性的指向・性自認や病歴、不妊治療等の機微な個人情報について、当該労働者の了解を得ずに他の労働者に暴露すること」（いわゆる「アウティング」）が明記されることとなった。
　加えて、後者の「アウティング」に関わって、指針には、プライバシー保護の観点から、アウティングが起こることのないよう「労働者に周知・

　啓発する等の措置を講じることが必要である」が規定され、措置義務のうち、ハラスメントの内容と禁止方針を周知・啓発する措置等にアウティングが含まれることが特記されるとともに、措置義務のプライバシー保護の「プライバシー」に、性的指向・性自認が含まれることも特記された。

　ところで、今回の法規制は、あくまで「LGBT」へのハラスメントではなく、「性的指向・性自認に関する侮辱的な言動」である点に注意が必要であろう。つまり、いわゆる「LGBT」に対するものではない多数派に対するものであったとしても、このような言動はハラスメントとみなされるのである。この点、厚生労働省の通達においても、侮辱的な言動の対象は「相手の性的指向・性自認の如何は問わないものであること^{（注15）}」としており、強調されるべき点であろう。

　ただ、改正労働施策総合推進法におけるハラスメント規定にはいくつか限界も見られる。一つは、法案提出前の労働政策審議会の議論から、ハラスメント法制全体の課題として指摘されていたことだが^{（注16）}、あくまで法規制は「防止」規定であって「禁止」規定ではないという点である。つまり、民事裁判における根拠規定として直接的な効力を発揮する規定ではなく、あくまで組織内の社内規定の整備等にのみ直接的な効力を及ぼす「防止」規定は、性的指向・性自認に関するハラスメント対策を考えるにあたっても限界として指摘できる。

　今一つに、今回の性的指向・性自認に関するハラスメントの位置付けは、あくまで「パワー・ハラスメント」の枠内であり、「優越的な関係を背景とした言動」という要素が前提となっていることにも触れねばならないだろう。もちろん、この改正労働施策総合推進法におけるパワー・ハラスメントは、どのような関係性であったとしても、「当該言動を受ける労働者が当該言動の行為者とされる者（以下「行為者」という）に対して抵抗又は拒絶することができない蓋然性が高い関係を背景として行われるもの」であれば、例えば知識や経験による差等があれば、「優越的な関係」として成立する。しかし、そもそもセクシュアル・ハラスメントに位置付けられれば、このような要素は問われないのである。この点は、パワー・ハラスメントの３つの要素のうち、「優越的な関係」以外の２つの要素を考慮

するにあたっても指摘できるところであり、例えば政府は国会答弁におい
て、「業務上必要かつ相当な範囲を超えたもの」に関連して、前掲の国会
答弁にもある通り、「性的指向あるいは性自認に関する言動というのは業
務上必要のないもの」と答弁されているなど、要素の考慮にあたって、他
のパワー・ハラスメントとは異なる点を示唆しているようにも読み取れる。

6. 人事院規則 10-10 と 10-16 の位置付け

　ここまで紹介してきた性的指向・性自認に関するハラスメントの位置付
けに関する議論は、結果として人事院規則における位置付けに下記の様な
曖昧さをもたらしている。改正労働施策総合推進法のパワー・ハラスメン
ト防止が新たに規定されたことにより、人事院は人事院規則 10-16（パワー・
ハラスメントの防止等）を新たに設けたが、セクシュアル・ハラスメント
の一部としての「性的指向若しくは性自認に関する偏見に基づく言動」は、
その位置付けや例示を維持するとともに、例示の末尾に「性的指向や性自
認を本人の承諾なしに第三者に漏らしたりすること」とアウティングの例
を加えることで、アウティングも含めてセクシュアル・ハラスメントの一
部とする解釈となっている。^(注17)
　ただ、「公務職場におけるパワー・ハラスメント防止対策検討会」が
2020 年 1 月 14 日に出した検討会報告では、前述の「優越的な関係」の有
無に関連して「この問題にはセクシュアル・ハラスメントの防止の枠組み
で対処する方が職員の保護に資すると考えられるが、パワー・ハラスメン
トにも該当する場合には、パワー・ハラスメントとしても対応をとること
になると考えられる」との見解を示している^(注18)。これによって人事院は「『性
的指向又は性自認に関する偏見に基づく言動』は、セクシュアル・ハラス
メントに該当するが、職務に関する優越的な関係を背景として行われるこ
うした言動は、パワハラにも該当する」とのなんとも曖昧な解釈をしてい
るのである。^(注19)
　この人事院の解釈から、性的指向・性自認に関するハラスメントをめぐっ
て、いわゆる「民間指針」を遵守しつつ人事院規則も参考とする地方自治

体において、混乱も指摘されている。そのため、どのハラスメントに位置[注20]
付けるかという課題は依然残り続けているといえよう。

7. おわりに

　本稿では、性的指向・性自認に関するハラスメントについて、実態を確認した上で、法制上の位置付けに着目しながら、規制の法制化の過程を見てきた。その上で、残る課題としての「禁止」規定に至っていない点と、一部で混乱の見られる位置付けの課題についても触れた。ただ、課題は課題としながらも、先行するセクシュアル・ハラスメントなどとほぼ同様の規制、規定ぶりと解されることは、今一度確認、強調されるべきであろう。

　その上で、課題となっている「禁止」規定の法制化や位置付けの整理を見据える上で、注目すべきは自治体条例ではないかと提起したい。既に述べた通り、現時点でのハラスメントの法規制はどれも「防止」止まりではあるが、自治体条例においては少なくない自治体でセクシュアル・ハラスメントを「禁止」している。その中にはセクシュアル・ハラスメントに「性的指向・性自認に性自認若しくは性的指向に関する偏見に基づく言動」を含むと条例で規定している自治体もある。[注21]

　このような自治体において、条例の禁止規定を活用した取り組みを展開することは、国の禁止規定の法制化に向けた議論にも影響を及ぼすのではないだろうか。また、その議論の中で、司法や行政の判断が示されることにより、性的指向・性自認に関するハラスメントの位置付けも整理されていくのではと期待したい。実際既に、豊島区では、アウティングの禁止条項を根拠に苦情申立を行い、企業側の謝罪と解決金支払いを含む和解となっている案件が報道されている。[注22]アウティング、性的指向・性自認に関するハラスメントのみならず、さまざまなハラスメント根絶に向けて、自治体の禁止条項に着目し、活用していくことは、今後の展望を拓く一つの鍵になるのではないだろうか。

注

1 例えば下記の記事に詳しい。林美子, 2020,「【緊急座談会】パワハラ防止法が "届かない" 人たちを守るために。今やるべき３つのポイント」The Huffiton Post,（2020 年 12 月 6 日 取 得. https://www.huffingtonpost.jp/entry/story_jp_5d0c6b28e4b07ae90d9ac512).

2 内藤忍, 長沼裕介, 2015,「第 4 章　セクシュアルマイノリティの労働問題」『「よりそいホットライン」平成 26 年度報告書』, 一般社団法人社会的包摂サポートセンター：pp.132-133,（2020 年 12 月 6 日取得, https://www.since2011.net/CMS/wp-content/uploads/2019/05/c05bc55d08c352d4d9cfaeece45ca21c.pdf.).

3 当時の内閣府の調査では「性自認」ではなく「性同一性障害」によって調査を行なっていた。両概念は異なる概念ではあるが、性自認に関連する調査としてここに掲載する。

4 日本労働組合総連合会, 2016,「LGBT に関する職場の意識調査」：pp.8-9,（2020 年 12 月 6 日 取 得, https://www.jtuc-rengo.or.jp/info/chousa/data/20160825.pdf).

5 内藤忍, 2015,「性的指向・性自認に関する問題と労働法政策の課題」（特集 問題提起・LGBT と労働法）『季刊労働法』労働開発研究会,（251）：2-11.

6 野党は 2016 年 5 月 27 日に当時の民進党、日本共産党、生活の党、社会民主党の 4 党で「性的指向又は性自認を理由とする差別の解消等の推進に関する法案」を衆議院に提出しており、法案には性的指向・性自認に関するハラスメント防止の措置義務が規定されていた。当時の法案の内容は衆議院の Web サイトから見られる。衆議院 2016 年,「第 190 回国会議案の一覧」, 衆議院ホームページ,（2020 年 12 月 10 日取得, http://www.shugiin.go.jp/internet/itdb_gian.nsf/html/gian/keika/1DBFA9E.htm).

7 自由民主党, 2016 年,「性的指向・性自認の多様なあり方を受容する社会を目指すための政府への要望」,（2020 年 12 月 6 日取得, https://jimin.jp-east-2.storage.api.nifcloud.com/pdf/news/policy/132172_1.pdf).

8 なおこの時、通知の第 7 条関係の 2 項に、本則第 7 条第 1 項の研修等には、性的指向及び性自認に関するものも含まれるとの規定が加えられている。

9 松岡宗嗣, 2019,「党派を超えた連携で『SOGI ハラ対策』実現。『第 4 回レインボー国会』が開催」, The Huffiton Post,（2020 年 12 月 9 日取得, https://www.huffingtonpost.jp/entry/story_jp_5d0c6b28e4b07ae90d9ac512).

10 2016 年 6 月 27 日第 173 回労働政策審議会雇用均等分科会において、当時の阿部雇用均等政策課長は「性的指向・性自認に関する言動がセクハラの背景になり得ること、性的指向・性自認に関する言動のうち性的性質を有するものについては、セクハラに該当する」と述べているが、このうち「性的性質」が何

168

かについては特段の言及がない。

11 下記議事録の斎藤委員の発言を参照のこと。第 6 回労働政策審議会雇用環境・均等分科会議事録（2020 年 12 月 9 日取得, https://www.mhlw.go.jp/content/000476045.pdf）.

12 労働政策審議会, 2018,「女性の職業生活における活躍の推進及び職場のハラスメント防止対策等の在り方について（建議）」（2020 年 12 月 9 日取得, https://www.mhlw.go.jp/content/000454577.pdf）.

13 第 198 回国会参議院予算委員会第 13 号平成 31 年 3 月 25 日.

14 第 198 回国会衆議院厚生労働委員会第 10 回平成 31 年 4 月 17 日.

15「労働施策の総合的な推進並びに労働者の雇用の安定及び職業生活の充実等に関する法律第 8 章の規定等の運用について」（通達）.

16 例えば前掲（注 12）を参照されたい。

17「人事院規則 10-10（セクシュアル・ハラスメントの防止等）の運用について」.

18 公務職場におけるパワーハラスメント防止対策検討会, 2020,『公務職場におけるパワーハラスメント防止対策検討会報告』（2020 年 12 月 9 日取得 https://www.jinji.go.jp/kenkyukai/pawahara-kentoukai/pawahara_houkokusyo.pdf）.

19 人事院, 2020,「パワーハラスメント」人事院ホームページ,（2020 年 12 月 9 日取得, https://www.jinji.go.jp/sekuhara/10-16home.html）.

20 前掲（注 1）参照のこと。

21 例えば豊島区男女共同参画推進条例など。

22 日本経済新聞電子版「『アウティング』異例の和解　企業謝罪、男性に解決金」2020 年 11 月 29 日（2020 年 12 月 9 日取得, https://www.nikkei.com/article/DGXMZO66780440Y0A121C2CZ8000）.

脱セクシュアル・ハラスメント社会への提言と私たちにできること

編著者／弁護士　伊藤和子

　ここまで第一線で活動するさまざまな論者から、セクシュアル・ハラスメント（セクハラ）の原因そしてセクハラ根絶の対策について、貴重な示唆をいただきました。では今後の社会が脱セクシュアル・ハラスメント社会となっていくために何が必要なのか。まとめてみたいと思います。^(注1)

1．国がすべきこと

(1) セクシュアル・ハラスメントは性暴力として厳しく処罰されるべき

　セクシュアル・ハラスメントのうち、被害者にとって意に反する性行為を強要された場合、それは性暴力であり、性犯罪として処罰されるべきです。

◎ 不同意性交等罪の創設

　イギリス、スウェーデン、ドイツ、カナダなど世界各国の刑法性犯罪規定の改正を参照し、日本においても不同意性交を処罰する刑法改正を行うこと。

◎ 地位関係性利用型性犯罪規定の創設

　とりわけ上司と部下、教師と生徒、コーチと選手など上下関係を利用し、立場の弱い者に性行為を迫り、性行為をすることを性犯罪として処罰する規定を新しく創設すること。

◎ セクシュアル・ハラスメントに対する行為者、事業者への罰則

　性行為に至らない言動によるセクシュアル・ハラスメントについても明確に禁止するよう規定し、違反した場合、行為者に罰則を科す規定を法律に導入すること。また、使用者が適切な対応をせず、セクシュアル・ハラスメントを訴える労働者を不利益に扱う場合には、罰則を科すこと。

海外の立法例

フランス：セクシュアル・ハラスメントを犯した者は 2 年の拘禁及び 3 万ユーロの罰金に処する。

韓国：雇用主がセクシュアル・ハラスメントを訴える従業員を解雇したり不利益な行為を行った場合は 3 年以下の有期懲役又は 3000 万ウォン以下の罰金。職場においてセクシュアル・ハラスメントを行った場合には、1000 万ウォン未満の罰金。

(2) ILO 190 号条約を批准すること。これに基づいた法整備を実現すること

◎ ILO190 号条約批准と法整備

ILO190 号条約（「仕事の世界における暴力及びハラスメントの撤廃に関する条約」、以下、ILO 条約といいます）は、仕事の世界における「暴力及びハラスメント」を包括的に禁止するとともに、これを防止・是正し、執行・監視の仕組みを確立・強化し、被害者の救済を図り、制裁をすることなどを求めています。日本政府はこの条約を早急に批准し、国際水準の法整備をすべきです。

◎ セクシュアル・ハラスメントを定義し、禁止すること

ILO 条約の定める定義（巻末資料 195 頁参照）などに基づき、日本でも早急にセクシュアル・ハラスメントおよびハラスメントの包括的な定義を確立し、周知徹底するとともに、罰則付きで明確に禁止するべきです。これは条約を批准のために不可欠です。

◎ 就活生、フリーランス等も保護の対象に

法律では、ILO 条約に基づき、取引相手（下請け、派遣労働者、フリーランスを含む）、就活生等の求職者、ボランティア、インターンなども広く保護の対象に拡大すべきです。

事業主は男女雇用機会均等法（均等法）第 11 条により、「雇用する労働者の就業環境が害されることのないよう、当該労働者からの相談に応じ、適切に対応するために必要な体制の整備その他の雇用管理上必要な措置を

講じなければならない」とする義務（措置義務）を課されていますが、この措置義務を社外の関係者への被害防止、相談体制その他の対応にも拡大すべきです。

◎ 制裁の強化

　企業が措置義務に違反している場合の制裁としては、均等法では、厚生労働大臣の勧告に従わなかったときに企業名が公表されることになっています。しかし実際には、勧告も企業名公表もほとんど機能していません。行政による監視体制をより強化して勧告を出し、勧告を守らない企業を公表するよう、制裁をしっかりと機能させるべきです。

◎ 被害者の保護と救済

　日本でも、アメリカのEEOC（雇用機会均等委員会）やイギリスの「平等・人権委員会」のような政府から独立した国内人権機関によって、簡易・迅速な事実調査、認定、被害救済が実現する制度を構築することが急務です。また、全ての被害者がプライバシーを守られ、不利益を受けることなく、相談をすることができ、カウンセリングや法的なサポートを受けられる専門機関を設置すべきです。

(3) セクシュアル・ハラスメントを根絶する包括的な施策

　セクシュアル・ハラスメントは職場だけでなくあらゆるところで蔓延しています。セクシュアル・ハラスメントを禁止、処罰する法律は不可欠ですが、ほかにも総合的に以下のような対策が必要です。

◎ 公人・公務員の性差別、セクシュアル・ハラスメント、ヘイトスピーチを禁止すること

　東京オリンピック・パラリンピック組織委員会の元会長の女性蔑視の言動が示す通り、政治家や公人による性差別問題発言が蔓延する日本では、社会から女性に対する差別や偏見はなくなりません。

　法律により、国が公人・公務員の差別発言、セクシュアル・ハラスメント、ヘイトスピーチを法律で禁止すべきです。そして、性差別、セクシュアル・ハラスメントなどの違反行為に対しては免職などの効果的な制裁を科す法律の制定が必要です。

> 韓国では、「業務上地位などによる姦淫・セクハラ」を行った公務員は、当然退職になるとされています（国家公務員法・地方公務員法）。

◎ クォータ制の実現

意思決定過程に女性が少なければ、セクシュアル・ハラスメントや性差別が横行する社会の慣行を変えることは困難です。日本は最新のジェンダーギャップ指数は121位、約20年前に定めた「2020年までに指導的地位における女性の割合を3割に」という目標も達成できていません。政治分野と一定規模の企業に対し、指導的立場に女性を相当比率で割り当てることを義務付けるクォータ制を法律で導入すべきです。

◎ 学校教育におけるセクシュアル・ハラスメントへの対応

- 学校教育法などの法律で、体罰と共に、セクシュアル・ハラスメントやわいせつ行為も明確に禁止すること。
- 下着チェックのような、セクシュアル・ハラスメントに及ぶ校則を全廃すること。
- 教師に対するセクシュアル・ハラスメント防止の研修を徹底し、子どもが相談しやすい相談窓口を整備して子どもに伝えること。
- 事実が確認できれば懲戒手続を開始すること。

◎ 高等教育におけるハラスメント禁止の法制度を

米国では、教育における実質的なジェンダー平等を実現するために「タイトルナイン」という法律を制定し、高等教育やその過程でのスポーツにおける差別とハラスメント、性暴力から学生を守る対応を義務付け、学校がハラスメントや性暴力の防止のための取り組みを積極的に行う体制が構築されています。日本でも同様の法制度を実現すべきです。

◎ 効果的なハラスメント対策のために

- 各分野でのセクシュアル・ハラスメントの実態と、防止、処罰、保護・被害者支援を行うための施策の有効性について、定期的に統計データをとって、実効性を検証すること。

特に被害の深刻な、就活セクハラ、アカデミックハラスメント、学

校におけるセクシュアル・ハラスメント、メディア、スポーツ界での
セクシュアル・ハラスメントに対して、緊急に実態を調査し、適切な
対策を提案し、各分野の関係者に働きかけをすること。

◎ 社会における差別とハラスメントをなくす法制度を

　セクシュアル・ハラスメントは職場だけでなく、政治、メディア、エン
ターテインメント、スポーツ、教育などありとあらゆる分野で進行してい
ます。労働分野だけでなく、社会におけるすべてのセクシュアル・ハラス
メントを禁止し、被害者を保護する包括的な法制度が求められます。また、
性差別とあわせて、性的指向や性自認、国籍や人種など、包括的に差別と
ハラスメントを禁止する法律の制定を実現することが必要です。

2．企業・産業界がすべきこと

　企業は均等法 11 条で、「措置義務」が課されており、その具体的内容は
以下のとおりです（詳細は巻末資料 181 頁以降参照）。

　1　事業主の方針の明確化及びその周知・啓発

　2　相談（苦情を含む）に応じ、適切に対応するために必要な体制の整備

　3　職場におけるセクシュアル・ハラスメントに係る事後の迅速かつ適切
　な対応

　4　プライバシー保護と不利益取扱い禁止

　しかし、実態をみると十分な対策が進んでいるとは到底言えません。

　一方、2011 年に、国連人権理事会は、企業活動における人権尊重を定
めた「ビジネスと人権に関する指導原則[注2]」を採択し、日本でも 2020 年秋
にこの原則を実施するための国内行動計画が策定されました。この原則は、
自社の活動が人権侵害を引き起こしたり助長しないようにする責任を企業
に課すとともに、取引関係によって企業の事業、製品またはサービスと直
接的につながっている人たちの人権への負の影響を防止または軽減するよ
うに努めることを企業に求めています（原則 13）。企業はこうした国際基
準に基づき、以下の対応をとり、被害防止、被害者保護と加害者の制裁に

尽力すべきです。

◎ ILO 条約や、均等法等の法律に基づく事業主の措置義務に基づき、セクシュアル・ハラスメントやジェンダーに基づく差別を防止し、対処する方針を人権方針の一環として明確に策定し、公表し、それを実現すること。

◎ セクシュアル・ハラスメントやジェンダーに基づく差別に関する対処方針や取り組みについて社内で周知徹底し、幹部職員を始め社員に研修を行い、就業規則への明記（違反者への制裁も含めて明記）をするとともに、子会社、グループ企業、下請け、委託先など取引先にも尊重するよう求めること。

◎ 被害者のプライバシーに配慮したアクセスしやすい外部相談窓口を確立し、社内の被害者だけでなく、就活生、インターン、フリーランス、下請け、取引先等の被害者にも対応できる体制にすること。

◎ 事実関係に争いがある場合は、社外の公正な第三者を選任して事実調査を行い、是正を図ること。

◎ 自社だけでなく、取引関係によって事業、製品またはサービスと直接的につながっているすべてのビジネス活動におけるセクシュアル・ハラスメントを根絶するよう、アセスメント、是正、追跡調査、結果の公表を行うこと。

◎ 実効的なセクシュアル・ハラスメント対策を進めるために、女性労働者、取引先、下請け、製造委託先の労働者を含む社外の関係者、特に女性・性的マイノリティ等の人々と定期的に対話し、その意見を対策に取り入れること。

◎ 性差別的慣行を是正するために、取締役、幹部社員の 30% 以上を女性とするための行動計画を策定して、実施すること[注3]

◎ CM、広告など、企業の宣伝広告活動や活動全体を通じて女性に対する偏見や性差別を助長することがないよう特別に注意を払うこと。

　また、産業・業界団体や、機関投資家も役割を果たすべきです。

◎ 産業団体、業界団体は、業種別のセクシュアル・ハラスメント対応や、相談窓口、紛争解決手段を整備し、被害救済を図ること。

◎ 機関投資家は、セクシュアル・ハラスメントや女性差別に対する企業

方針や取り組みを投資判断において重視し、影響力のある企業、問題企業との対話を通じて、企業が適切な対応を行うように促進すること。

3. メディア、CM、ソーシャルメディア、カルチャー、エンターテインメント等に関わる産業がすべきこと

1995年の北京女性会議行動綱領は、「メディアに対して、性に基づく暴力や不平等を『助長する』コマーシャルを含む、メディアの固定的な性役割表現の影響および生涯を通じてどのように影響を与えているかについての調査を実施し、暴力のない社会を促進する方向で、これらのネガティブなイメージを撤廃する措置を取るように奨励する」と勧告しました（戦略目標 d.2）。

セクシュアル・ハラスメントが今も蔓延する背景には、女性をステレオタイプに描き、女性に対する差別と偏見を助長し、女性を対等なパートナーでなく性的な対象とみる意識やカルチャーがあることは明らかです。女性を性的対象と捉えたり、性暴力を容認するカルチャーが蔓延することは「レイプ・カルチャー」と呼ばれます。2018年12月に雑誌『週刊SPA!』に掲載された「ヤレる女子大学生ランキング」への強い抗議に示された通り、今こそメディア、インターネット上の表現やカルチャーが性暴力・セクシュアル・ハラスメントの被害と地続きにあることを真剣にとらえなおし、メディア、エンターテインメント等あらゆる場面における女性に関する表現のあり方を根本的に変える必要があります。

◎ 広告代理店と企業は女性に対する差別や偏見を助長し、女性を性の対象とみるようなCMを制作しないこと。

◎ 新聞、テレビ、雑誌、漫画、動画、インターネットなどの媒体形態を問わずメディアは女性への差別と偏見を含む差別、セクシュアル・ハラスメント、性暴力を助長、容認、正当化するメッセージを送る表現を根絶するため、方針を確立して取り組むこと。

◎ インターネット、ソーシャルメディア事業者は、オンライン上の性暴力とセクシュアル・ハラスメントを許さないポリシーを確立し、実施すること。

４．私たちにできること

　最後に私たち一人ひとりにもできることがあります。#MeToo 運動やフラワーデモを通じて、私たちの声は確実に社会に届き、変化を生んでいます。

　私たちがもっとつながり、私たちができる To-Do リストを増やして、セクシュアル・ハラスメントのない社会をつくっていきましょう。

◎ セクシュアル・ハラスメント等のハラスメントを受けているのを見たら、被害者に代わって「それはハラスメントですよ」と注意する。

◎ セクシュアル・ハラスメントに対して声を上げた人、声を上げている人を応援し、サポートする。

◎ 職場や学校などでネットワークをつくり、相談しあえる関係や雰囲気をつくる。いざとなったら #MeToo の声を上げ、告発の動きをつくること。

◎ レイプ・カルチャーを生み出す CM やメディア、政治家の発言などに対して、SNS 等で違和感を表明する。抗議の声を上げる。

◎ 今いる場所で、セクシュアル・ハラスメント対策が適切に行われていないとき、仲間を募って、事業主などの責任者に対して、法律や国際基準に基づく対策をするよう求める。

◎ さまざまなハラスメントの当事者同士でつながり、誰の人権も否定されないような環境を一緒につくっていく。

◎ 市民として、有権者として、政府や自治体に実効的なハラスメント対策と法整備を求めていく。

　　注

　1　内閣府・男女共同参画会議 女性に対する暴力に関する専門調査会は 2019 年 4 月に「セクシュアル・ハラスメント対策の現状と課題」とする報告書を公表し、課題を明らかにしたが、その後 2019 年の均等法等改正は不十分なものにとどまった。2020 年 12 月、2020 年第 5 次男女共同参画基本計画が閣議決定されたが、セクハラ対策としては周知啓発、相談支援などが規定されるにとどまっている。

　2　国際連合ビジネスと人権に関する指導原則：「保護、尊重及び救済」枠組実施のために（A/HRC/17/31）。

　3　「女性の職業生活における活躍の推進に関する法律」を参照。

chapter **3** 資料

雇用の分野における男女の均等な機会及び待遇の確保等に関する法律
　　　（男女雇用機会均等法）（第 11 条）

事業主が職場における性的な言動に起因する問題に関して雇用管理上講ずべき
措置等についての指針

人事院規則 10-10（セクシュアル・ハラスメントの防止等）

人事院規則 10-16（パワー・ハラスメントの防止等）

女子差別撤廃委員会による一般勧告
　　　一般勧告第 19 号 女性に対する暴力　特定の勧告

ILO　仕事の世界における暴力及びハラスメントの撤廃に関する条約

ILO　仕事の世界における暴力とハラスメントの撤廃に関する勧告

女性の職業生活における活躍の推進に関する法律等の一部を改正する法律に対
する附帯決議（衆議院）

地方自治体、労働組合によるセクシュアル・ハラスメント相談窓口

民間団体等によるセクシュアル・ハラスメント相談窓口

雇用の分野における男女の均等な機会及び待遇の確保等に関する法律
（男女雇用機会均等法）（第 11 条）

令和元年法律第二十四号による改正　　　施行日：令和二年六月一日

（職場における性的な言動に起因する問題に関する雇用管理上の措置等）
第十一条　事業主は、職場において行われる性的な言動に対するその雇用する労働者の対応により当該労働者がその労働条件につき不利益を受け、又は当該性的な言動により当該労働者の就業環境が害されることのないよう、当該労働者からの相談に応じ、適切に対応するために必要な体制の整備その他の雇用管理上必要な措置を講じなければならない。
2　事業主は、労働者が前項の相談を行つたこと又は事業主による当該相談への対応に協力した際に事実を述べたことを理由として、当該労働者に対して解雇その他不利益な取扱いをしてはならない。
3　事業主は、他の事業主から当該事業主の講ずる第一項の措置の実施に関し必要な協力を求められた場合には、これに応ずるように努めなければならない。
4　厚生労働大臣は、前三項の規定に基づき事業主が講ずべき措置等に関して、その適切かつ有効な実施を図るために必要な指針（次項において「指針」という。）を定めるものとする。
5　第四条第四項及び第五項の規定は、指針の策定及び変更について準用する。この場合において、同条第四項中「聴くほか、都道府県知事の意見を求める」とあるのは、「聴く」と読み替えるものとする。

（職場における性的な言動に起因する問題に関する国、事業主及び労働者の責務）
第十一条の二　国は、前条第一項に規定する不利益を与える行為又は労働者の就業環境を害する同項に規定する言動を行つてはならないことその他当該言動に起因する問題（以下この条において「性的言動問題」という。）に対する事業主その他国民一般の関心と理解を深めるため、広報活動、啓発活動その他の措置を講ずるように努めなければならない。
2　事業主は、性的言動問題に対するその雇用する労働者の関心と理解を深めるとともに、当該労働者が他の労働者に対する言動に必要な注意を払うよう、研修の実施その他の必要な配慮をするほか、国の講ずる前項の措置に協力するように努めなければならない。
3　事業主（その者が法人である場合にあつては、その役員）は、自らも、性的言動問題に対する関心と理解を深め、労働者に対する言動に必要な注意を払うように努めなければならない。
4　労働者は、性的言動問題に対する関心と理解を深め、他の労働者に対する言動に必要な注意を払うとともに、事業主の講ずる前条第一項の措置に協力するように努めなければならない。

（職場における妊娠、出産等に関する言動に起因する問題に関する雇用管理上の措置等）
第十一条の三　事業主は、職場において行われるその雇用する女性労働者に対する当該女性労働者が妊娠したこと、出産したこと、労働基準法第六十五条第一項の規定による休業を請求し、又は同項若しくは同条第二項の規定による休業をしたことその他の妊娠又は出産に関する事由であつて厚生労働省令で定めるものに関する言動により当該女性労働者の就業環境が害されることのないよう、当該女性労働者からの相談に応じ、適切に対応するために必要な体制の整備その他の雇用管理上必要な措置を講じなければならない。

2　第十一条第二項の規定は、労働者が前項の相談を行い、又は事業主による当該相談への対応に協力した際に事実を述べた場合について準用する。

3　厚生労働大臣は、前二項の規定に基づき事業主が講ずべき措置等に関して、その適切かつ有効な実施を図るために必要な指針（次項において「指針」という。）を定めるものとする。

4　第四条第四項及び第五項の規定は、指針の策定及び変更について準用する。この場合において、同条第四項中「聴くほか、都道府県知事の意見を求める」とあるのは、「聴く」と読み替えるものとする。

（職場における妊娠、出産等に関する言動に起因する問題に関する国、事業主及び労働者の責務）
第十一条の四　国は、労働者の就業環境を害する前条第一項に規定する言動を行つてはならないことその他当該言動に起因する問題（以下この条において「妊娠・出産等関係言動問題」という。）に対する事業主その他国民一般の関心と理解を深めるため、広報活動、啓発活動その他の措置を講ずるように努めなければならない。

2　事業主は、妊娠・出産等関係言動問題に対するその雇用する労働者の関心と理解を深めるとともに、当該労働者が他の労働者に対する言動に必要な注意を払うよう、研修の実施その他の必要な配慮をするほか、国の講ずる前項の措置に協力するように努めなければならない。

3　事業主（その者が法人である場合にあつては、その役員）は、自らも、妊娠・出産等関係言動問題に対する関心と理解を深め、労働者に対する言動に必要な注意を払うように努めなければならない。

4　労働者は、妊娠・出産等関係言動問題に対する関心と理解を深め、他の労働者に対する言動に必要な注意を払うとともに、事業主の講ずる前条第一項の措置に協力するように努めなければならない。

事業主が職場における性的な言動に起因する問題に関して雇用管理上講ずべき措置等についての指針

（平成十八年十月十一日）（厚生労働省告示第六百十五号）
改正　平成二四年　九月二七日厚生労働省告示第五一八号
同二五年一二月二四日同　第三八三号
同二八年八月二日同　第三一四号
令和二年一月一五日同第六号
雇用の分野における男女の均等な機会及び待遇の確保等に関する法律（昭和四十七年法律第百十三号）第十一条第二項の規定に基づき、事業主が職場における性的な言動に起因する問題に関して雇用管理上講ずべき措置についての指針を次のように定め、平成十九年四月一日から適用することとしたので、同条第三項において準用する同法第四条第五項の規定に基づき、告示する。
なお、事業主が職場における性的な言動に起因する問題に関して雇用管理上配慮すべき事項についての指針（平成十年労働省告示第二十号）は、平成十九年三月三十一日限り廃止する。事業主が職場における性的な言動に起因する問題に関して雇用管理上講ずべき措置等についての指針
（令2厚労告6・改称）

1　はじめに

この指針は、雇用の分野における男女の均等な機会及び待遇の確保等に関する法律（昭和47年法律第113号。以下「法」という。）第11条第1項から第3項までに規定する事業主が職場において行われる性的な言動に対するその雇用する労働者の対応により当該労働者がその労働条件につき不利益を受け、又は当該性的な言動により当該労働者の就業環境が害されること（以下「職場におけるセクシュアルハラスメント」という。）のないよう雇用管理上講ずべき措置等について、同条第4項の規定に基づき事業主が適切かつ有効な実施を図るために必要な事項について定めたものである。

2　職場におけるセクシュアルハラスメントの内容

(1) 職場におけるセクシュアルハラスメントには、職場において行われる性的な言動に対する労働者の対応により当該労働者がその労働条件につき不利益を受けるもの（以下「対価型セクシュアルハラスメント」という。）と、当該性的な言動により労働者の就業環境が害されるもの（以下「環境型セクシュアルハラスメント」という。）がある。

なお、職場におけるセクシュアルハラスメントには、同性に対するものも含まれるものである。また、被害を受けた者（以下「被害者」という。）の性的指向又は性自認にかかわらず、当該者に対する職場におけるセクシュアルハラスメントも、本指針の対象となるものである。

(2)「職場」とは、事業主が雇用する労働者が業務を遂行する場所を指し、当該労働者が通常就業している場所以外の場所であっても、当該労働者が業務を遂行する場所については、「職場」に含まれる。取引先の事務所、取引先と打合せをするための飲食店、顧客の自宅等であっても、当該労働者が業務を遂行する場所であればこれに該当する。

(3)「労働者」とは、いわゆる正規雇用労働者のみならず、パートタイム労働者、契約社員等いわゆる非正規雇用労働者を含む事業主が雇用する労働者の全てをいう。また、派遣労働者については、派遣元事業主のみならず、労働者派遣の役務の提供を受ける者についても、労働者派遣事業の適正な運営の確保及び派遣労働者の保護等に関する法律（昭和60年法律第88号）第47条の2の規定により、その指揮命令の下に労働させる派遣労働者を雇用する事業主とみなされ、法第11条第1項及び第11条の2第2項の規定が適用されることから、労働者派遣の役務の提供を受ける者は、派遣労働者についてもその雇用する労働者と同様に、3(1)の配慮及び4の措置を講ずることが必要である。なお、法第11条第2項、第17条第2項及び第18条第2項の労働者に対する不利益な取扱いの禁止については、派遣労働者も対象に含まれるものであり、派遣元事業主のみならず、労働者派遣の役務の提供を受ける者もまた、当該者に派遣労働者が職場におけるセクシュアルハラスメントの相談を行ったこと等を理由として、当該派遣労働者に係る労働者派遣の役務の提供を拒む等、当該派遣労働者に対する不利益な取扱いを行ってはならない。

(4)「性的な言動」とは、性的な内容の発言及び性的な行動を指し、この「性的な内容の発言」には、性的な事実関係を尋ねること、性的な内容の情報を意図的に流布すること等が、「性的な行動」には、性的な関係を強要すること、必要なく身体に触ること、わいせつな図画を配布すること等が、それぞれ含まれる。当該言動を行う者には、労働者を雇用する事業主（その者が法人である場合にあってはその役員。以下この(4)において同じ。）、上司、同僚に限らず、取引先等の他の事業主又はその雇用する労働者、顧客、患者又はその家族、学校における生徒等もなり得る。

(5)「対価型セクシュアルハラスメント」とは、職場において行われる労働者の意に反する性

的な言動に対する労働者の対応により、当該労働者が解雇、降格、減給等の不利益を受けることであって、その状況は多様であるが、典型的な例として、次のようなものがある。

イ　事務所内において事業主が労働者に対して性的な関係を要求したが、拒否されたため、当該労働者を解雇すること。

ロ　出張中の車中において上司が労働者の腰、胸等に触ったが、抵抗されたため、当該労働者について不利益な配置転換をすること。

ハ　営業所内において事業主が日頃から労働者に係る性的な事柄について公然と発言していたが、抗議されたため、当該労働者を降格すること。

(6)「環境型セクシュアルハラスメント」とは、職場において行われる労働者の意に反する性的な言動により労働者の就業環境が不快なものとなったため、能力の発揮に重大な悪影響が生じる等当該労働者が就業する上で看過できない程度の支障が生じることであって、その状況は多様であるが、典型的な例として、次のようなものがある。

イ　事務所内において上司が労働者の腰、胸等に度々触ったため、当該労働者が苦痛に感じてその就業意欲が低下していること。

ロ　同僚が取引先において労働者に係る性的な内容の情報を意図的かつ継続的に流布したため、当該労働者が苦痛に感じて仕事が手につかないこと。

ハ　労働者が抗議をしているにもかかわらず、事務所内にヌードポスターを掲示しているため、当該労働者が苦痛に感じて業務に専念できないこと。

3　事業主等の責務

(1) 事業主の責務

法第11条の2第2項の規定により、事業主は、職場におけるセクシュアルハラスメントを行ってはならないことその他職場におけるセクシュアルハラスメントに起因する問題（以下「セクシュアルハラスメント問題」という。）に対するその雇用する労働者の関心と理解を深めるとともに、当該労働者が他の労働者（他の事業主が雇用する労働者及び求職者を含む。(2)において同じ。）に対する言動に必要な注意を払うよう、研修の実施その他の必要な配慮をするほか、国の講ずる同条第1項の広報活動、啓発活動その他の措置に協力するように努めなければならない。なお、職場におけるセクシュアルハラスメントに起因する問題としては、例えば、労働者の意欲の低下などによる職場環境の悪化や職場全体の生産性の低下、労働者の健康状態の悪化、休職や退職などにつながり得ること、これらに伴う経営的な損失等が考えられる。

また、事業主（その者が法人である場合にあっては、その役員）は、自らも、セクシュアルハラスメント問題に対する関心と理解を深め、労働者（他の事業主が雇用する労働者及び求職者を含む。）に対する言動に必要な注意を払うように努めなければならない。

(2) 労働者の責務

法第11条の2第4項の規定により、労働者は、セクシュアルハラスメント問題に対する関心と理解を深め、他の労働者に対する言動に必要な注意を払うとともに、事業主の講ずる4の措置に協力するように努めなければならない。

4　事業主が職場における性的な言動に起因する問題に関し雇用管理上講ずべき措置の内容

事業主は、職場におけるセクシュアルハラスメントを防止するため、雇用管理上次の措置を講じなければならない。

(1) 事業主の方針等の明確化及びその周知・啓発

事業主は、職場におけるセクシュアルハラスメントに関する方針の明確化、労働者に対するその方針の周知・啓発として、次の措置を講じなければならない。なお、周知・啓発をするに当たっては、職場におけるセクシュアルハラスメントの防止の効果を高めるため、その発生の原因や背景について労働者の理解を深めることが重要である。その際、職場におけるセクシュアルハラスメントの発生の原因や背景には、性別役割分担意識に基づく言動もあると考えられ、こうした言動をなくしていくことがセクシュアルハラスメントの防止の効果を高める上で重要であることに留意することが必要である。

イ 職場におけるセクシュアルハラスメントの内容及び職場におけるセクシュアルハラスメントを行ってはならない旨の方針を明確化し、管理監督者を含む労働者に周知・啓発すること。
(事業主の方針を明確化し、労働者に周知・啓発していると認められる例)
① 就業規則その他の職場における服務規律等を定めた文書において、職場におけるセクシュアルハラスメントを行ってはならない旨の方針を規定し、当該規定と併せて、職場におけるセクシュアルハラスメントの内容及び性別役割分担意識に基づく言動がセクシュアルハラスメントの発生の原因や背景となり得ることを、労働者に周知・啓発すること。
② 社内報、パンフレット、社内ホームページ等広報又は啓発のための資料等に職場におけるセクシュアルハラスメントの内容及び性別役割分担意識に基づく言動がセクシュアルハラスメントの発生の原因や背景となり得ること並びに職場におけるセクシュアルハラスメントを行ってはならない旨の方針を記載し、配布等すること。
③ 職場におけるセクシュアルハラスメントの内容及び性別役割分担意識に基づく言動がセクシュアルハラスメントの発生の原因や背景となり得ること並びに職場におけるセクシュアルハラスメントを行ってはならない旨の方針を労働者に対して周知・啓発するための研修、講習等を実施すること。

ロ 職場におけるセクシュアルハラスメントに係る性的な言動を行った者については、厳正に対処する旨の方針及び対処の内容を就業規則その他の職場における服務規律等を定めた文書に規定し、管理監督者を含む労働者に周知・啓発すること。
(対処方針を定め、労働者に周知・啓発していると認められる例)
① 就業規則その他の職場における服務規律等を定めた文書において、職場におけるセクシュアルハラスメントに係る性的な言動を行った者に対する懲戒規定を定め、その内容を労働者に周知・啓発すること。
② 職場におけるセクシュアルハラスメントに係る性的な言動を行った者は、現行の就業規則その他の職場における服務規律等を定めた文書において定められている懲戒規定の適用の対象となる旨を明確化し、これを労働者に周知・啓発すること。

(2) 相談(苦情を含む。以下同じ。)に応じ、適切に対応するために必要な体制の整備事業主は、労働者からの相談に対し、その内容や状況に応じ適切かつ柔軟に対応するために必要な体制の整備として、次の措置を講じなければならない。

イ 相談への対応のための窓口(以下「相談窓口」という。)をあらかじめ定め、労働者に周知すること。
(相談窓口をあらかじめ定めていると認められる例)
① 相談に対応する担当者をあらかじめ定めること。
② 相談に対応するための制度を設けること。
③ 外部の機関に相談への対応を委託すること。

ロ イの相談窓口の担当者が、相談に対し、その内容や状況に応じ適切に対応できるようにす

ること。また、相談窓口においては、被害を受けた労働者が萎縮するなどして相談を躊躇する
例もあること等も踏まえ、相談者の心身の状況や当該言動が行われた際の受け止めなどその認
識にも配慮しながら、職場におけるセクシュアルハラスメントが現実に生じている場合だけで
なく、その発生のおそれがある場合や、職場におけるセクシュアルハラスメントに該当するか
否か微妙な場合であっても、広く相談に対応し、適切な対応を行うようにすること。例えば、
放置すれば就業環境を害するおそれがある場合や、性別役割分担意識に基づく言動が原因や背
景となってセクシュアルハラスメントが生じるおそれがある場合等が考えられる。
(相談窓口の担当者が適切に対応することができるようにしていると認められる例)
① 相談窓口の担当者が相談を受けた場合、その内容や状況に応じて、相談窓口の担当者と人
事部門とが連携を図ることができる仕組みとすること。
② 相談窓口の担当者が相談を受けた場合、あらかじめ作成した留意点などを記載したマニュ
アルに基づき対応すること。
③ 相談窓口の担当者に対し、相談を受けた場合の対応についての研修を行うこと。
(3) 職場におけるセクシュアルハラスメントに係る事後の迅速かつ適切な対応
事業主は、職場におけるセクシュアルハラスメントに係る相談の申出があった場合において、
その事案に係る事実関係の迅速かつ正確な確認及び適正な対処として、次の措置を講じなけれ
ばならない。
イ 事案に係る事実関係を迅速かつ正確に確認すること。なお、セクシュアルハラスメントに
係る性的な言動の行為者とされる者(以下「行為者」という。)が、他の事業主が雇用する労
働者又は他の事業主(その者が法人である場合にあっては、その役員)である場合には、必要
に応じて、他の事業主に事実関係の確認への協力を求めることも含まれる。
(事案に係る事実関係を迅速かつ正確に確認していると認められる例)
① 相談窓口の担当者、人事部門又は専門の委員会等が、相談を行った労働者(以下「相談者」
という。)及び行為者の双方から事実関係を確認すること。その際、相談者の心身の状況や当
該言動が行われた際の受け止めなどその認識にも適切に配慮すること。また、相談者と行為者
との間で事実関係に関する主張に不一致があり、事実の確認が十分にできないと認められる場
合には、第三者からも事実関係を聴取する等の措置を講ずること。
② 事実関係を迅速かつ正確に確認しようとしたが、確認が困難な場合などにおいて、法第18
条に基づく調停の申請を行うことその他中立な第三者機関に紛争処理を委ねること。
ロ イにより、職場におけるセクシュアルハラスメントが生じた事実が確認できた場合におい
ては、速やかに被害を受けた労働者(以下「被害者」という。)に対する配慮のための措置を
適正に行うこと。
(措置を適正に行っていると認められる例)
① 事案の内容や状況に応じ、被害者と行為者の間の関係改善に向けての援助、被害者と行為
者を引き離すための配置転換、行為者の謝罪、被害者の労働条件上の不利益の回復、管理監督
者又は事業場内産業保健スタッフ等による被害者のメンタルヘルス不調への相談対応等の措置
を講ずること。
② 法第18条に基づく調停その他中立な第三者機関の紛争解決案に従った措置を被害者に対し
て講ずること。
ハ イにより、職場におけるセクシュアルハラスメントが生じた事実が確認できた場合におい
ては、行為者に対する措置を適正に行うこと。
(措置を適正に行っていると認められる例)

① 就業規則その他の職場における服務規律等を定めた文書における職場におけるセクシュアルハラスメントに関する規定等に基づき、行為者に対して必要な懲戒その他の措置を講ずること。あわせて、事案の内容や状況に応じ、被害者と行為者の間の関係改善に向けての援助、被害者と行為者を引き離すための配置転換、行為者の謝罪等の措置を講ずること。

② 法第18条に基づく調停その他中立な第三者機関の紛争解決案に従った措置を行為者に対して講ずること。

ニ 改めて職場におけるセクシュアルハラスメントに関する方針を周知・啓発する等の再発防止に向けた措置を講ずること。なお、セクシュアルハラスメントに係る性的な言動の行為者が、他の事業主が雇用する労働者又は他の事業主（その者が法人である場合にあっては、その役員）である場合には、必要に応じて、他の事業主に再発防止に向けた措置への協力を求めることも含まれる。また、職場におけるセクシュアルハラスメントが生じた事実が確認できなかった場合においても、同様の措置を講ずること。

（再発防止に向けた措置を講じていると認められる例）

① 職場におけるセクシュアルハラスメントを行ってはならない旨の方針及び職場におけるセクシュアルハラスメントに係る性的な言動を行った者について厳正に対処する旨の方針を、社内報、パンフレット、社内ホームページ等広報又は啓発のための資料等に改めて掲載し、配布等すること。

② 労働者に対して職場におけるセクシュアルハラスメントに関する意識を啓発するための研修、講習等を改めて実施すること。

(4)（1）から（3）までの措置と併せて講ずべき措置

（1）から（3）までの措置を講ずるに際しては、併せて次の措置を講じなければならない。

イ 職場におけるセクシュアルハラスメントに係る相談者・行為者等の情報は当該相談者・行為者等のプライバシーに属するものであることから、相談への対応又は当該セクシュアルハラスメントに係る事後の対応に当たっては、相談者・行為者等のプライバシーを保護するために必要な措置を講ずるとともに、その旨を労働者に対して周知すること。

（相談者・行為者等のプライバシーを保護するために必要な措置を講じていると認められる例）

① 相談者・行為者等のプライバシーの保護のために必要な事項をあらかじめマニュアルに定め、相談窓口の担当者が相談を受けた際には、当該マニュアルに基づき対応するものとすること。

② 相談者・行為者等のプライバシーの保護のために、相談窓口の担当者に必要な研修を行うこと。

③ 相談窓口においては相談者・行為者等のプライバシーを保護するために必要な措置を講じていることを、社内報、パンフレット、社内ホームページ等広報又は啓発のための資料等に掲載し、配布等すること。

ロ 法第11条第2項、第17条第2項及び第18条第2項の規定を踏まえ、労働者が職場におけるセクシュアルハラスメントに関し相談をしたこと若しくは事実関係の確認等の事業主の雇用管理上講ずべき措置に協力したこと、都道府県労働局に対して相談、紛争解決の援助の求め若しくは調停の申請を行ったこと又は調停の出頭の求めに応じたこと（以下「セクシュアルハラスメントの相談等」という。）を理由として、解雇その他不利益な取扱いをされない旨を定め、労働者に周知・啓発すること。

（不利益な取扱いをされない旨を定め、労働者にその周知・啓発することについて措置を講じていると認められる例）

① 就業規則その他の職場における服務規律等を定めた文書において、セクシュアルハラスメントの相談等を理由として、当該労働者が解雇等の不利益な取扱いをされない旨を規定し、労働者に周知・啓発をすること。
② 社内報、パンフレット、社内ホームページ等広報又は啓発のための資料等に、セクシュアルハラスメントの相談等を理由として、当該労働者が解雇等の不利益な取扱いをされない旨を記載し、労働者に配布等すること。

5　他の事業主の講ずる雇用管理上の措置の実施に関する協力

法第11条第3項の規定により、事業主は、当該事業主が雇用する労働者又は当該事業主（その者が法人である場合にあっては、その役員）による他の事業主の雇用する労働者に対する職場におけるセクシュアルハラスメントに関し、他の事業主から、事実関係の確認等の雇用管理上の措置の実施に関し必要な協力を求められた場合には、これに応ずるように努めなければならない。また、同項の規定の趣旨に鑑みれば、事業主が、他の事業主から雇用管理上の措置への協力を求められたことを理由として、当該事業主に対し、当該事業主との契約を解除する等の不利益な取扱いを行うことは望ましくないものである。

6　事業主が職場における性的な言動に起因する問題に関し行うことが望ましい取組の内容

事業主は、職場におけるセクシュアルハラスメントを防止するため、4の措置に加え、次の取組を行うことが望ましい。
(1) 職場におけるセクシュアルハラスメントは、パワーハラスメント（事業主が職場における優越的な関係を背景とした言動に起因する問題に関して雇用管理上講ずべき措置等についての指針（令和2年厚生労働省告示第5号）に規定する「職場におけるパワーハラスメント」をいう。以下同じ。）、妊娠、出産等に関するハラスメント（事業主が職場における妊娠、出産等に関する言動に起因する問題に関して雇用管理上講ずべき措置等についての指針（平成28年厚生労働省告示第312号）に規定する「職場における妊娠、出産等に関するハラスメント」をいう。）、育児休業等に関するハラスメント（子の養育又は家族の介護を行い、又は行うこととなる労働者の職業生活と家庭生活との両立が図られるようにするために事業主が講ずべき措置等に関する指針（平成21年厚生労働省告示第509号）に規定する「職場における育児休業等に関するハラスメント」をいう。）その他のハラスメントと複合的に生じることも想定されることから、事業主は、例えば、パワーハラスメント等の相談窓口と一体的に、職場におけるセクシュアルハラスメントの相談窓口を設置し、一元的に相談に応じることのできる体制を整備することが望ましい。
(一元的に相談に応じることのできる体制の例)
① 相談窓口で受け付けることのできる相談として、職場におけるセクシュアルハラスメントのみならず、パワーハラスメント等も明示すること。
② 職場におけるセクシュアルハラスメントの相談窓口がパワーハラスメント等の相談窓口を兼ねること。
(2) 事業主は、4の措置を講じる際に、必要に応じて、労働者や労働組合等の参画を得つつ、アンケート調査や意見交換等を実施するなどにより、その運用状況の的確な把握や必要な見直しの検討等に努めることが重要である。なお、労働者や労働組合等の参画を得る方法として、例えば、労働安全衛生法（昭和47年法律第57号）第18条第1項に規定する衛生委員会の活用なども考えられる。

7 事業主が自らの雇用する労働者以外の者に対する言動に関し行うことが望ましい取組の内容

3の事業主及び労働者の責務の趣旨に鑑みれば、事業主は、当該事業主が雇用する労働者が、他の労働者（他の事業主が雇用する労働者及び求職者を含む。）のみならず、個人事業主、インターンシップを行っている者等の労働者以外の者に対する言動についても必要な注意を払うよう配慮するとともに、事業主（その者が法人である場合にあっては、その役員）自らと労働者も、労働者以外の者に対する言動について必要な注意を払うよう努めることが望ましい。

こうした責務の趣旨も踏まえ、事業主は、4（1）イの職場におけるセクシュアルハラスメントを行ってはならない旨の方針の明確化等を行う際に、当該事業主が雇用する労働者以外の者（他の事業主が雇用する労働者、就職活動中の学生等の求職者及び労働者以外の者）に対する言動についても、同様の方針を併せて示すことが望ましい。また、これらの者から職場におけるセクシュアルハラスメントに類すると考えられる相談があった場合には、その内容を踏まえて、4の措置も参考にしつつ、必要に応じて適切な対応を行うように努めることが望ましい。

改正文（平成二四年九月二七日厚生労働省告示第五一八号）抄
平成二十四年十月一日から適用する。
改正文（平成二五年一二月二四日厚生労働省告示第三八三号）抄
平成二十六年七月一日から適用する。
改正文（平成二八年八月二日厚生労働省告示第三一四号）抄
平成二十九年一月一日から適用する。
改正文（令和二年一月一五日厚生労働省告示第六号）抄
女性の職業生活における活躍の推進に関する法律等の一部を改正する法律の施行の日（令和二年六月一日）から適用する。

人事院規則 10-10（セクシュアル・ハラスメントの防止等）

人事院は、国家公務員法（昭和二十二年法律第百二十号）に基づき、セクシュアル・ハラスメントの防止等に関し次の人事院規則を制定する。

（趣旨）

第一条　この規則は、人事行政の公正の確保、職員の利益の保護及び職員の能率の発揮を目的として、セクシュアル・ハラスメントの防止及び排除のための措置並びにセクシュアル・ハラスメントに起因する問題が生じた場合に適切に対応するための措置に関し、必要な事項を定めるものとする。

（定義）

第二条　この規則において、次の各号に掲げる用語の意義は、当該各号に定めるところによる。

一　セクシュアル・ハラスメント　他の者を不快にさせる職場における性的な言動及び職員が他の職員を不快にさせる職場外における性的な言動

二　セクシュアル・ハラスメントに起因する問題　セクシュアル・ハラスメントのため職員の勤務環境が害されること及びセクシュアル・ハラスメントへの対応に起因して職員がその勤務条件につき不利益を受けること。

（人事院の責務）

第三条　人事院は、セクシュアル・ハラスメントの防止等に関する施策についての企画立案を行うとともに、各省各庁の長がセクシュアル・ハラスメントの防止等のために実施する措置に関する調整、指導及び助言に当たらなければならない。

（各省各庁の長の責務）
第四条　各省各庁の長は、職員がその能率を充分に発揮できるような勤務環境を確保するため、セクシュアル・ハラスメントの防止及び排除に関し、必要な措置を講ずるとともに、セクシュアル・ハラスメントに起因する問題が生じた場合においては、必要な措置を迅速かつ適切に講じなければならない。

2　各省各庁の長は、当該各省各庁に属する職員が他の各省各庁に属する職員（以下「他省庁の職員」という。）からセクシュアル・ハラスメントを受けたとされる場合には、当該他省庁の職員に係る各省各庁の長に対し、当該他省庁の職員に対する調査を行うよう要請するとともに、必要に応じて当該他省庁の職員に対する指導等の対応を行うよう求めなければならない。この場合において、当該調査又は対応を行うよう求められた各省各庁の長は、これに応じて必要と認める協力を行わなければならない。

3　各省各庁の長は、セクシュアル・ハラスメントに関する苦情の申出、当該苦情等に係る調査への協力その他セクシュアル・ハラスメントに対する職員の対応に起因して当該職員が職場において不利益を受けることがないようにしなければならない。

（職員の責務）
第五条　職員は、セクシュアル・ハラスメントをしてはならない。

2　職員は、次条第一項の指針を十分認識して行動するよう努めなければならない。

3　職員を監督する地位にある者（以下「監督者」という。）は、良好な勤務環境を確保するため、日常の執務を通じた指導等によりセクシュアル・ハラスメントの防止及び排除に努めるとともに、セクシュアル・ハラスメントに起因する問題が生じた場合には、迅速かつ適切に対処しなければならない。

（職員に対する指針）
第六条　人事院は、セクシュアル・ハラスメントをなくするために職員が認識すべき事項について、指針を定めるものとする。

2　各省各庁の長は、職員に対し、前項の指針の周知徹底を図らなければならない。

（研修等）
第七条　各省各庁の長は、セクシュアル・ハラスメントの防止等のため、職員の意識の啓発及び知識の向上を図らなければならない。

2　各省各庁の長は、セクシュアル・ハラスメントの防止等のため、職員に対し、研修を実施しなければならない。この場合において、特に、新たに職員となった者にセクシュアル・ハラスメントに関する基本的な事項について理解させること並びに新たに監督者となった職員その他職責等を考慮して人事院が定める職員にセクシュアル・ハラスメントの防止等に関しその求められる役割及び技能について理解させることに留意するものとする。

3　人事院は、各省各庁の長が前二項の規定により実施する研修等の調整及び指導に当たるとともに、自ら実施することが適当と認められるセクシュアル・ハラスメントの防止等のための研修について計画を立て、その実施に努めるものとする。

（苦情相談への対応）
第八条　各省各庁の長は、人事院の定めるところにより、セクシュアル・ハラスメントに関する苦情の申出及び相談（以下「苦情相談」という。）が職員からなされた場合に対応するため、

苦情相談を受ける職員（以下「相談員」という。）を配置し、相談員が苦情相談を受ける日時及び場所を指定する等必要な体制を整備しなければならない。この場合において、各省各庁の長は、苦情相談を受ける体制を職員に対して明示するものとする。

2　相談員は、苦情相談に係る問題の事実関係の確認及び当該苦情相談に係る当事者に対する助言等により、当該問題を迅速かつ適切に解決するよう努めるものとする。この場合において、相談員は、次条第一項の指針に十分留意しなければならない。

3　職員は、相談員に対して苦情相談を行うほか、人事院に対しても苦情相談を行うことができる。この場合において、人事院は、苦情相談を行った職員等から事情の聴取を行う等の必要な調査を行い、当該職員等に対して指導、助言及び必要なあっせん等を行うものとする。

4　人事院は、職員以外の者であって職員からセクシュアル・ハラスメントを受けたと思料するものからの苦情相談を受けるものとし、当該苦情相談の迅速かつ適切な処理を行わせるため、人事院事務総局の職員のうちから、当該苦情相談を受けて処理する者をセクシュアル・ハラスメント相談員として指名するものとする。この場合において、当該苦情相談の処理については、規則一三－五（職員からの苦情相談）第四条（第三項を除く。）から第九条までの規定の例による。

（苦情相談に関する指針）

第九条　人事院は、相談員がセクシュアル・ハラスメントに関する苦情相談に対応するに当たり留意すべき事項について、指針を定めるものとする。

2　各省各庁の長は、相談員に対し、前項の指針の周知徹底を図らなければならない。

　附　則

この規則は、平成十一年四月一日から施行する。

　附　則　（平成一九年二月九日人事院規則一〇－一〇－一）

この規則は、平成十九年四月一日から施行する。

　附　則　（平成三一年四月一日人事院規則一〇－一〇－二）

この規則は、公布の日から施行する。

　附　則　（令和二年四月一日人事院規則一〇－一〇－三）

この規則は、令和二年六月一日から施行する。

人事院規則 10-16（パワー・ハラスメントの防止等）

人事院は、国家公務員法（昭和二十二年法律第百二十号）に基づき、パワー・ハラスメントの防止等に関し次の人事院規則を制定する。

（趣旨）

第一条　この規則は、人事行政の公正の確保、職員の利益の保護及び職員の能率の発揮を目的として、パワー・ハラスメントの防止のための措置及びパワー・ハラスメントが行われた場合に適切に対応するための措置に関し、必要な事項を定めるものとする。

（定義）

第二条　この規則において、「パワー・ハラスメント」とは、職務に関する優越的な関係を背景として行われる、業務上必要かつ相当な範囲を超える言動であって、職員に精神的若しくは身体的な苦痛を与え、職員の人格若しくは尊厳を害し、又は職員の勤務環境を害することとなるようなものをいう。

（人事院の責務）

第三条　人事院は、パワー・ハラスメントの防止及びパワー・ハラスメントが行われた場合の対応（以下「パワー・ハラスメントの防止等」という。）に関する施策についての企画立案を行うとともに、各省各庁の長がパワー・ハラスメントの防止等のために実施する措置に関する調整、指導及び助言に当たらなければならない。

（各省各庁の長の責務）

第四条　各省各庁の長は、職員がその能率を充分に発揮できるような勤務環境を確保するため、パワー・ハラスメントの防止に関し、必要な措置を講ずるとともに、パワー・ハラスメントが行われた場合においては、必要な措置を迅速かつ適切に講じなければならない。

2　各省各庁の長は、当該各省各庁に属する職員が他の各省各庁に属する職員（以下「他省庁の職員」という。）からパワー・ハラスメントを受けたとされる場合には、当該他省庁の職員に係る各省各庁の長に対し、当該他省庁の職員に対する調査を行うよう要請するとともに、必要に応じて当該他省庁の職員に対する指導等の対応を行うよう求めなければならない。この場合において、当該調査又は対応を行うよう求められた各省各庁の長は、これに応じて必要と認める協力を行わなければならない。

3　各省各庁の長は、パワー・ハラスメントに関する苦情の申出、当該苦情等に係る調査への協力その他パワー・ハラスメントが行われた場合の職員の対応に起因して当該職員が職場において不利益を受けることがないようにしなければならない。

（職員の責務）

第五条　職員は、パワー・ハラスメントをしてはならない。

2　職員は、次条第一項の指針を十分認識して行動するよう努めなければならない。

3　管理又は監督の地位にある職員は、パワー・ハラスメントの防止のため、良好な勤務環境を確保するよう努めるとともに、パワー・ハラスメントに関する苦情の申出及び相談（以下「苦情相談」という。）が職員からなされた場合には、苦情相談に係る問題を解決するため、迅速かつ適切に対処しなければならない。

（職員に対する指針）

第六条　人事院は、パワー・ハラスメントを防止しパワー・ハラスメントに関する問題を解決するために職員が認識すべき事項について、指針を定めるものとする。

2　各省各庁の長は、職員に対し、前項の指針の周知徹底を図らなければならない。

（研修等）

第七条　各省各庁の長は、パワー・ハラスメントの防止等のため、職員の意識の啓発及び知識の向上を図らなければならない。

2　各省各庁の長は、パワー・ハラスメントの防止等のため、職員に対し、研修を実施しなければならない。この場合において、特に、新たに職員となった者にパワー・ハラスメントに関する基本的な事項について理解させること並びに昇任した職員にパワー・ハラスメントの防止等に関し昇任後の役職段階ごとに求められる役割及び技能について理解させることに留意するものとする。

3　人事院は、各省各庁の長が前二項の規定により実施する研修等の調整及び指導に当たるとともに、自ら実施することが適当と認められるパワー・ハラスメントの防止等のための研修について計画を立て、その実施に努めるものとする。

（苦情相談への対応）

第八条　各省各庁の長は、人事院の定めるところにより、パワー・ハラスメントに関する苦情

相談が職員からなされた場合に対応するため、苦情相談を受ける職員（以下「相談員」という。）を配置し、相談員が苦情相談を受ける日時及び場所を指定する等必要な体制を整備しなければならない。この場合において、各省各庁の長は、苦情相談を受ける体制を職員に対して明示するものとする。

2　相談員は、次条第一項の指針に十分留意して、苦情相談に係る問題を迅速かつ適切に解決するよう努めるものとする。

3　職員は、相談員に対して苦情相談を行うほか、人事院に対しても苦情相談を行うことができる。この場合において、人事院は、苦情相談を行った職員等から事情の聴取を行う等の必要な調査を行い、当該職員等に対して指導、助言及び必要なあっせん等を行うものとする。

（苦情相談に関する指針）

第九条　人事院は、相談員がパワー・ハラスメントに関する苦情相談に対応するに当たり留意すべき事項について、指針を定めるものとする。

2　各省各庁の長は、相談員に対し、前項の指針の周知徹底を図らなければならない。

附　則　抄

（施行期日）

1　この規則は、令和二年六月一日から施行する。

女子差別撤廃委員会による一般勧告（内閣府仮訳）

一般勧告第 19 号 女性に対する暴力　特定の勧告（第 11 回会期、1992 年）

（*本書の本文中では女性差別撤廃委員会と表記しています）

特定の勧告

24.〔……〕女子差別撤廃委員会は、次のことを勧告する。

(a) 締約国は、あらゆる形態のジェンダーに基づく暴力（公的行為であるか私的行為であるかを問わない）を撲滅するために、適切かつ効果的な措置をとるべきである。

(b) 締約国は、家族による暴力及び虐待、レイプ、性的暴行及びその他のジェンダーに基づく暴力に対する法律が、すべての女性に適切な保護を与え、女性の保全と尊厳を尊重するように確保するべきである。適切な保護的及び支援的サービスが犠牲者に対して与えられるべきである。裁判官、法執行官及びその他の公務員に対するジェンダーに配慮した研修が、条約の効果的な実施のために不可欠である。

(c) 締約国は、暴力の範囲、原因及び影響、並びに、暴力を防止し、対処するための措置の有効性に関する統計及び研究の収集を奨励するべきである。

(d) メディアが、女性を尊重し、女性の尊重を促進するように確保するための効果的措置がとられるべきである。

(e) 締約国は、報告において、女性に対する暴力を永続化させる態度、慣習及び慣行の性質及び範囲、並びに、その結果として、いかなる種類の暴力が生じるかを明らかにすべきである。締約国は、暴力を撲滅するために着手した措置及びこれらの措置の効果を報告すべきである。

(f) これらの態度及び慣行を撲滅するために、効果的な措置がとられるべきである。締約国は、女性の平等を妨げる偏見の撤廃を促進する教育及び広報プログラムを導入するべきである（一般勧告第 3 号、1987 年）。

(g) 特別な防止措置及び刑罰措置が、売買及び性的搾取を撲滅するために必要である。

(h) 締約国は、報告において、これらの問題の範囲、及び、売春に従事した女性又は売買及びその他の形態の性的搾取を受けた女性を保護するためにとられた措置（刑罰規定、防止及び社会復帰措置を含む）について説明するべきである。これらの措置の有効性についても報告するべきである。

(i) 効果的な申立て手続及び救済措置（補償を含む）が与えられるべきである。

(j) 締約国は、報告に、セクシュアル・ハラスメントについての情報、並びにセクシュアル・ハラスメント及び職場におけるその他の形態の暴力又は強制から女性を保護するための措置についての情報を含めるべきである。

(k) 締約国は、家族による暴力、レイプ、性的暴行及びその他の形態のジェンダーに基づく暴力の被害者のためのサービスを確立又は支援するべきである（避難所、特別に訓練された保健従事者、リハビリテーション及びカウンセリングを含む）。

(l) 締約国は、かかる慣行を撲滅するための措置をとるべきであり、健康問題に関して報告する場合、女性性器の切除に関する委員会の勧告（一般勧告第 14 号）を考慮すべきである。

(m) 締約国は、生殖能力及び生殖に関する強制を防止するための措置がとられるように確保すべきである。また、女性が、避妊に関する適切なサービスの欠如のために非合法な中絶といった安全でない医療処置を求めることを余儀なくされることのないように確保するための措置がとられるように確保すべきである。

(n) 締約国は、その報告において、これらの問題の範囲を述べ、とられた措置及びその効果を示すべきである。

(o) 締約国は、農村の女性が暴力の被害者のためのサービスを利用できるように確保し、必要な場合には、孤立した地域に特別なサービスが提供されるよう確保するべきである。

(p) 暴力から彼女たちを保護するための措置は、訓練及び雇用の機会並びに国内労働者の雇用条件の監視を含むべきである。

(q) 締約国は、農村女性がさらされる危険、彼女たちが受ける暴力及び虐待の範囲及び性質、支援及びその他のサービスに対する彼女たちのニーズ及びそれを享受する機会、並びに、暴力を撤廃するための措置の有効性に関して報告すべきである。

(r) 家族による暴力を撤廃するために必要な措置は次のものを含む。

　(i) 家庭内暴力事件における民事救済、及び、必要な場合には、刑事罰

　(ii) 家族の一員である女性に対する暴行又は殺人に関して、名誉のためであるという抗弁を排除するための立法

　(iii) 家族による暴力の犠牲者の安全を確保するためのサービス（避難所、カウンセリング及びリハビリテーション・プログラムを含む）

　(iv) 家庭内暴力を犯した者のための社会復帰プログラム

　(v) 近親相姦又は性的虐待が行われた場合の家族に対する支援サービス

(s) 締約国は、家庭内暴力及び性的虐待の範囲、並びにそのためにとられた防止的、刑罰的及び救済的措置について報告するべきである。

(t) 締約国は、ジェンダーに基づく暴力に対して、女性に効果的な保護を与えるために必要なすべての立法及びその他の措置をとるべきである。とりわけ、

　(i) あらゆる形態の暴力（とりわけ、家庭における暴力及び虐待、職場における性的暴行及びセクシュアル・ハラスメントを含む）から、女性を保護するための効果的な立法措置（刑事的制裁、民事的救済及び補償の付与を含む）。

　(ii) 防止措置（男女の役割及び地位に関する態度を改めさせるための広報及び教育プログラ

ムを含む）。

　（iii）保護措置（暴力の犠牲者又は暴力の危険にさらされている女性のための避難所、カウンセリング、リハビリテーション及び支援サービスを含む）。

(u) 締約国は、あらゆる形態のジェンダーに基づく暴力について報告し、かかる報告には、各形態の暴力の発生率について、及び、犠牲者である女性に対するかかる暴力の影響についての入手可能なすべてのデータを含めるべきである。

(v) 締約国の報告は、女性に対する暴力を撲滅するためにとられた立法的、防止的及び保護的措置、並びにかかる措置の有効性についての情報を含むべきである。

ILO　仕事の世界における暴力及びハラスメントの撤廃に関する条約

（ILO 第 108 回総会で 2019 年 6 月 21 日採択）

（条約発効日：2021 年 6 月 25 日）（ILO 駐日事務所訳）

　国際労働機関の総会は、

　理事会によりジュネーブに招集されて、二〇一九年六月十日にその第百八回（百周年）会期として会合し、

　フィラデルフィア宣言が、全ての人間は、人種、信条又は性にかかわりなく、自由及び尊厳並びに経済的保障及び機会均等の条件において、物質的福祉及び精神的発展を追求する権利をもつことを確認していることを想起し、

　国際労働機関の基本条約との関連性を再確認し、

　世界人権宣言、市民的及び政治的権利に関する国際規約、経済的、社会的及び文化的権利に関する国際規約、あらゆる形態の人種差別の撤廃に関する国際条約、女子に対するあらゆる形態の差別の撤廃に関する条約、全ての移住労働者及びその家族の構成員の権利の保護に関する国際条約、障害者の権利に関する条約等の他の関連する国際文書を想起し、

　暴力及びハラスメント（ジェンダーに基づく暴力及びハラスメントを含む。）のない仕事の世界についての全ての者の権利を認識し、

　仕事の世界における暴力及びハラスメントが人権の侵害又は濫用に当たるおそれがあること及び機会均等に対する脅威である当該暴力及びハラスメントが容認することができないものであり、かつ、適切な仕事と両立しないものであることを認識し、

　相互尊重及び人間の尊厳に基礎を置く労働の文化が暴力及びハラスメントの防止のために重要であることを認識し、

　加盟国が、暴力及びハラスメントの行動及び慣行の防止を容易にするため、暴力及びハラスメントを一切許容しない一般の環境の醸成を促進する重要な責任を有していること並びに仕事の世界における全ての関係者が、暴力及びハラスメントを差し控え、及び防止し、並びにこれらに対処しなければならないことを想起し、

　仕事の世界における暴力及びハラスメントが個人の心理的な、身体的な及び性に関する健康、尊厳並びに家庭環境及び社会環境に影響を及ぼすことを認め、

　暴力及びハラスメントが、公的サービス及び民間のサービスの質にも影響を及ぼすものであり、並びに人々（特に女性）が労働市場にアクセスし、及び留まり、並びに労働市場において昇進することを妨げるおそれがあることを認識し、

　暴力及びハラスメントが、持続可能な企業の促進と両立せず、並びに業務編成、職場関係、

労働者の関与、企業の社会的評価及び生産性に対して悪影響を及ぼすことに留意し、

　ジェンダーに基づく暴力及びハラスメントは、女子に対して不均衡に影響を及ぼすことを認め、また、根底にある原因及び危険要因（定型化されたジェンダーの観念、複合的な形態の差別並びにジェンダーに基づく不平等な力関係を含む。）に対処する包摂的な、統合された、及びジェンダーに配慮した取組方法が、仕事の世界における暴力及びハラスメントを終了させるために不可欠であることを認識し、

　家庭内暴力が雇用、生産性並びに健康及び安全に影響を及ぼすおそれがあること並びに政府、使用者団体及び労働者団体並びに労働市場に関する機関が、他の措置の一部として、家庭内暴力の影響を認識し、並びにこれに対応し、及び対処することに寄与し得ることに留意し、

　会期の議事日程の第五議題である仕事の世界における暴力及びハラスメントに関する提案の採択を決定し、

　その提案が国際条約の形式をとるべきであることを決定して、

　次の条約（引用に際しては、二〇一九年の暴力及びハラスメント条約と称することができる。）を二〇一九年六月二十一日に採択する。

I　定義
　第一条
この条約の適用上、

1 （a）仕事の世界における「暴力及びハラスメント」とは、一回限りのものであるか反復するものであるかを問わず、身体的、心理的、性的又は経済的損害を目的とし、又はこれらの損害をもたらし、若しくはもたらすおそれのある一定の容認することができない行動及び慣行又はこれらの脅威をいい、ジェンダーに基づく暴力及びハラスメントを含む。

　（b）「ジェンダーに基づく暴力及びハラスメント」とは、性若しくはジェンダーを理由として個人に向けられた暴力及びハラスメント又は特定の性若しくはジェンダーの個人に対して不均衡に影響を及ぼす暴力及びハラスメントをいい、セクシュアル・ハラスメントを含む。

2 国内法令における定義は、1 （a）及び（b）の規定の適用を妨げることなく、単一の概念又は別個の概念として定めることができる。

II　適用範囲
　第二条
1 この条約は、仕事の世界における労働者その他の者（国内法令及び国内慣行によって定義される被用者、契約上の地位のいかんを問わず働く者、訓練中の者（実習生及び修習生を含む。）、雇用が終了した労働者、ボランティア、求職者及び就職志望者並びに使用者としての権限を行使し、又は義務若しくは責任を果たす者を含む。）を保護するものである。

2 この条約は、民間部門であるか又は公的部門であるかを問わず、公式の経済及び非公式の経済の双方において、並びに都市におけるものであるか又は農村におけるものであるかを問わず、全ての分野について適用する。

　第三条
この条約は、業務の過程において生じ、又は業務に関連し、若しくは起因する仕事の世界における暴力及びハラスメントであって、次に掲げるものについて適用する。

　（a）職場（業務を行う場所である公的及び私的な空間を含む。）におけるもの

　（b）労働者が支払を受け、休憩若しくは食事をとり、又は衛生設備、洗浄設備及び更衣室

として利用する場所におけるもの

  (c) 業務に関連する外出、出張、訓練、行事又は社会活動の間におけるもの

  (d) 業務に関連する連絡（情報通信技術によって行うことができるものを含む。）を通じたもの

  (e) 使用者によって提供された居住設備におけるもの

  (f) 往復の通勤時におけるもの

Ⅲ 中核となる原則

第四条

1 この条約を批准する加盟国は、暴力及びハラスメントのない仕事の世界に対する全ての者の権利を尊重し、促進し、及び実現する。

2 加盟国は、国内法令に従い、及び国内事情に応じて、並びに代表的な使用者団体及び労働者団体と協議した上で、仕事の世界における暴力及びハラスメントの防止及び撤廃のための包摂的な、統合された、及びジェンダーに配慮した取組方法を採用する。当該取組方法においては、適当な場合には、第三者が関与する暴力及びハラスメントを考慮に入れるべきであり、並びに次に掲げることを含む。

  (a) 暴力及びハラスメントを法令で禁止すること。

  (b) 関連する政策が暴力及びハラスメントに対処するものであることを確保すること。

  (c) 暴力及びハラスメントを防止し、これに対処するための措置を実施するための包括的な戦略を採用すること。

  (d) 執行及び監視に係る仕組みを確立し、又は強化すること。

  (e) 被害者が救済措置及び支援を利用することができることを確保すること。

  (f) 制裁を定めること。

  (g) 適当な場合には利用しやすい様式により、手段及び指針を定め、教育及び訓練を発展させ、並びに啓発すること。

  (h) 暴力及びハラスメントが行われた場合の監督及び調査の効果的な手段（労働監督機関その他の権限のある機関を通じた手段を含む。）を確保すること。

3 加盟国は、2に規定する取組方法を採用し、及び実施するに当たり、政府、使用者及び労働者並びに使用者団体及び労働者団体について、それぞれの責任の異なる性質及び範囲を考慮に入れつつ、異なり、及び補完的な役割及び機能を認識する。

第五条

加盟国は、仕事の世界における暴力及びハラスメントを防止し、及び撤廃するため、労働における基本的な原則及び権利、すなわち、結社の自由及び団体交渉権の実効的な承認、あらゆる形態の強制労働の撤廃、児童労働の実効的な廃止並びに雇用及び職業に関する差別の撤廃を尊重し、促進し、及び実現し、並びに適切な仕事を促進する。

第六条

加盟国は、雇用及び職業における平等及び無差別に対する権利（女性労働者及び仕事の世界における暴力及びハラスメントにより不均衡に影響を受ける一又は二以上の被害を受けやすい集団又は被害を受けやすい状況にある集団に属する労働者その他の者の権利を含む。）を確保する法令を制定し、及び政策を策定する。

Ⅳ 保護及び防止

第七条

　加盟国は、第一条の規定の適用を妨げることなく、及び同条の規定に適合するように、仕事の世界における暴力及びハラスメント（ジェンダーに基づく暴力及びハラスメントを含む。）を定義し、及び禁止する法令を制定する。

第八条

　加盟国は、仕事の世界における暴力及びハラスメントを防止するため、次のことを含む適当な措置をとる。

　(a)非公式の経済における労働者にとって公の機関の役割が重要であることを認識すること。

　(b) 関係する使用者団体及び労働者団体と協議した上で、並びに他の手段を通じて、労働者その他の関係する者が暴力及びハラスメントに一層さらされる分野又は職業及び就業形態を特定すること。

　(c)（b）に規定する者を効果的に保護するための措置をとること。

第九条

　加盟国は、仕事の世界における暴力及びハラスメント（ジェンダーに基づく暴力及びハラスメントを含む。）を防止し、及び合理的に実行可能な限り、特に次のことを行うため、自らの管理の水準に応じた適当な手段を講ずることを使用者に要求する法令を制定する。

　(a) 労働者及びその代表者と協議した上で、暴力及びハラスメントに関する職場における方針を策定し、実施すること。

　(b) 職業上の安全及び健康の管理における暴力及びハラスメント及び関連する心理社会的な危険性を考慮に入れること。

　(c) 労働者及びその代表者の参加を得て、暴力及びハラスメントの有害性を特定し、及び暴力及びハラスメントの危険性を評価すること並びに暴力及びハラスメントを防止し、及び管理するための措置をとること。

　(d) 労働者その他の関係する者に対し、適当な場合には利用しやすい様式により、暴力及びハラスメントの特定された有害性及び危険性並びに関連する防止措置及び保護措置（（a）に規定する職場における方針との関連における労働者その他の関係する者の権利及び責任に関するものを含む。）に関し、情報を提供し、及び訓練を行うこと。

Ⅴ　執行及び救済措置

第十条

　加盟国は、次のことを行うための適当な措置をとる。

　(a) 仕事の世界における暴力及びハラスメントに関する国内法令を監視し、及び執行すること。

　(b) 仕事の世界において暴力及びハラスメントが行われた場合には、次のような適当かつ効果的な救済措置並びに安全かつ公正で効果的な報告及び紛争解決のための制度及び手続を容易に利用することができることを確保すること。

　(ⅰ) 職場の段階における申立て及び調査の手続並びに適当な場合には、紛争解決のための制度

　(ⅱ) 職場の外における紛争解決のための制度

　(ⅲ) 裁判所

　(ⅳ) 申立てを行った者、被害者、証人及び内部告発者に対する迫害又は報復からの保護

　(ⅴ) 申立てを行った者及び被害者に対する法的、社会的、医学的及び行政的支援措置

(c) 可能な限り及び適当な場合には、関係する個人のプライバシー及び秘密性を保護し、並びにプライバシー及び秘密性に関する要件が濫用されないことを確保すること。

(d) 仕事の世界における暴力及びハラスメントが行われた場合において、適当なときは、制裁を定めること。

(e) 仕事の世界における暴力及びハラスメントであって、ジェンダーに基づくものの被害者が、申立て及び紛争解決のための制度、支援、サービス並びに救済措置であって、ジェンダーに配慮した、安全かつ有効なものを効果的に利用することができるようにすること。

(f) 家庭内暴力の影響を認識し、及び合理的に実行可能な限り、仕事の世界におけるその影響を緩和すること。

(g) 労働者が、暴力及びハラスメントに起因する生命、健康又は安全に対する急迫したかつ重大な危険を示す業務の状況（信ずるに足りる合理的な正当性を有するもの）から、報復その他の不当な結果を被ることなく、避難する権利を有し、及び経営者に通報する義務を有することを確保すること。

(h) 労働監督機関その他の関連する当局が、適当な場合には、仕事の世界における暴力及びハラスメントに対処するための権限を与えられること(即時の措置を要求する命令及び生命、健康又は安全に対する急迫した危険がある場合において業務を停止させる命令を発することによるものを含む。ただし、司法当局又は行政当局に対し不服申立てを行う権利（法令に定めるもの）の行使の対象となるものに限る。）を確保すること。

VI 指針、訓練及び啓発
第十一条

加盟国は、代表的な使用者団体及び労働者団体と協議した上で、次のことを確保するよう努める。

(a) 仕事の世界における暴力及びハラスメントが、職業上の安全及び健康、平等及び無差別並びに移住に関する政策等の関連する国内政策において対処されること。

(b) 使用者及び労働者、使用者団体及び労働者団体並びに関連する当局に対し、仕事の世界における暴力及びハラスメント（ジェンダーに基づく暴力及びハラスメントを含む。）についての指針、資源、訓練その他の手段が適当な場合には利用しやすい様式により、提供されること。

(c) 啓発活動を含む取組が実施されること。

VII 適用方法
第十二条

この条約の規定は、国内法令により、及び国内慣行に適合する労働協約その他の措置を通じて適用する（必要な場合には、暴力及びハラスメントを対象とする既存の職業上の安全及び健康に関する措置を拡充し、又は適合させること並びに特定の措置を策定することによる適用を含む。）。

VIII 最終規定
第十三条

この条約の正式な批准は、登録のため国際労働事務局長に通知される。
第十四条

1　この条約は、加盟国であって自国による批准が国際労働事務局長に登録されたもののみを拘束する。

2　この条約は、二の加盟国による批准が国際労働事務局長に登録された日の後十二箇月で効力を生ずる。

3　この条約は、その効力が生じた後は、いずれの加盟国についても、自国による批准が登録された日の後十二箇月で効力を生ずる。

　　　　第十五条

1　この条約を批准した加盟国は、この条約が最初に効力を生じた日から十年を経過した後は、登録のため国際労働事務局長に送付する文書によってこの条約を廃棄することができる。廃棄は、登録された日の後一年間は効力を生じない。

2　この条約を批准した加盟国であって1に規定する十年の期間が満了した後一年以内にこの条に定める廃棄の権利を行使しないものは、更に十年間拘束を受けるものとし、その後は、新たな十年の期間の最初の年に、この条に定める条件に従ってこの条約を廃棄することができる。

　　　　第十六条

1　国際労働事務局長は、加盟国から通知を受けた全ての批准及び廃棄の登録について全ての加盟国に通報する。

2　国際労働事務局長は、通知を受けた二番目の批准の登録について加盟国に通報する際に、この条約が効力を生ずる日につき加盟国の注意を喚起する。

　　　　第十七条

　国際労働事務局長は、国際連合憲章第百二条の規定による登録のため、前諸条の規定に従って登録された全ての批准及び廃棄の完全な明細を国際連合事務総長に通知する。

　　　　第十八条

　理事会は、必要と認めるときは、この条約の運用に関する報告を総会に提出するものとし、また、この条約の全部又は一部の改正に関する問題を総会の議事日程に加えることの可否を検討する。

　　　　第十九条

1　総会がこの条約を改正する条約を新たに採択する場合には、その改正条約に別段の規定がない限り、

　(a)　加盟国によるその改正条約の批准は、その改正条約が自国について効力を生じたときは、第十五条の規定にかかわらず、当然にこの条約の即時の廃棄を伴う。

　(b)　この条約は、その改正条約が効力を生ずる日に加盟国による批准のための開放を終了する。

2　この条約は、これを批准した加盟国であって1の改正条約を批准していないものについては、いかなる場合にも、その現在の形式及び内容で引き続き効力を有する。

　　　　第二十条

　この条約の英文及びフランス文は、ひとしく正文とする。

ILO 仕事の世界における暴力とハラスメントの撤廃に関する勧告

（第 206 号）（ILO 駐日事務所仮訳）

国際労働機関の総会は、

理事会によりジュネーブに招集されて、2019 年 6 月 10 日にその第 108 回（創設 100 周年）会期として会合し、

2019 年の暴力とハラスメント条約を採択し、

会期の議事日程の第 5 議題である、仕事の世界における暴力とハラスメントに関する提案の採択を決定し、

その提案が、2019 年の暴力とハラスメント条約を補足する勧告の形式をとるべきであることを決定して、

次の勧告（引用に際しては、2019 年の暴力とハラスメント勧告と称することができる）を2019 年 6 月 21 日に採択する。

1　この勧告の規定は、2019 年の暴力とハラスメント条約（以下「条約」という）の規定を補足するものであり、条約の規定と共に考慮されるべきである。

I　基本原則

2　条約第 4 条 2 項における、包摂的で、統合され、かつジェンダーに配慮したアプローチを採用及び実施するにあたり、加盟国は、それが適切な場合、労働と雇用、職業上の安全及び健康、平等及び無差別に関する法律、並びに刑事法において、仕事の世界における暴力とハラスメントに対処するべきである。

3　加盟国は、暴力とハラスメントに暴露しやすい産業部門、職種及び働き方にあるすべての労働者及び使用者が、1948 年の結社の自由及び団結権保護条約（第 87 号）並びに 1949 年の団結権及び団体交渉権条約（第 98 号）と整合性のとれた、結社の自由及び団体交渉権の実効的な承認を完全に享受できるよう確保するべきである。

4　加盟国は、次の事項のために適切な措置をとるべきである。

　　(a) 仕事の世界における暴力とハラスメントを防止及び対処し、また可能な限り仕事の世界におけるドメスティック・バイオレンスの影響を緩和する手段として、団体交渉権のあらゆるレベルにおける実効的な承認を推進すること、及び

　　(b) 交渉手続及び労働協約の内容に関連する動向及び良好な実践に関する情報の収集及び拡散を通じて、前記の団体交渉を支援すること

5　加盟国は、国内法令及び政策における暴力とハラスメントに関する規定において、1951 年の同一報酬条約（第 100 号）及び勧告（第 90 号）、1958 年の差別待遇（雇用及び職業）条約（第 111 号）及び勧告（第 111 号）並びに他の関連文書を含む、国際労働機関の平等及び無差別に関する文書が考慮されることを確保する。

II　保護及び防止

6　国内法令及び政策における暴力とハラスメントに関する職業上の安全及び健康の規定においては、1981 年の職業上の安全及び健康に関する条約（第 155 号）及び 2006 年の職業上の安全及び健康促進枠組条約（第 187 号）などの国際労働機関の職業上の安全及び健康に関する文

書が考慮されるべきである。

7　加盟国は、適切な場合には、労働者及びその代表者が、条約第9条（a）に規定する職場方針の設計、実施及び監視に参加すべきことを法令に明示し、職場方針では、

(a) 暴力とハラスメントが容認されないことを明記し、

(b) 適切な場合には測定可能な目標を含む暴力とハラスメント防止のプログラムを策定し、

(c) 労働者及び使用者の権利及び責任を明記し、

(d) 申立及び調査の手続に関する情報を含み、

(e) 暴力とハラスメントの事案に関するすべての内部の及び対外的な情報通信が十分に考慮され、適切な場合にはそれに基づく行動がなされることを規定し、

(f) 条約第10条（c）に規定する個人のプライバシー及び秘密保持の権利を、すべての危険について知られる労働者の権利との均衡をとりつつ明記し、及び

(g) 申立人、被害者、証人及び通報者を加害または報復から保護する措置を含めるべきである。

8　条約第9条（c）に規定する職場のリスクの評価においては、心理社会的な危険及びリスクを含む、暴力とハラスメントの可能性を増大させる要因を考慮するべきである。次の危険及びリスクには、特別な注意が払われるべきである。

(a) 適切な場合には就労環境及び働き方、仕事の組織並びに人材管理から生じるもの

(b) 依頼人、顧客、サービス提供者、利用者、患者及び公衆などの第三者が関わるもの、及び

(c) 差別、力関係の濫用、並びに暴力とハラスメントを助長するジェンダー、文化及び社会の規範から生じるもの

9　加盟国は、夜業、孤立した労働、医療、ホスピタリティ、社会福祉サービス、救急、家事労働、輸送、教育または娯楽など、暴力とハラスメントへの暴露がより生じやすい産業部門、職種及び働き方に対する適切な措置を採用するべきである。

10　加盟国は、移民労働者、とりわけ女性移民労働者を、適切な場合にはその出身国、経由国及び受入国における地位にかかわらず、状況に応じて、仕事の世界における暴力とハラスメントから保護するための法的その他の手段を講じるべきである。

11　非公式経済から公式経済への移行を促進するにあたり、加盟国は、非公式経済における暴力とハラスメントを防止しこれに対処するために、非公式経済の労働者及び使用者並びにそれらの団体に対して資源及び支援を提供するべきである。

12　加盟国は、暴力とハラスメントを防止する措置が、女性及び条約第6条に規定する集団による特定の仕事、産業部門または職種への参加を制限し、若しくはそこからの排除という結果を招かないことを確保するべきである。

13　条約第6条に規定する脆弱な集団及び脆弱な状況に置かれている集団は、適用可能な国際労働基準及び人権に関する国際文書にしたがって解釈されるべきである。

Ⅲ　執行、救済及び支援

14　条約第10条（b）に規定する救済には、次の事項を含むことができる。

(a) 補償を受けて退職する権利

(b) 復職

(c) 損害に対する適切な補償

(d) 特定の行為を中止させ、若しくは方針または慣行を変更させることを確保するために
とられるべき、即時の強制力のある措置を要求する命令、及び

(e) 国内法令及び慣行に従った法的手続の手数料及び費用

15　仕事の世界における暴力とハラスメントの被害者に、労働能力の喪失につながる心理社会的、身体的またはその他の負傷若しくは疾病が生じた場合に、補償を受けられるようにすべきである。

16　条約第 10 条（e）に規定するジェンダーに基づく暴力とハラスメントに対する紛争解決の制度には、次の措置を含めるべきである。

(a) ジェンダーに基づく暴力とハラスメントにつき専門性をもつ裁判所

(b) 迅速かつ効率的な手続

(c) 申立人及び被害者に対する法的な助言及び支援

(d) 国内で幅広く使用されている言語で入手及び利用可能なガイドその他の情報資源

(e) 適切な場合には、刑事手続以外の手続における立証責任の転換

17　条約第 10 条（e）に規定するジェンダーに基づく暴力とハラスメントの被害者に対する支援、サービス及び救済には、次の措置を含めるべきである。

(a) 被害者の労働市場への再参加に対する支援

(b) 適切な場合には利用可能な形式でのカウンセリング及び情報提供

(c) 24 時間のホットライン

(d) 緊急サービス

(e) 医療的措置及び治療並びに心理的支援

(f) シェルターを含む危機管理センター

(g) 被害者を支援するための専門の警察部隊または専門の訓練を受けた行政官

18　条約第 10 条（f）に規定するドメスティック・バイオレンスの影響を緩和する適切な措置には、次の事項を含めることができる。

(a) ドメスティック・バイオレンスの被害者のための休暇

(b) ドメスティック・バイオレンスの被害者のための柔軟な働き方及び保護

(c) 適当な場合には、ドメスティック・バイオレンス及びその結果と関連していない理由の場合を除き、ドメスティック・バイオレンスの被害者に対する解雇からの一時的保護

(d) 職場のリスク評価におけるドメスティック・バイオレンスの包含

(e) ドメスティック・バイオレンスに対する公的な緩和措置が存在する場合には当該措置への照会システム、及び

(f) ドメスティック・バイオレンスの影響に関する意識啓発

19　仕事の世界における暴力とハラスメントの加害者に対しては、暴力とハラスメントの再発を防止するために、そして適切な場合には仕事への再統合を促進するために、その責任を追及した上で、適切な場合にはカウンセリングその他の措置が提供されるべきである。

20　労働監督官及び他の権限を有する機関の担当者は、状況に応じ、心理社会的な危険及びリスク、ジェンダーに基づく暴力とハラスメント並びに特定の集団の労働者に対する差別を含む、仕事の世界における暴力とハラスメントを特定しこれに対処するために、ジェンダーに配慮した訓練を受けるべきである。

21　労働監督、職業上の安全及び健康並びにジェンダー平等を含む平等及び無差別を所管する国家機関の任務は、仕事の世界における暴力とハラスメントを包含すべきである。

22　加盟国は、仕事の世界における暴力及びハラスメントに関して、条約第 6 条に規定する集

団に関するものを含め、性別、暴力とハラスメントの形態、経済活動部門の別に、統計を収集し公表するよう努力すべきである。

Ⅳ 指針、訓練及び意識啓発

23　加盟国は、適切な場合には、次の事項につき資金提供、策定、実施及び普及を行うべきである。

 (a) 差別、力関係の濫用、並びに暴力とハラスメントを助長するジェンダー、文化及び社会の規範を含む、仕事の世界における暴力とハラスメントの可能性を増大させる要因に対処することを目的としたプログラム

 (b) 裁判官、労働監督官、警察官、検察官その他の公務員が、仕事の世界における暴力とハラスメントに関する任務を遂行することを支援し、公共部門及び民間部門の使用者及び労働者とその団体が、仕事の世界における暴力とハラスメントを防止し対処するのを援助するための、ジェンダーに配慮した指針及び訓練プログラム

 (c) 条約第6条に規定する集団に属する労働者その他の者の具体的状況を考慮した、一般的または特定の産業部門に向けた、仕事の世界における暴力とハラスメントに関するモデル行動基準及びリスク評価手段

 (d) 国内に居住する移民労働者の言語を含む、国内の多様な言語により、暴力及びハラスメント、とりわけジェンダーに基づく暴力とハラスメントが容認されないことを伝え、差別的態度に対処し、被害者、申立人、証人及び通報者への非難を防止する公的な意識啓発キャンペーン

 (e) 国内の法令及び状況にしたがった、すべてのレベルの教育及び職業訓練における、ジェンダーに基づく暴力とハラスメントを含む、暴力とハラスメントに関するジェンダーに配慮したカリキュラム及び教材

 (f) ジャーナリスト及びその他のメディア関係者に対する、その独立性及び表現の自由を尊重した、その根本的原因及びリスク要因を含む、ジェンダーに基づく暴力とハラスメントに関する資料、及び

 (g) 暴力とハラスメントのない安全で、健康的かつ調和のとれた職場を促進することを目的とした公的キャンペーン

女性の職業生活における活躍の推進に関する法律等の一部を改正する法律に対する附帯決議（衆議院）（2019年5月29日可決。衆参両院で附帯決議を採択）

政府は、本法の施行に当たり、次の事項について適切な措置を講ずるべきである。

一　一般事業主行動計画の策定等や情報公表の義務が拡大される常用雇用者百一人以上三百人以下の中小事業主に対し、十分に配慮するとともに、行動計画の策定支援、セミナー・コンサルティングの実施等、支援策を講ずること。

二　雇用の分野における男女平等の実現に向けて、全ての企業を対象とした事業主行動計画の策定を恒常的な制度とするよう検討すること。

また、計画の策定に当たっては、労働者の過半数で組織する労働組合又は労働者の過半数を代表する者の意見を聴くよう周知徹底すること。

三　事業主の情報公表項目について、男女間格差の結果指標である「男女の賃金の差異」及び「セ

クシュアルハラスメント等対策の整備状況」を加えることについて、労働政策審議会で検討すること。

四　特例認定制度の認定基準については、管理職に占める女性労働者の割合の全産業での統一化等、真に女性が活躍している職場が認定されるように検討すること。

五　二〇二〇年までに指導的地位に占める女性割合三〇％の目標の達成に向けて、女性活躍推進の取組が進むよう、事業主に対する支援を強化するとともに、女性活躍推進法及び厚生労働省の「女性の活躍推進企業データベース」を国民に幅広く周知すること。

六　ハラスメントの根絶に向けて、損害賠償請求の根拠となり得るハラスメント行為そのものを禁止する規定の法制化の必要性も含め検討すること。

七　パワーハラスメント防止対策に係る指針の策定に当たり、包括的に行為類型を明記する等、職場におけるあらゆるハラスメントに対応できるよう検討するとともに、以下の事項を明記すること。

　　1　自社の労働者が取引先、顧客等の第三者から受けたハラスメント及び自社の労働者が取引先に対して行ったハラスメントも雇用管理上の配慮が求められること。

　　2　職場におけるあらゆる差別をなくすため、性的指向・性自認に関するハラスメント及び性的指向・性自認の望まぬ暴露であるいわゆるアウティングも対象になり得ること、そのためアウティングを念頭においたプライバシー保護を講ずること。

八　事業主に対し、パワーハラスメント予防等のための措置を義務付けるに当たっては、職場のパワーハラスメントの具体的な定義等を示す指針を策定し、周知徹底に努めること。

九　パワーハラスメントの防止措置の周知に当たっては、同僚や部下からのハラスメント行為も対象であることについて理解促進を図ること。

十　セクシュアルハラスメントについて、他社の事業主から事実確認等の協力を求められた場合に、事業主が確実かつ誠実に対応するよう、必要な措置を検討すること。

十一　フリーランス、就職活動中の学生等に対するセクシュアルハラスメント等の被害を防止するため、男女雇用機会均等法に基づく指針等で必要な対策を講ずること。

十二　セクシュアルハラスメント等の防止措置の実施状況、被害者の救済状況、ハラスメントが起こりやすい業種、業態、職務等について実態調査を行い、その結果に基づいて、効果的な防止対策を速やかに検討すること。その際、ハラスメントの被害を訴えたことで周囲から誹謗中傷されるいわゆる二次被害に対しても必要な対策を検討すること。

十三　男女雇用機会均等法の適用除外となる公務員等を含めたハラスメント被害の救済状況を調査し、実効性ある救済手段の在り方について検討すること。

十四　紛争調整委員会の求めに応じて出頭し、意見聴取に応じた者に対し、事業主が不利益取扱いを行ってはならないことを明確化するため、必要な措置を検討すること。

十五　セクシュアルハラスメント防止や新たなパワーハラスメント防止についての事業主の措置義務が十分に履行されるよう、指導を徹底すること。その際、都道府県労働局の雇用環境・均等部局による監視指導の強化、相談対応、周知活動等の充実に向けた体制整備を図ること。

十六　国内外におけるあらゆるハラスメントの根絶に向けて、第百八回 ILO 総会において仕事の世界における暴力とハラスメントに関する条約が採択されるよう支援するとともに、条約成立後は批准に向けて検討を行うこと。

十七　セクシュアルハラスメント等の防止対策の一層の充実強化を求める意見が多くあることから、更なる制度改正に向けて、本法附則のいわゆる検討規定における施行後五年を待たずに施行状況を把握し、必要に応じて検討を開始すること。

地方自治体、労働組合によるセクシュアル・ハラスメント相談窓口（2020年11月末現在）

＊相談の際はウェブサイトなどで受付日時、電話番号等を事前にご確認ください

	名称／URL	電話番号
北海道	北海道労働局　雇用環境・均等部　指導課 https://jsite.mhlw.go.jp/hokkaido-roudoukyoku/madoguchi_annai/soudan01.html	011-709-2715
青森県	青森労働局 雇用環境・均等室 https://jsite.mhlw.go.jp/aomori-roudoukyoku/newpage_00299.html	017-734-4211
	連合青森 http://aomori.jtuc-rengo.jp/consultation/	0120-154-052
岩手県	岩手労働局 雇用環境・均等室 http://www.city.morioka.iwate.jp/jigyousha/koyo/koyo/1026901.html	019-604-3010
宮城県	宮城労働局雇用環境・均等室 https://www.pref.miyagi.jp/site/soudannqa/soudan7.html	022-299-8834
秋田県	秋田県労働局雇用環境・均等室（指導担当） https://jsite.mhlw.go.jp/akita-roudoukyoku/madoguchi_annai/_120535.html	018-862-6684
	秋田県労連「労働１１０番」 http://www2.odn.ne.jp/~cao76120/exp_list.html	0120-378-060
山形県	山形労働局雇用環境・均等室 https://jsite.mhlw.go.jp/yamagata-roudoukyoku/roudoukyoku/gyoumu_naiyou/koyou/04.html	023-624-8228
	山形県労働組合総連合 http://new.yamagataroren.com/sodan.htm	0120-378-060
福島県	福島県 雇用環境・均等室 https://jsite.mhlw.go.jp/fukushima-roudoukyoku/banner/_120534/_120610.html	024-536-4609
茨城県	いばらき労働相談センター https://www.pref.ibaraki.jp/shokorodo/rosei/rodo/rodosodan/sodan.html	029-233-1560
栃木県	栃木労働局雇用環境・均等室 http://www.pref.tochigi.lg.jp/f06/advice/shigoto/roudou/gd0505011.html	028-633-2795
	連合栃木 https://rengo-tochigi.or.jp/soudan/soudan_roudou	0120-154-052
群馬県	群馬労働局雇用環境・均等室 https://jsite.mhlw.go.jp/gunma-roudoukyoku/roudoukyoku/gyoumu_naiyou/kintou.html	027-896-4739
埼玉県	埼玉労働局雇用環境・均等室 https://jsite.mhlw.go.jp/saitama-roudoukyoku/hourei_seido_tetsuzuki/koyou_kintou/harassment.html	048-600-6210
	連合埼玉 http://rengo-saitama.jp/html/qa/	0120-154-052
千葉県	千葉労働局　雇用環境・均等室 https://jsite.mhlw.go.jp/chiba-roudoukyoku/roudoukyoku/gyoumu_naiyou/kintou/harassmentmadoguti.html	043-221-2307
東京都	東京都労働相談情報センター https://www.koho.metro.tokyo.lg.jp/2018/12/08.html	0570-00-6110
神奈川県	神奈川労働局 雇用環境・均等部 指導課 https://jsite.mhlw.go.jp/kanagawa-roudoukyoku/madoguchi_annai/soudanmadoguchi/socorner.html	045-211-7380

新潟県	新潟労働相談所	0250-23-6110
	https://www.pref.niigata.lg.jp/sec/niigata_kikaku/1331067639293.html	
富山県	富山労働局雇用環境・均等室	076-432-2740
	https://jsite.mhlw.go.jp/toyama-roudoukyoku/roudoukyoku/gyoumu_naiyou/index4/nayami.html	
石川県	石川労働局雇用環境・均等室	076-265-4429
	https://jsite.mhlw.go.jp/ishikawa-roudoukyoku/hourei_seido_tetsuzuki/koyou_kintou/hourei_seido/04.html	
福井県	生活学習館（女性総合相談窓口）	0776-41-7111
	https://www.pref.fukui.lg.jp/doc/joseikatuyaku/josei-soudan.html	
	連合福井	0120-154-052
	http://rengo-fukui.main.jp/f_soudan/index.html	
山梨県	山梨労働局雇用環境・均等室	055-225-2851
	https://jsite.mhlw.go.jp/yamanashi-roudoukyoku/roudoukyoku/gyoumu_naiyou/koyoukintou/7-1.html	
長野県	長野労働局 雇用環境・均等室	026-227-0125
	https://jsite.mhlw.go.jp/nagano-roudoukyoku/riyousha_mokuteki_menu/mokuteki_naiyou/shokuba_trouble.html	
岐阜県	雇用環境・均等室	058-245-1550
	https://jsite.mhlw.go.jp/gifu-roudoukyoku/madoguchi_annai/syomu/kintou.html	
静岡県	雇用環境・均等室（指導）	054-252-5310
	https://jsite.mhlw.go.jp/shizuoka-roudoukyoku/news_topics/topics/2016topics/_120256.html	
愛知県	愛知労働局労働基準部　労災補償課	052-855-2147
	https://jsite.mhlw.go.jp/aichi-roudoukyoku/hourei_seido_tetsuzuki/rousai_hoken/hourei_seido/06-05-25-1_00001.html	
三重県	三重労働局雇用環境・均等室	059-226-2110
	https://www.pref.mie.lg.jp/JINKENC/HP/000037121.htm#18	
滋賀県	滋賀県労働局総合労働相談センター	077-523-1190
	https://jsite.mhlw.go.jp/shiga-roudoukyoku/madoguchi_annai/roudou-2.html	
京都府	京都労働局雇用均等室	075-241-3212
	https://www.pref.kyoto.jp/josei/sekuhara.html	
大阪府	労働環境課 相談窓口	06-6946-2601
	http://www.pref.osaka.lg.jp/annai/madoguchi/detail.php?recid=457	
兵庫県	兵庫労働局 労働基準部 労災補償課 職業病認定調査官	078-367-9155
	https://jsite.mhlw.go.jp/hyogo-roudoukyoku/content/contents/000302526.pdf	
	自治労兵庫県本部	0120-768-068
	http://www.jichiro-hyogo.jp/sekuhara.htm	
奈良県	女性相談コーナー	0742-22-1240
	http://www.pref.nara.jp/11887.htm	
和歌山県	和歌山県 労働委員会	073-441-3781
	https://www.pref.wakayama.lg.jp/prefg/220200/11kobetsusoudan/kobetsusoudan.html	
鳥取県	労使ネットとっとり　相談窓口	0120-77-6010
	https://www.pref.tottori.lg.jp/10641.htm	

島根県	島根労働局雇用環境・均等室	0852-31-1161
	https://jsite.mhlw.go.jp/shimane-roudoukyoku/hourei_seido_tetsuzuki/koyou_kintou/_110620/_110749.html	
岡山県	岡山労働局雇用環境・均等室	086-225-2017
	https://www.pref.okayama.jp/page/542436.html	
広島県	広島労働局雇用環境・均等室	082-221-9247
	https://www.pref.hiroshima.lg.jp/soshiki/68/1176970276028.html	
山口県	山口労働局雇用環境・均等室	083-995-0390
	https://jsite.mhlw.go.jp/yamaguchi-roudoukyoku/otoiawase/s_map.html	
徳島県	徳島労働局雇用環境・均等室	088-652-9142
	https://jsite.mhlw.go.jp/tokushima-roudoukyoku/madoguchi_annai/gosoudan_naiyou_madoguchi.html	
香川県	香川労働局雇用環境・均等室	087-811-8924
	https://jsite.mhlw.go.jp/kagawa-roudoukyoku/banner/harassment.html	
愛媛県	愛媛労働局　雇用均等室	089-932-5222
	https://jsite.mhlw.go.jp/ehime-roudoukyoku/news_topics/topics/2009/0217.html	
高知県	高知労働局雇用環境・均等室	088-885-6041
	https://jsite.mhlw.go.jp/kochi-roudoukyoku/madoguchi_annai/soudan.html	
福岡県	福岡労働者支援事務所	092-735-6149
	https://www.pref.fukuoka.lg.jp/contents/kongetunoroudousoudan2101.html	
佐賀県	佐賀労働局雇用環境・均等室	0952-32-7167
	https://www.pref.saga.lg.jp/kiji00334755/index.html	
長崎県	長崎市男女共同参画推進センター（アマランス）	095-826-4417
	http://www.city.nagasaki.lg.jp/contents/hoken/antisuicide/consulting.php	
熊本県	熊本労働局雇用均等室　セクハラ相談窓口	096-352-3865
	https://www.pref.kumamoto.jp/kiji_2557.html	
大分県	大分労働局雇用環境・均等室	097-532-4025
	https://www.pref.oita.jp/soshiki/13040/soudan.html	
宮崎県	宮崎労働局雇用均等室	0985-38-8827
	http://www.m-jinken.jp/modules/content002/index.php?id=77	
鹿児島県	鹿児島労働局　雇用環境・均等室	099-223-8239
	http://www.pref.kagoshima.jp/ja07/police/soudan/soudan/takikan.html	
沖縄県	沖縄労働局雇用環境・均等室	098-868-4380
	https://jsite.mhlw.go.jp/okinawa-roudoukyoku/madoguchi_annai/chat.html	

民間団体等によるセクシュアル・ハラスメント相談窓口（2020年11月末現在）

*相談の際はウェブサイトなどで受付日時、電話番号等を事前にご確認ください

機関／電話・メール等	URL／相談時間等
国の機関	
厚生労働省　あかるい職場応援団	https://www.no-harassment.mhlw.go.jp/inquiry-counter
	HP上に各相談窓口の案内がある
日本法支援センター（法テラス）	https://www.houterasu.or.jp/madoguchi_info/call_center/index.html https://www.houterasu.or.jp/cgi-bin/formmail/formmail.cgi?d=toiawase（メール受付）
電話：0570-078-374／HPからメール相談可	平日9:00~21:00　土曜9:00~17:00
法務省　みんなの人権110番	http://www.moj.go.jp/JINKEN/jinken20.html
電話：0570-003-110	平日8:30~17:15
国家公務員の方	人事院の相談窓口又は所属府省の人事担当部局等／https://ssl.jinji.go.jp/soudan/uketuke.asp（メール相談フォーム）
	※ URLは人事院の相談フォーム
地方公務員の方	地方公共団体ごとに人事委員会（公平委員会）又は人事担当部局等に設置されている相談窓口
公立学校の教員の方	ご自身の服務監督権限を有する都道府県又は市町村の教育委員会の相談窓口
厚生労働省　こころの耳（働く人のメンタルヘルス・ポータルサポート）	https://kokoro.mhlw.go.jp/　　https://kokoro.mhlw.go.jp/mail-soudan/（メール相談窓口）　　https://kokoro.mhlw.go.jp/sns-soudan/(LINE相談)
電話：0120-565-455（フリーダイヤル）	電話相談/LINE相談（月・火曜日17:00~22:00 LINEは21:30まで受付　土・日曜日10:00~16:00 LINEは15:30まで受付）
労働組合	
連合（日本労働組合総連合）　労働相談	https://www.jtuc-rengo.or.jp/soudan/ https://www.jtuc-rengo.or.jp/soudan/net_soudan/（メール相談受付）
電話：0120-154-052	
全労連（全国労働組合総連合）　労働相談ホットライン	https://www.zenroren.gr.jp/jp/soudan/index.html　　http://www.zenroren.gr.jp/jp/soudan/rodosodan_form/form1.html（メール相談フォーム）
電話：0120-378-060	電話相談：月～金曜日10:00~17:00　※このサイトに県別常設労働相談センター一覧（リンクより閲覧）
日教組（日本教職員組合）　親と子と教職員の教育相談室	http://www.jec.or.jp/soudan/
電話：03-3234-5799　FAX：03-3234-4110　メール：e-soudan5799@jec.or.jp	電話相談：月～土曜日10:00~16:00(12:00~13:00を除く)水・木曜日のみ夜間も（17:00~21:00)
プレカリアートユニオン　セクマイ労働相談	https://www.precariat-union.or.jp/soudan.html
電話：03-6273-0699　メール：info@precariat-union.or.jp	電話相談：月～土曜日10:00~19:00
その他	
日弁連（日本弁護士連合会）　弁護士によるセクハラ相談	https://www.nichibenren.or.jp/legal_advice/petition/claim/sexual_harassment.html
電話：03-3580-9841　FAX：03-3580-2896　メール：jfba-danjyo-soudan@nichibenren.or.jp	電話相談：平日のみ（折返しの場合あり）　メール：24時間対応
よりそいほっとライン（回線3）	https://www.since2011.net/yorisoi/
電話：0120-279-338　FAX 0120-773-776（岩手・宮城・福島からは電話：0120-279-226　FAX：0120-375-727)	24時間

性犯罪・性暴力被害者のための ワンストップ支援センター	
北海道：性暴力被害者支援センター北海道「SACRACH（さくらこ）」	https://sacrach.jp/
電話：050-3786-0799 メール：sacrach20191101@leaf.ocn.ne.jp	面接相談：原則1回30分（予約制）　月～金　10:00~20:00（土日祝祭日、12/29～1/3を除く）
北海道：ウィメンズネット函館（性暴力被害相談「函館・道南SART（サート）」）	https://womensnet-hakodate.org/
電話：0138-85-8825	電話相談：月～金 10:00~17:00
青森：あおもり性暴力被害者支援センター　りんごの花ホットライン	http://www.pref.aomori.lg.jp/life/danjo/ringonohana.html
電話：017-777-8349	電話相談：月・水　10:00~21:00　火・木・金　10:00~17:00(土・日・年末年始及び祝日を除く)
岩手：はまなすサポート（岩手県性犯罪・性暴力被害者支援）	https://www.pref.iwate.jp/kurashikankyou/anzenanshin/higaisha/1004385.html
電話：019-601-3026	電話相談：月～金 10:00~17:00　（祝日、年末年始を除く）
宮城：性暴力被害相談支援センター宮城「けやきホットライン」	https://www.pref.miyagi.jp/soshiki/kyosha/seibouryokusenta-miyagi.html
電話：0120-556-460（こころフォロー）県内限定のフリーダイヤル	電話相談：月～金 10:00~20:00　土 10:00~16:00　（祝日、年末年始を除く）
秋田：あきた性暴力被害者サポートセンター「ほっとハートあきた」	https://www.pref.akita.lg.jp/pages/archive/28676
電話：0800-8006-410　秋田県内からは無料	電話相談：月～金 10:00~19:00（祝日、年末年始除く）
山形：やまがた性暴力被害者サポートセンター「べにサポ やまがた」	https://www.benisapo.jp/
電話：023-665-0500　メール：HP内の相談フォームから送信（https://benisapo.jp/contact.html)	電話相談：月～金 10:00~21:00（祝日、年末年始除く）
福島：性暴力等被害救援協力機関ＳＡＣＲＡふくしま	http://www.vsc-fukushima.net/sacra
電話：024-533-3940	電話相談：月・水・金 10:00~20:00　火・木 10:00~16:00（祝日、年末年始除く）
茨城：性暴力被害者サポートネットワーク茨城	https://www.pref.ibaraki.jp/seikatsukankyo/seibun/anzen/20190313.html
電話：029-350-2001　メール：HP内の相談フォームから送信（「性暴力被害者サポートネットワーク茨城」からの電話連絡を希望され、かつ、メールの転送の同意をいただいた方のみ）	電話相談：月～金 10:00~17:00（祝日、年末年始除く）
栃木：とちぎ性暴力被害者サポートセンター「とちエール」	http://www.pref.tochigi.lg.jp/c03/kouhou/h27tochielu.html
電話：028-678-8200	電話相談：月～金 9:00～17:30　土 9:00~12:30　緊急医療受付は22:00まで（祝日、年末年始除く）
群馬：群馬県性暴力被害者サポートセンター「Saveぐんま」	https://savegunma.jp/
電話：027-329-6125	電話相談：月～金 9:00~16:00（祝日、年末年始除く）
埼玉：埼玉県性暴力等犯罪被害専用相談電話アイリスホットライン	http://www.pref.saitama.lg.jp/a0311/hanzaihigaisya/seibouryoku2.html
電話：0120-31-8341（無料）　一部IP電話などからは048-839-8341（通話料有料）	電話相談：24時間 365日

千葉：NPO法人　千葉性暴力被害支援センター　ちさと	http://chissat.sakura.ne.jp/
電話：043-251-8500	電話相談：月～金 9:00~21:00　土 9:00~17:00（祝日、年末年始を除く）被害直後の緊急支援は 24 時間 365 日対応

千葉：公益社団法人　千葉犯罪被害者支援センター	http://chibacvs.gr.jp/
電話：043-222-9977	電話相談：月～金 10:00~16:00（祝日、年末年始を除く）

東京：東京都性犯罪・性暴力被害者ワンストップ支援センター　SARC 東京	https://sarc-tokyo.org/
電話：03-5607-0799	電話相談：24 時間 365 日

神奈川：かながわ性犯罪・性暴力被害者ワンストップ支援センター「かならいん」	http://www.pref.kanagawa.jp/docs/f5g/cnt/f520370/
電話：045-322-7379（かならいん：性犯罪・性暴力にあわれた方）045-548-5666（性犯罪・性暴力の被害にあわれた男性や LGBTs の方）	電話相談：24 時間 365 日（かならいん）　毎週火曜日 16:00~20:00(祝日・年末年始を除く)

新潟：性暴力被害者支援センターにいがた	https://www.n-vsc.jp/seibouryoku.html
電話：025-281-1020	電話相談：月～木 10:00~16:00　金～日・祝日 10：00~ 翌日 10：00（年末年始 12/29 ~ 1/3 を除く）　面談相談あり

石川：いしかわ性暴力被害者支援センター「パープルサポートいしかわ」	https://www.pref.ishikawa.lg.jp/danjo/purplesupport.html
電話：076-223-8955	電話相談：月～金　8:30~17:15（祝日、年末年始を除く）　緊急医療などの緊急を要する相談は 24 時間 365 日対応

福井：性暴力救済センター・ふくい「ひなぎく」	https://hinagiku.fukui-saiseikai.com/
電話：0776-28-8505	電話相談：24 時間 365 日

山梨：やまなし性暴力被害者サポートセンター「かいさぽ　ももこ」	https://www.sien-yamanashi.com/kaisapo-momoko/
電話：055-222-5562　メール：HP 内の相談フォームから送信	電話相談：月～金 10:00~16:00（祝日、年末年始を除く）

長野：長野県性暴力被害者支援センター「りんどうハートながの」	https://www.pref.nagano.lg.jp/jinken-danjo/kurashi/jinkendanjo/jinken/main/rindouheart_nagano.html
電話：026-235-7123　メール：rindou-heart@pref.nagano.lg.jp	電話相談：24 時間 365 日

岐阜：ぎふ性暴力被害者支援センター	https://www.onestop-gifu.org/
電話：058-215-8349　メール：HP 内の相談フォームから送信LINE 相談：HP 内から友だち登録	電話相談：24 時間 365 日

静岡：静岡県性暴力被害者支援センター SORA(そら)	http://www.pref.shizuoka.jp/kenmin/km-110a/sora.html
電話：054-255-8710　インターネット相談：SORA チャット　https://sorachat.jp から	電話相談：24 時間 365 日

愛知：ハートフルステーション・あいち	https://www.pref.aichi.jp/police/soudan/heartful/
電話：0570-064-810（愛知県内からのみ通話可能）	電話相談：月～土 9:00~20:00（祝日、年末年始を除く）

愛知：性暴力救援センター 日赤なごやなごみ	http://nagomi.nissekinagoya.jp/index.html
電話：052-835-0753	電話相談：24 時間 365 日

三重：みえ性暴力被害者支援センター よりこ	http://yorico.sub.jp/
電話：059-253-4115　メール：HP 内の相談フォームから送信　LINE 相談：HP 内から	電話相談：月～金 10:00~16:00（祝日、年末年始を除く）
滋賀：性暴力被害者総合ケア　ワンストップびわ湖 SATOCO	https://satoco3105biwako.jimdofree.com/
電話：090-2599-3105　メール：satoco3105biwako@gmail.com	電話相談：24 時間 365 日
京都：京都性暴力被害者ワンストップ相談支援センター　京都 SARA	http://www.pref.kyoto.jp/kateishien/kyotosara.html
電話：075-222-7711	電話相談：年中無休 10:00~22:00
大阪：性暴力救援センター・大阪 SACHICO	https://sachicoosaka.wixsite.com/sachico
電話：072-330-0799	電話相談：24 時間 365 日
兵庫：ひょうご性被害ケアセンター「よりそい」	https://www.supporthyogo.org/
電話：078-367-7874	電話相談：月・火・水・金・土 10:00~16:00　（祝日、12/28 ～ 1/4、8/12 ～ 8/16 を除く）
奈良：奈良県性暴力被害者サポートセンター　ＮＡＲＡハート	http://www.pref.nara.jp/50858.htm
電話：0742-81-3118	電話相談：火～土　9:30 ～ 17:30（祝日・年末年始・月曜日が祝日と重なるときはその翌日を除く）
和歌山：性暴力救援センター和歌山「わかやま mine（マイン）」	https://www.pref.wakayama.lg.jp/prefg/040402/mine/mine.html
電話：073-444-0099	電話相談：毎日 9:00~22:00（受付 21:30 まで、緊急医療 22:00 まで。年末年始を除く）面接相談（要予約）：月～金 9:00 ～ 17:45（祝、年末年始除く）
鳥取：性暴力被害者支援センターとっとり「クローバーとっとり」	https://clover-tori.jp/
電話：0120-946-328（県内専用フリーダイヤル）	電話相談：月～金 10:00~16:00、月・水・金 18:00~20:00（年末年始を除く）
島根：性暴力被害者支援センターたんぽぽ（島根県女性相談センター内）	https://www.pref.shimane.lg.jp/education/child/dv/sodan/tanpopo.html
電話：0852-25-3010	電話相談：月～金 8:30~17:15（祝日、年末年始を除く）
島根：一般社団法人 しまね性暴力被害者支援センターさひめ	https://sahime.onnanokonotameno-er.com/
電話：0852-28-0889　メール：HP 内の相談フォームから送信	電話相談：火・木・土　17:30~21:30（年末年始を除く）
岡山：被害者サポートセンターおかやま（VSCO）	http://vsco.info/
電話：086-223-5562　時間外 0570-783-554	電話相談：月～土 10:00~16:00（祝日、年末年始を除く）　時間外 7:30 ～ 22:00
広島：性被害ワンストップセンターひろしま	https://www.pref.hiroshima.lg.jp/site/onestop/
電話：082-298-7878	電話相談：24 時間 365 日
山口：やまぐち性暴力相談ダイヤル「あさがお」	https://www.pref.yamaguchi.lg.jp/cms/a12800/index/seibouryokuhigai/asagao.html
電話：083-902-0889	電話相談：24 時間 365 日

徳島：性暴力被害者支援センター 「よりそいの樹とくしま（中央・南部・西部）」	https://www.pref.tokushima.lg.jp/ippannokata/kurashi/jinken/2016062900019
電話：中央 088-623-5111　南部 0884-23-5111　西部 0883-52-5111	電話相談：24 時間 365 日
香川：性暴力被害者支援センター「オリーブかがわ」	https://www.pref.kagawa.lg.jp/content/etc/subsite/olive_kagawa/
電話：087-802-5566	電話相談：月〜金 9:00〜20:00　土 9:00〜16:00 （祝日、年末年始を除く）
愛媛：えひめ性暴力被害者支援センター	https://www.ehime-joseizaidan.com/site/seibouryoku/
電話：089-909-8851	電話相談：24 時間 365 日
高知：性暴力被害者サポートセンターこうち	https://www.pref.kochi.lg.jp/soshiki/141601/seibouryoku.html
電話：080-9833-3500	電話相談：月〜土 10:00〜16:00（祝日、年末年始を除く）　面談相談あり
福岡：性暴力被害者支援センター・ふくおか	http://fukuoka-vs.net/savs/
電話：092-409-8100	電話相談：24 時間 365 日
佐賀：性暴力救援センター・さが「さがmirai」	https://www.avance.or.jp/mirai.html
電話：0952-26-1750	電話相談：月〜金 9:00〜17:00
佐賀：佐賀県立男女共同参画センター・佐賀県立生涯学習センター（アバンセ女性総合相談）	https://www.avance.or.jp/mirai.html
電話：0952-26-0018	電話相談：火〜土 9:00〜21:00、日・祝日 9:00〜16:30
長崎：性暴力被害者支援「サポートながさき」	https://www.nagasaki-vs.jp/sexual_violence_victim_support/
電話：095-895-8856　メール：HP 内の相談フォームから送信	電話相談：月〜金 9:30〜17:00 （祝日、12/28 〜 1/4 を除く）
熊本：性暴力被害者のためのサポートセンター　ゆあさいどくまもと	http://yourside-kumamoto.jp/
電話：096-386-5555　　　　メール：support@yourside-kumamoto.jp	電話相談：毎日 24 時間（12/28 22:00 〜 1/4 10:00 を除く）
大分：おおいた性暴力救援センター「すみれ」	https://oita-sumire.jp/
電話：097-532-0330　メール：HP 内の相談フォームから送信	電話相談：月〜金 9:00〜20:00（祝日、年末年始を除く）
宮崎：性暴力被害者支援センター「さぽーとねっと宮崎」	https://www.miyazaki-shien.or.jp/snm/
電話：0985-38-8300	電話相談：月〜金 10:00〜16:00（祝日、年末年始を除く）　面談相談あり
鹿児島：性暴力被害者サポートネットワークかごしま「ＦＬＯＷＥＲ」	https://www.kagoshima-shien.jp/flower/
電話：099-239-8787　メール：HP 内の相談フォームから送信（https://www.kagoshima-shien.jp/flower/contact_f/）	電話相談：火〜土 10:00〜16:00（祝日、年末年始を除く）　面談相談あり
沖縄：「with you おきなわ」（沖縄県性暴力被害者ワンストップ支援センター）	https://www.pref.okinawa.jp/site/kodomo/heiwadanjo/danjo/7001.html
電話：＃ 8891 つながらない場合は、080-975-0166	電話相談：24 時間 365 日　面談相談あり
沖縄：強姦救援センター・沖縄 REICO	https://reico.okinawa/
電話：098-890-6110	電話相談：水 21:00〜22：00　土 15:00〜18:00

キャンパスセクハラ

大学：キャンパス・セクシュアル・ハラスメント全国ネットワーク	http://cshnet.jp/1-05conta/
電 話：082-424-7204　FAX：082-424-7204　メール：yokoyama@hiroshima-u.ac.jp　kitanaka@hiroshima-u.ac.jp	
大学：アカデミック・ハラスメントをなくすネットワーク	http://www.naah.jp/
電話：06-6353-3364　メール：soudan@naah.jp（携帯からでなく PC から）	電話相談：月 ～ 金 9：00 ～ 18：00　土 9：00 ～ 13：00　手紙相談あり（住所は HP 内に）
小中高：スクール・セクシュアル・ハラスメント全国ネットワーク	https://nposshp.jimdofree.com/
電 話：06-6995-1355　FAX：06-6995-1356　メール：cfcw-kawasaki@orion.ocn.ne.jp	

SOGI（性的指向・性自認）専門

よりそいほっとライン（回線 4）	https://www.since2011.net/yorisoi/
電 話：0120-279-338　FAX 0120-773-776（岩手・宮城・福島からは電話：0120-279-226　FAX：0120-375-727）	24 時間
性と人権ネットワーク ESTO	http://estonet.info/project.html#3　http://estonet.info/esto_mail/index.html（メール相談フォーム）
電話：(186) 080-6049-8843　メール：esto @ estonet.info	平日 20:00~22:00　土日祝 13:00~22:00
パープル・ハンズ	http://purple-hands.net/project/　http://purple-hands.net/contact/（メールお問い合わせフォーム：話せない・聞こえない方のみ）
電話：03-6279-3094　対面相談は予約制 (電話か HP お問い合わせフォームから予約)	随時受け付け
アカー LGBT のためのヘルプラインサービス	https://www.occur.or.jp/service/hotline/
電話：03-3380-2269	火・水・木曜日 20:00~22:00（祝日、休日、年末年始を除く）
アカー LGBT のための法律相談	https://www.occur.or.jp/service/hotline/
予約電話：03-3383-5556	月～金曜日 12:00~20:00（祝日、休日、年末年始を除く）
AGP「こころの相談」	http://www.agp-online.jp/Welcome.html
電話：050-5806-7216	毎週火曜日 20:00~22:00
SHIP ほっとライン	http://ship-web.com/counselling
電話：045-548-3980	毎週木曜日 19:00~21:00
いくの学園「ホットライン」（DV 相談）	https://ikunogakuen.org/activities/consulting_services/
電話：090-9629-4847	毎週水曜日（祝日休）12:00~17:00
PROUD LIFE レインボー・ホットライン	http://www.proudlife.org/archives/1290（LINE 相談：HP 内から友だち追加をしてください）
電話：0120-51-9181	電話相談：毎月第 1、第 3 月曜日 19:00~22:00　LINE 相談：毎月第 2、第 4 月曜日 19:00~22:00 ※第 5 月曜日はお休み。
FRENS フレンズライン	https://www.frenslgbtq.com/frensline
電話：080-9062-2416	毎週日曜日 17:00~21:00 対象者：24 歳以下の子ども・若者　そのまわりの人

Twitter @ LLinq2018 （LNE 相談：HP 内の QR コードを読み取り友だち追加をしてください）	LINE 相談：月に一度 19：00~22：00/ 詳しいスケジュールは LINE 友だち登録をしてから見てください）
ゲイによるゲイのための電話相談 電話：03-5386-1575	https://ptokyo.org/consult/gays 土曜日 19:00~21:00（冬期休業を除く）
札幌弁護士会　LGBTs のための電話法律相談「にじいろ法律相」 電話：080-6090-2216	https://www.satsuben.or.jp/center/by_content/detail15.html 毎月第 2 火曜日 17:30~19:30 毎月第 4 金曜日 11:30~13:30 分（祝日は休み）
東京弁護士会セクシュアル・マイノリティ電話法律相談 電話：03-3581-5515	https://www.toben.or.jp/know/iinkai/seibyoudou/news/post_26.html 毎月第 2・第 4 木曜日（祝祭日の場合は翌金曜日に行います。）17:00~19:00
東京三弁護士会多摩支部 レインボー相談 電話相談：042-512-8221　対面相談予約専用電話：042-548-1190	http://www.tama-b.com/advice/ 電話相談：毎月第 1・第 3 金曜日（祝祭日の場合は翌金曜日）13:00~16:00 面談予約：月～金曜日（平日のみ）9:30~16:30（12:00~13:00 を除く）
大阪弁護士会　LGBTs のための電話相談 電話：06-6364-6251	https://www.osakaben.or.jp/01-aboutus/committee/room/jinken/04.php 毎月第 4 月曜日 16：00~18：00
福岡県弁護士会 LGBT 無料電話法律相談 電話：070-7655-1698	https://www.fben.jp/whats/lgbt.html 毎月第 2 木曜日・第 4 土曜日 12:00~16:00
SOGI（性的指向・性自認）専門 自治体によるもの	
北海道：札幌市 LGBT ほっとライン 電話：011-728-2216	http://www.city.sapporo.jp/shimin/danjo/lgbt/lgbtsodan.html 木曜日 16:00~20:00
青森：青森市 性的マイノリティにじいろ電話相談 電話：017-776-8803	https://www.city.aomori.aomori.jp/jinken-danjo/shiseijouhou/matidukuri/danjo-kyoudou-sankaku/02.html 休館日を除く毎週火曜日 9:00~21:00
新潟：新潟市性的マイノリティ (LGBT) 電話相談 電話：025-241-8510	https://www.city.niigata.lg.jp/smph/kurashi/danjo/lgbt/sexualminoritydennwa.html 毎月第 1 月曜 17:30~20:00
茨城：茨城県性的マイノリティに関する相談室 電話：029-301-3216　メール相談あり	https://www.pref.ibaraki.jp/hokenfukushi/fukushi/jinken/soudan.html https://www.pref.ibaraki.jp/hokenfukushi/fukushi/jinken/otoiawase.html（メール相談フォーム） 毎週木曜日 18:00~20:00 まで（12 月 29 日から 1 月 3 日を除く）
茨城：水戸市性的マイノリティに関する電話相談 電話：029-233-7830　メール相談あり	https://www.city.mito.lg.jp/000271/000273/000284/001738/001749/p015178.html　https://s-kantan.jp/city-mito-ibaraki-u/offer/offerList_detail.action?tempSeq=12695(メール相談) 電話相談：毎月第 2 水曜日 18:00~20:00
千葉：千葉市 LGBT 電話相談 電話：043-245-5440	https://www.city.chiba.jp/shimin/seikatsubunka/danjo/chibashilgbtsennyoudennwasoudann.html 毎月第 3 日曜日 14:00~18:00
東京：東京都性自認及び性的指向に関する専門電話相談 電話：03-3812-3727	https://www.metro.tokyo.lg.jp/tosei/hodohappyo/press/2018/10/09/08.html 毎週火曜日・金曜日（祝日・年末年始を除く）18:00~22:00
東京：千代田区 LGBTs 相談 予約電話：03-5211-4316	https://www.city.chiyoda.lg.jp/koho/kurashi/danjo/miw/miw-sodan.html#lgbt ◆相談は予約制　相談方法：電話または面接（匿名可）相談日：第 2・4 木曜日 16:30~19:30　相談の受付：月～金曜日 9:00~21:00 土曜日 9:00~17:00

東京：渋谷区「にじいろパートナーシップ法律相談」	https://www.city.shibuya.tokyo.jp/shisetsu/bunka/oowada/iris_rainbow_partner.html
予約制：03-3464-3395　申し込み：各月の1日(休館日のときは翌日)9時から、当月分の予約を受付	相談日：毎月第3土曜日 13:00~16:00（相談時間45分）
東京：世田谷にじいろひろば電話相談	http://www.laplace-setagaya.net/consultation/
電話：03-6805-5875	毎月第1・3金曜日 14:00~17:00 毎月第2・4金曜日 18:00~21:00
東京：豊島区多様な性自認・性的指向の方（性的少数者の方）の相談	https://www.city.toshima.lg.jp/051/1608081126.html
池袋保健所健康推進課 03-3987-4174　長崎健康相談所 03-3957-1191	月～金曜日 8:30~17:15
東京：豊島区お子さんの多様な性自認・性的指向に関する相談	https://www.city.toshima.lg.jp/051/1608081126.html
電話教育相談：03-3983-0094　来所による教育相談（予約制）03-3971-7440	相談時間：月曜日から土曜日（日曜日、祝日、年末年始を除く）9:00~17:00（12:00~13:00を除く）
東京：むさしのにじいろ電話相談（LGBT相談）	http://www.city.musashino.lg.jp/kurashi_guide/shiminkatsudo/danjokyodosankaku/danjocenter/1013621/1021831.html
電話相談：0422-38-5187　対面相談予約：0422-37-3410	電話相談：毎月第2水曜日 17:30~20:30
東京：多摩市LGBT電話相談	http://www.city.tama.lg.jp/0000004348.html
電話：042-355-2112	電話相談実施日時（毎月第3火曜日　時間はHPでご確認ください。）
東京：くにたち男女平等参画ステーション・パラソルSOGI相談	http://kuni-sta.com/service/
予約電話：042-501-6990　FAX：042-501-6991	相談方法：電話及び面談　第4日曜日 14:00~16:00 第2火曜日 16:00~18:00
愛知：名古屋市セクシュアル・マイノリティ電話相談	https://www.inochi-akari.city.nagoya.jp/news/2116.html
電話：052-321-5061	毎月第2金曜日 19:00~21:00(祝日も実施)
大阪：大阪市人権啓発・相談センター	https://www.city.osaka.lg.jp/shimin/page/0000095095.html https://jinken-net.jimdo.com/consultation/（メール相談フォーム）
電話：06-6532-7830　FAX：06-6531-0666　メール相談あり	月～金曜日 9：00~21：00　日曜日および祝日 9:00~17:30 土曜日、年末年始（12月29日~1月3日）は休業
兵庫：明石にじいろ相談	https://www.city.akashi.lg.jp/seisaku/sdgs/nijiirosoudan.html
電話：078-918-5276　メール sogie@city.akashi.lg.jp　対面相談予約：078-918-6056　FAX：078-918-5294	電話相談：毎週木曜日 12:30~16:30(祝日・年末年始を除く)　対面相談（予約制）：毎月第1・3水曜日 13:00~15:50(祝日・年末年始を除く)
広島：エソール広島相談事業	http://www.essor.or.jp/soudan.html
電話：080-207-3130	電話相談：土曜日 10：00～16：00（祝日・年末年始を除く）
福岡：福岡市LGBT電話相談	https://www.city.fukuoka.lg.jp/shimin/jinkenkikaku/life/lgbt/jinken.html
電話：070-7655-1698	毎月第2木曜日・第4土曜日 12:00~16:00

相談窓口資料作成協力（敬称略）

北仲千里（広島大学准教授）
原ミナ汰（NPO法人 共生ネット代表理事）
松川 遥　（NPO法人 多摩住民自治研究所事務局）

おわりに

　セクシュアル・ハラスメントに関する書籍はこれまでも多数出されてきた。伊藤詩織さんのように実名で告発する人を含め、被害体験記も出されるようになってきており、実態に即した議論もされている。法律家による対応をアドバイスする本も少なくない。小説の題材としても扱われるようになってきた。そういう多数の書籍の中にあって、この本はタイトル通り、「脱セクシュアル・ハラスメント」への具体的道筋を考える参考にと出版した。対応への知恵を越えて、なぜセクシュアル・ハラスメントはかくも蔓延してきているのかと原因にも遡って論じてきた。

　ほぼ30年前にはじめて問題が認識され、一応の法的対応も始まったが、明確にこれに対応する法律がないことが、日本社会での適切な対応がなされない大きな原因であることは多くの人に理解されてきているのではないかと思う。もちろん、セクシュアル・ハラスメントに対応する（罰則も含めて）法律を作るのは急がねばならないが、法律がすべてを解決するわけではないことも、理解されたのではないかと思う。

　国際的にはILO第190号条約のもと、セクシュアル・ハラスメント対応は既に次の段階を目指している。ところが、日本はジェンダー問題で国際的には何周も遅れを取っていることは、今年（2021年）になって明らかになった出来事が示している。東京オリンピック・パラリンピックはそれ自体国際的な行事であり、その準備活動は海外からも注目されざるを得ない。その開会式のプランは一時的とはいえ、女性差別的であり、容姿侮辱的である内容を含んでいたことが暴露された。海外からすれば、人を差別していること自体が自覚されない人権意識の極めて低い国とみられたであろう。そこにセクシュアル・ハラスメントの根深い地盤を再確認せざるを得ない。

　本書では最後の「提言」で、法改正を含めて立法提言もした。「提言」はそれにとどまらず、セクシュアル・ハラスメント蔓延の根底にある意識を日常生活の場面でどう克服していくかも検討したつもりである。こんな

にも多くのやるべきことがあると「提言」の密度の濃さに思われたかも知れない。あまりにも多くのなすべきことが放置されたままであったがために、このような分厚い「提言」が必要とされている。これを何とかしなければという思いが一層つのるのはわたしだけではないと思う。

　本書を読み終えて読者のみなさんがセクシュアル・ハラスメントをなくすための道筋を幾分かでも手にされたのであれば嬉しい。例の森発言をきっかけとして日本社会のジェンダー平等についての関心は高まったかに見える。今までジェンダーとは無縁であった、というよりはジェンダー不平等に加担していたのではないかと思われる普通のテレビ番組ででもジェンダーという言葉が聞かれるようになった。それを一時的な現象に終わらせず、それを好機にしていよいよセクシュアル・ハラスメントのない世界を具体化する方向が見えてきたのであれば、幸いである。

　そのような世界は、性差別のない社会だが、まだ誰も見たことのない社会でもある。コロナ禍の中で諸々の差別が強化されていることも報道等で指摘されており、今後の社会は単純に今までの線上にあるとはいえないかもしれない。しかし、そうであれば、より一層性差別のない、セクシュアル・ハラスメントのない社会が渇望されるのではないだろうか。誰もが安心してゆっくりと呼吸のできるそういう社会を展望したい。そのような社会を次の世代に手渡す義務があるのは当然であるが、今を生きる誰もが体験したいものである。いつか、セクシュアル・ハラスメントが過去の話となることを願って筆をおきたい。

編著者／弁護士　角田由紀子

著者一覧 （＊編著者）

角田由紀子（つのだ ゆきこ）　＊
1942年生まれ。弁護士。1986年から東京・強姦救援センターの法律顧問を務めている。以後、性暴力に関わる事案で被害者側代理人の仕事を続けてきた。1989年、原告代理人の一人として初のセクシュアル・ハラスメント裁判を福岡地裁に起こした。2004年から2013年まで明治大学法科大学院で「ジェンダーと法」の講座を持った。

伊藤和子（いとう かずこ）　＊
弁護士。1994年弁護士登録以米、女性、子ども、冤罪事件等国内外の人権問題に関わって活動。2004年ニューヨーク大学ロースクール客員研究員、2006年、日本初の国際人権NGOヒューマンライツ・ナウの発足に関わり、以後事務局長として国内外の人権活動の解決を求め活動。同時に、弁護士として女性の権利問題を中心に取り組む。ジェンダー法学会副理事長。早稲田大学博士課程在学中。著書に『人権は国境を越えて』（岩波ジュニア新書、2013年）、『なぜ、それが無罪なのか!?　性被害を軽視する日本の司法』（ディスカヴァー携書、2019年）。

井上久美枝（いのうえ くみえ）
連合総合政策推進局総合局長。法政大学経済学部卒業。（独）日本スポーツ振興センター出身。政府関係法人労働組合連合書記長、国公関連労働組合書記次長、連合中央執行委員、連合総合政策局社会政策局次長、社会政策局長、総合男女・雇用平等局長等を経て、2019年より現職。

北仲千里（きたなか ちさと）
1998年名古屋大学大学院文学研究科博士後期課程修了。2007年より広島大学ハラスメント相談室専任相談員（准教授）、専門は社会学、とくにジェンダー研究。同時に2014年よりNPO法人全国女性シェルターネット共同代表。2017年よりNPO法人性暴力被害者サポートひろしま代表理事。

山本和奈（やまもと かずな）
香港生まれ、シンガポールと日本育ち、現在南米チリ在住。2019年国際基督教大学卒業。起業家・アクティビスト。誰もが声を上げやすい、平等な権利を有する社会を目指す一般社団法人 Voice Up Japan 代表理事。金融市場の民主化を目指すセキュリティートークン事業を行なう WAYVX SPA 代表取締役。

小川たまか（おがわ たまか）
1980 年生まれ。編集プロダクション取締役を経て 2018 年からフリーライター。近年は主に性暴力の取材を行う。Yahoo ニュース個人などで執筆。著書に『「ほとんどない」ことにされている側から見た社会の話を。』(タバブックス、2018 年)。

浅倉むつ子（あさくら むつこ）
1979 年東京都立大学大学院社会科学研究科博士課程修了。博士（法学、早稲田大学）。労働法、ジェンダー法専攻。早稲田大学名誉教授。女性差別撤廃条約実現アクション共同代表。日本労働法学会代表理事、ジェンダー法学会理事長を歴任。著書に『雇用差別禁止法制の展望』（有斐閣、2016 年）などがある。

申惠丰（しん へぼん）
1966 年東京生まれ。1995 年東京大学法学政治学研究科博士課程修了、法学博士。現在、青山学院大学法学部教授・法学部長、認定 NPO 法人ヒューマンライツ・ナウ理事長。著書に『国際人権法──国際基準のダイナミズムの国内法との協調〔第 2 版〕』（信山社、2016 年）など。

金子雅臣（かねこ まさおみ）
東京都産業労働局勤務を経て、2008 年、一般社団法人「職場のハラスメント研究所」を設立。所長として、執筆・講演活動を行う。日本教育心理学会、千代田区男女平等推進区民会議、葛飾区男女差別苦情処理委員会、人事院パワハラ防止対策検討会などの委員を務め、近著には『パワハラ・いじめ職場内解決の実践的手法』（日本法令、2020 年）がある。

神谷悠一（かみや ゆういち）
1985 年岩手県盛岡市生まれ。一橋大学大学院社会学研究科修士課程修了。一般社団法人性的指向および性自認等により困難を抱えている当事者等に対する法整備のための全国連合会（LGBT 法連合会）事務局長。早稲田大学ジェンダー研究所招聘研究員。東京都豊島区男女共同参画苦情処理委員。一橋大学大学院客員准教授などを歴任。著書に『LGBT とハラスメント』（共著・集英社新書）など。

脱セクシュアル・ハラスメント宣言
法制度と社会環境を変えるために

2021 年 4 月 15 日　第 1 刷発行

編著者　ⓒ 角田由紀子・伊藤和子
発行者　竹村 正治
発行所　株式会社　かもがわ出版
　　　　〒 602-8119　京都市上京区堀川出水西入
　　　　TEL 075-432-2868　　FAX 075-432-2869
　　　　振替 01010-5-12436
　　　　URL http://www.kamogawa.co.jp
編　集　八木絹（戸倉書院）
装　幀　小川信子（spoon）
印刷所　シナノ書籍印刷株式会社

ISBN978-4-7803-1151-8 C0036
本文・写真の無断転載を禁じます

日本と世界の LGBT の 現状と課題

SOGI と 人権を 考える

LGBT 法連合会 / 編

性的指向および性自認等により困難を抱えている
当事者等に対する法整備のための全国連合会

定価 1600 円＋税

A5 判 160 ページ並製
ISBN978-4-7803-1016-0 C0032

われわれはやっとここまできたのだ。専門家を初め世界の人々が、「性的指向・性自認＝ SOGI」をどう考えるかを、ここまで言説化したのだ。かつて社会は、「すべての人間が男・女に単純に分類でき、異性愛なのが当然」だと思い込んでいたに過ぎない。現実はもっと複雑多様であり、SOGI の多様性を、その少数者を尊重することがいかに重要かを、体系的に示せるようになったのだ。政策や法制度が多くの国で実践され、それは社会を壊すのではなく、より豊かにしていることを、確認できるようになったのだ。　　　（本書「はじめに」から）

本書執筆陣
から

津田塾大学学長
髙橋 裕子

明治大学前学長
土屋 恵一郎

国際基督教大学前学長
日比谷 潤子

目次から

第 1 部　世界の SOGI はいま
国際人権の視点からみる日本の現状　● 谷口 洋幸
LGBT/SOGI に関する国際判例の変遷　● 谷口 洋幸
LGBTI の包括的権利保障をめざして　● 三成 美保
法律ができたことでどう変わったか
　　ブラジル・オランダ・ニュージーランド・フランス
「トランプ現象」とは何か　● 兼子 歩
イギリス 2010 年平等法におけるハラスメント　● 内藤 忍

第 2 部　日本の SOGI はいま
支援の現場から　　電話相談の取り組み　● 原 ミナ汰
裁判の現場から　　裁判からみる法整備のニーズ　● 永野 靖
教育の現場から　　津田塾大学・明治大学・国際基督教大学
　　　　　　　　　国立大学・大学とアウティング問題
雇用・労働の現場から
LGBT、SOGI に関する日本の施策　● 内藤 忍
差別禁止に向けた連合の取り組み　● 井上 久美枝
働くトランスジェンダー当事者

第 3 部　提言　日本学術会議提言 ほか